TRAVESSIA

Aprender uma língua e estudar uma cultura é atravessar um mundo de imensos horizontes e, no processo, encontrar-se, ao descobrir o outro.

TRAVESSIA

A Video-based Portuguese Textbook

Preliminary Edition
Units 1-6

Jon M. Tolman
University of New Mexico

Ricardo M. Paiva
Georgetown University

John B. Jensen
Florida International University

Nívea P. Parsons
University of Arizona

GEORGETOWN UNIVERSITY PRESS

ÍNDICE

FOREWARD

SUGGESTIONS ON HOW TO USE TRAVESSIA

UNIDADE PRELIMINAR: PONTO DE EMBARQUE

UNIDADE 1: "MUITO PRAZER"

Parte I

Parte II

UNIDADE 4: A ÁFRICA DE EXPRESSÃO PORTUGUESA

Parte I

Parte II

UNIDADE 5: TODOS SOMOS BRASILEIROS

Parte I

Parte II

UNIDADE 6: OS BRASILEIROS

UNIDADE 7: O NORTE -- A REGIÃO AMAZÔNICA

UNIDADE 8: O NORDESTE DO BRASIL

Parte I

Parte II

UNIDADE 9: O SUDESTE DO BRASIL

Parte I

Parte II

UNIDADE 10: O CENTRO-OESTE DO BRASIL

UNIDADE 11: O SUL DO BRASIL

UNIDADE 12: "DE PERNAS PRO AR"

*Não estão no vídeo

APÊNDICES

FOREWORD

Portuguese-language educators have long recognized the need for teaching materials that reflect current pedagogical methods and technology focusing on communication-oriented approaches. Project directors Jon Tolman, of the University of New Mexico, and Ricardo Paiva, of Georgetown University, conceived the idea to produce such a program in an integrated two-year sequence of Portuguese teaching materials that would incorporate television into the classroom. The goal was to make available to instructors of Portuguese a teaching medium that would give their students a living model of contemporary speech, culture, and behavior in as natural a manner as possible.

Tolman and Paiva submitted a grant proposal to the National Endowment for the Humanities requesting funds for this project. They invited Nívea Parsons, of the University of Arizona, and John Jensen, of Florida International University, to join the writing team. Having received the grant, the project directors traveled to Brazil to secure matching funds from Rede Globo de Televisão and the Fundação Roberto Marinho and to make arrangements for the filming. The videos were produced in Brazil by the authors in collaboration with a television production team from the Fundação Roberto Marinho. Footage from regular television programming was provided from the archives of Rede Globo de Televisão and the Fundação Roberto Marinho.

***

What's in a name? As the early Portuguese explorers navigated a vast ocean to discover a new world and Guimarães Rosa's "travelers" crossed the *sertão* in the author's concept of life, so do language learners journey into uncharted territories of knowledge, embarking upon a *travessia* that will take them to new cultural horizons.

***

Special recognition goes to our institutional supporters and collaborators, notably the National Endowment for the Humanities, the Fundação Roberto Marinho, the Rede Globo de Televisão, and the home universities of the authors. Special thanks are extended to the Latin American Institute of the University of New Mexico, which contracted the grant and provided organization and clerical support as well as a base for the U.S. operation.

Special personal acknowledgement is also extended to Pedro Jorge Castelo Branco Sampaio, Luiz Eduardo Borgerth, João Carlos Magaldi, Edna Palatinik, Hugo Barreto, Carlos Justino, Jorge Matsumi, Alcides Nogueira, Carlos Alberto Rabaça, and Christina Lyra, all of whom helped to make the video production in Brazil possible. A very special expression of gratitude goes to Dr. Roberto Marinho, whose Foundation was instrumental in the development of the video project; to Peter Patrikis for perceiving the potential of the project and for giving it early encouragement; to Elizabeth Lowe for her constructive criticism; and to Rachel Paiva for her collaboration in the layout of the manuscript. The authors owe a debt of gratitude to Gil Merx, Theo Crevenna, and Vicki Madrid Nelson from the Latin American Institute of the University of New Mexico for their invaluable participation in the project, their continued support, and friendship.

Finally, the authors express their sincere thanks to their families for their support, understanding, and patience during the four long years of development of TRAVESSIA.

SUGGESTIONS ON HOW TO USE TRAVESSIA

Background

TRAVESSIA is a complete package of instructional materials for teaching the Portuguese language and Luso-Brazilian culture. The program consists of a series of videotapes, a textbook, and student workbook. The present volume is the first six units of TRAVESSIA 1, a twelve-unit series containing sufficient material for a first-year Portuguese course; TRAVESSIA 2 contains ten units corresponding to a second-year course. Each videotaped unit has corresponding textbook and workbook components. The videotaped units, which are an integral and invaluable component of the language and cultural materials, are available in the VHS format. While the focus in the videos is on Brazilian culture, the student will travel throughout the Portuguese-speaking world as he progresses through the program.

This is a preliminary edition of TRAVESSIA. The authors welcome and encourage comments, suggestions, and constructive criticisms. However, please remember, as one could say in Portuguese, "Belisque, mas não torça" ("Pinch, but don't twist").

THEORETICAL BACKGROUND AND METHODOLOGY

The goal of all language teaching is communication. To this end, everything presented in TRAVESSIA, both in the videos and in the texts, is intended to equip the learner with both a language "recognition" and a "production" capability in a communicative setting. Thus, the language is current and authentic, representing the speech and writing of modern-day Brazil. Likewise, the exercises are presented within a context that is suggestive of how the language is actually used in the exchange of ideas and are meant to help the instructor lead the class into personalizing communicative activities.

In order to develop both the "recognition" and "production" capabilities of the learner's language acquisition, TRAVESSIA delivers to the students, from their first encounter with Portuguese, the natural language. Through the realistic scenarios created in the videos and through their transcriptions in the textbook, the Portuguese presented for comprehension and modeling is in no way "watered down" or simplified. The corresponding textbook material is controlled and introduced in a progressive manner so that students may gradually advance toward realistic, adult speech competence as they master the patterns of the language. Some of the video material is taken from television programs produced for Brazilian audiences; the rest has been written especially for this course. The justification for this position is Stephen Krashen's theoretical model of second-language acquisition, which posits that any language learner needs to "acquire" a language, rather than just "learn" it (Krashen and Terrell, *The Natural Approach: Language Acquisition in the Classroom,* 1983). Most of the work of acquisition takes place in the mind of the student as he absorbs and sifts through linguistic "input" representing the target language in its complete, authentic form and then constructs his own internalized grammar rules.

Obviously, a student needs a great deal of help in this process if it is to take place in the limited time of a classroom course. TRAVESSIA provides this help through complete translations of the videos (up to Unit 3 of the first volume), followed by extensive glossing and grammar explanations given in

English in a reasonably ordered manner. Exercises are controlled so that students learn to monitor structures that have been taught or that are easily imitated from the model. For example, although the verb "ser" is modeled and practiced from the very beginning of the course, it is not introduced as a grammatical item until much later. In this manner, grammatical presentations serve to synthesize and clarify language patterns that the students have already been exposed to and practiced in realistic scenarios. Emphasis is on the development of oral production skills, although writing activities are also included. The unit vocabularies help students sort out the more useful from the less useful, or less frequently needed, vocabulary items. Other help is available from repetition of the videos, at the instructor's discretion, reading through the video scripts, and other techniques to achieve comprehension of the "input."

One serious difficulty is posed for anyone setting out to teach an authentic, communicative form of a modern language: the distinction between formal and informal styles. Within the mosaic of regional, social, and stylistic variation that characterizes Brazilian Portuguese, two principal styles stand out and must be taught: the formal, normative "book-style" Portuguese that all educated Brazilians know and use in writing and formal speaking, and the colloquial, informal style that virtually all Brazilians speak most of the time. With few exceptions, traditional classroom texts emphasize formal style, leaving students ignorant of current spoken language.

The solution adopted in TRAVESSIA is to emphasize, where possible, language forms that are unmarked for level, while presenting both formal and informal styles. The Portuguese presented to students in the instructions and in cultural notes tends to be formal, as appropriate for a written textbook. On the other hand, much of the video material, including all the dramatizations, is presented in the style of language usual on popular television programs intended to represent colloquial speech. Likewise, the communicative spoken exercises call mostly for conversational language style.

At those points in the grammar where structural differences are crucial, TRAVESSIA makes explicit distinctions, teaching one set of "rules" for formal and another for informal styles. In the early part of the course, for example, imperatives and object pronouns are both treated in this manner. Occasional "Notes on Usage" presented within grammatical explanations in special type allow the student to focus on some of these differences. The instructor is free to orient classwork toward the language style of greatest interest to the goals of the course and the students, while always making available examples of a range of styles.

The emphasis in TRAVESSIA is on communication. To this end the instructor should use the textbook as a means to meet the linguistic needs of the students. The materials are designed to allow the students to express their personal experience, knowledge, and opinions from their very earliest exposure to Portuguese. Therefore, the instructor should not feel constrained to follow the order of grammatical presentation of the text if he or she feels that the students need an explanation of some structural item before it appears in the textbook.

Textbook Components

Ponto de Embarque

This introductory unit does not have a video component and is best applied during the first few days of class so that students can have some immediately usable language competence. It is important for students to gain confidence early in the course and to become convinced that it is possible and even fun for them to learn to speak Portuguese. Students will probably want to learn the vocabulary presented and enter into question/answer exchanges with each other and the instructor. With a little extension of vocabulary, the instructor can easily turn all of the exercises into real communicative acts, with the students asking and answering real questions as they get to know each other. This is not the time to teach formal grammar rules, but rather to let students hear the language and produce it, mostly through imitation, when they are ready. Exercises at this level also include those associated with the methodology called "total physical response," which enable a student to practice his receptive language skills at even the most basic level by reacting to the instructor's commands or suggestions with a physical, rather than verbal, response.

Vídeo

The boxes marked **Vídeo** and **Pare** contain the scripts of the video presentations in the left column. The right column presents an English translation in the first three units and glosses of the italicized words in later units. The use of the video segments varies according to the nature of their content. In most cases, instructors will probably want to play the tape "cold" the first time, with books closed, so that the students will be required to try to understand unaided. After that, students may want to read through the scripts together and discuss their meaning before having a second viewing of the tape. A third viewing constitutes a useful review, perhaps during the next class session.

When the videos explain grammar, it is usually in a rather simplified manner, giving the highlights only. The purpose of the grammar videos is to provide a visual and graphic reinforcement, always in Portuguese, of the grammar that otherwise would probably be taught only with a blackboard and an oral explanation, a method most appropriate for auditory learners. The graphics help those students whose preferred learning style is visual to remember and internalize the lessons.

When the videos present dramatizations (usually to illustrate some point of structure or vocabulary), students can utilize the material in several ways: as illustrations of the grammatical point being emphasized; for listening comprehension; for practice in aural discrimination of pronunciation, stress, and intonation; for cultural awareness (observation of body language, clothing, environment, etc.); and for acquiring linguistic material that may not be part of the explicit lesson, remembering that each student brings a personal learning style and linguistic history to the process of language acquisition. One suggested activity is to ask the students to create a dramatic situation similar to the one presented on the video and present it to the class. An effective and attractive technique is to videotape the students' performances, play them along with the TRAVESSIA videos, and discuss them as a group activity.

The cultural presentations in the videos can be used for their obvious purpose, teaching cultural background, but they also serve well to broaden students' contact with the spoken and written language. They may serve as points of departure for further discussion of the topics based on the students' everyday experience, the cultural history of their own background, and their general knowledge. These discussions should be encouraged to create a positive affective environment in which language acquisition can occur.

It shoud be emphasized that in no way does the video displace or replace the instructor in the classroom. The approximately twenty- to twenty-five-minute video units are used during a limited number of hours of classroom contact, so the video segments serve not to replace but to supplement traditional teaching activities, illustrate language and cultural usage, provide authentic comprehension models, teach songs, and serve as models for dialogue practice.

Observe e Responda

These are short questions designed to focus student observations on the videos. It is useful to ask these questions immediately after the initial presentation of the video segment and then go back to find answers during a second viewing. The instructor should feel free to ask additional questions related to the segment or to the students' personal opinions and experiences.

Você Entendeu?

These questions are similar to those in **Observe e Responda** except that they require comprehension of the situation and the language, rather that just careful observation of the video.

Grammar Presentations

The use of the grammatical function always precedes the grammar presentations, which are given in English to assure efficient understanding and to free the instructor from having to use spoken English in the classroom. Students can be assigned to read the grammar explanations at home and bring their questions to class. The instructor may want to summarize the grammar taught in the book or present an alternate version of it. It is highly recommended that the instructor use Portuguese in explaining grammatical items to maintain the "Portuguese only" environment of the classroom. Some instructors may prefer to use no class time at all for grammar explanations, rather assuming home study, and then spend all available class time on communicative practice.

Vamos Praticar

These exercises are designed as oral practice and reinforcement for specific points of grammatical structure. They follow a sequence from less to more demanding kinds of items within the section and are always presented within a communicative framework. The instructor will want to use a variety of proven classroom techniques, such as individual response and student presentation of the cue (questions and answers among students), to be sure that all students have an adequate opportunity to create an oral communication response.

It is very important for the instructor to realize that the written exercises are meant to be both stimulating and suggestive. Instructors should feel free to vary the items presented: mix up the order, change some of the cues, personalize with student names, add new items. The creative instructor will not feel constrained by having to "get through" the grammar, but will pick and choose and vary according to students' needs and interests.

Vamos Nos Comunicar

These exercises have a strongly communicative focus and may not be tied to a specific grammar point, centering rather on some aspect of cultural language use, such as kinship or eating practices. They usually begin with **Palavra-Puxa-Palavra**, a listing of interrelated vocabulary items surrounding a specific semantic field. The dialogues and other items under **Vamos Nos Comunicar** are intended to familiarize students with the possibility of carrying on communication in the specific subject area.

Ponto de Encontro

These items culminate and highlight the communicative use of the language, presenting material and topics to be talked about in a more or less unstructured setting. These are truly creative, communicative exercises which require the students to think for themselves in the target language and to express their own views. They often call for role-play, exchange of information, interviews, and discussion of written material. These exercises present an opportunity for the class to divide into groups or pairs to work out their answers, later making a class presentation, perhaps even video-taping it.

Songs

Every unit of TRAVESSIA presents one or more music video clips with popular Brazilian songs. The more passive classes will want to treat these music videos as they do the other video segments: watch, read, watch again, discuss, and explore the linguistic and cultural content. Others with a more musical bent will enjoy singing along with the video.

The use of songs has long been a productive language technique, especially for improvement of pronunciation, stress, and intonation, and the video presentation updates the procedure and adds the impact of visual presentation. Subtitles allow students to learn the songs while watching the screen. The songs in TRAVESSIA were chosen for their language and cultural content and to expose the students to a variety of Brazilian musical rhythms. Songs were chosen from different eras and styles, including the first samba ever written, "Pelo Telefone." Brazilian society is very musical. Brazilian composers express regional and national elements of their society, the people's idiosyncratic way of seeing life, and the personality of the nation.

Vocabulário

The vocabulary lists presented at the end of each half of each unit constitute a selection of a manageable few of the hundreds of words that may have been heard in the videos or seen in the written text. It is suggested that students master the words in the formal vocabulary lists as the basis for their future use of the language. Exercises have in most cases been written with these vocabulary items in mind. Notice that only the more universally applicable items from the specific **Palavra-Puxa-Palavra** lists have been included in the unit vocabularies.

The vocabularies try to be as helpful as possible without becoming unnecessarily detailed. They cover a wide range of content categories in order to provide the student with the means to function at increasingly higher levels of oral proficiency.

Words are organized by part of speech; for nouns, gender and irregular plural formations are given; for verbs, irregularities are noted and the pattern of present tense vowel changes, if any, are coded. Definitions are given in simplified English glosses where possible, with more extended definitions if necessary. For all words except verbs, vowel quality is indicated for tonic E and O when the spelling does not make the pronunciation clear.

It is expected that students will acquire a knowledge and understanding of vocabulary in context in order to internalize the target language.

Glossário

The vocabulary at the end of the book is a mini-dictionary, intended to help students understand the texts they hear and read in class. Although not strictly necessary, since difficult words are glossed in the text and essential items are presented in unit vocabularies, the final glossary is intended to serve as a resource for students and to allow them to use the book with confidence. The **Glossário** is not a complete dictionary of every word in TRAVESSIA, but rather contains all of the items in the various unit vocabularies and in the **Palavra-Puxa-Palavra** sections, as well as some other frequent items. Students may wish to acquire a good bilingual dictionary to use in addition to TRAVESSIA.

Caderno de Exercicios

The workbook that accompanies the main text of TRAVESSIA has been planned as the principal means by which writing skill is learned. All of the exercises in the main text are meant to be oral, whereas the activities in the workbook are written.

The workbook also supplements the main text in reinforcing grammar and cultural topics. It includes various printed examples, such as advertisements and newspaper articles, for the purpose of providing materials for the improvement of writing skills. The student is also offered a chance to write on a variety of topics corresponding to those presented in the textbook.

UNIDADE PRELIMINAR

PONTO DE EMBARQUE

PONTO DE EMBARQUE

Let's speak Portuguese! "Ponto de Embarque" will have you communicating in Portuguese on the first day of class. Don't worry if you don't understand everything you hear. You will have a chance to speak and be involved in other communication activities.

You will find that from the beginning you are hearing and understanding Portuguese. Relax, listen and absorb what you can. Speak when you feel comfortable in doing so. That moment will come quickly. And don't worry about making mistakes. At first you need to listen to the instructor, the videos and the other students. Then begin speaking. You will have plenty of time later to start sounding like a native.

I. CUMPRIMENTOS

A — Como vai?
B — Bem, obrigado.

A — Oi, tudo bem?
B — Tudo bom!

A — Bom dia!
B — Alô, bom dia!

A — Boa tarde.
B — Oi, boa tarde!

A — Até logo.
B — Boa noite.

II. QUEM É VOCÊ?

A — Qual é o seu nome?
B — Fernando.

A — Meu nome é Helena.
B — Muito prazer, Helena.

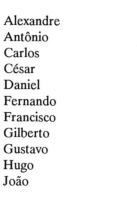

Nomes Comuns

HOMENS

Alexandre	Joaquim	Ricardo
Antônio	José	Raul
Carlos	Luís (Luiz)	Roberto
César	Manoel	Rodolfo
Daniel	Marcelo	Ronaldo
Fernando	Mário	Rui
Francisco	Nelson	Sérgio
Gilberto	Oscar	Sílvio
Gustavo	Paulo	Valter (Walter)
Hugo	Pedro	
João	Renato	

MULHERES

Adriana	Helena	Rosa
Alice	Ivone	Rute
Ana	Júlia	Silvana
Aparecida	Lúcia	Sueli
Cecília	Luciana	Susana
Cristina	Márcia	Tânia
Elizabete	Maria José	Teresa
Fátima	Marta	Vânia

III. COMO É VOCÊ?

Eu sou alto.
João é moreno.
Márcia é loura (loira).
Pedro é magro.
Helena é simpática.

Descrições Pessoais

bonito (-a)	feio (-a)
alto (-a)	baixo (-a)
gordo (-a)	magro (-a)
jovem	velho (-a)
simpático (-a)	antipático (-a)
moreno (-a)	louro (-a)
rico (-a)	pobre

1.   A — Como você é?
       B — Eu sou louro.

2.   A — João é moreno?
       B — É, sim.

3.   A — Pedro é gordo ou magro?
       B — Acho que ele é magro.

4.   A — Quem é simpática?
       B — Helena.

5.   A — Eu sou alto. E você?
       B — Eu também.

6.   A — Ana é pobre?
       B — Não. Ela é mais ou menos rica.

IV.　DE ONDE VOCÊ É?

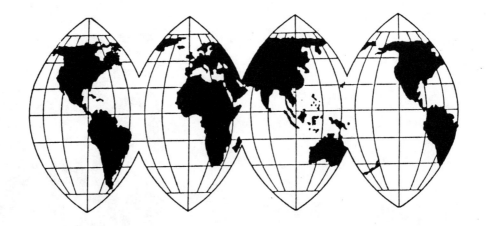

De onde você é?
Sou da Inglaterra.
　　　de Portugal.
　　　do México.
　　　dos Estados Unidos.
　　　das Filipinas

1. — Alguém aqui é da China?
　　— Não, ninguém aqui é da China.

2. — Alguém aqui é de Nova Yorque?
　　— Não, ninguém aqui é de Nova Yorque.

De onde é o Paulo?
Ele é de Cuba.
　　　do Brasil

do México	da Austrália	de Portugal
do Japão	da Argentina	de Israel
do Canadá	da Inglaterra	de Cuba
do Uruguai	da Espanha	
do Brasil	da França	de Moçambique
dos Estados Unidos	da Rússia	de Angola
	da China	

V. COMO É A SUA ROUPA?

A camisa é verde.
O sapato é marrom.
A calça é azul.
A blusa é amarela e branca.
A saia é vermelha.

Roupas	*Cores*
a camisa	azul
a calça	branco (-a)
a saia	amarelo (-a)
o paletó	verde
o sapato	vermelho (-a)
a blusa	preto (-a)
a calça jeans	cinza
a meia	marrom
o vestido	cor-de-rosa
o cinto	roxo

1.   A — De que cor é seu sapato?
      B — É preto.

2.   A — Minha blusa é verde. E a sua?
      B — A minha é amarela e branca.

4.   A — A sua calça é azul?
      B — Não, é preta.

5.   A — A saia dela é cor-de-rosa?
      B — É, sim. É muito bonita.

3.   A — De que cor é a camisa dele?   6.   A — A sua meia é preta ou branca?
     B — É vermelha.   B — É branca.

VI. NA SALA DE AULA

Nomes

o quadro	a parede
o giz	a janela
o apagador	a porta
o caderno	a mesa
o mapa	a cadeira
o lápis	a caneta
o papel	a televisão
o livro	a carteira
o dicionário	a luz
o professor	a professora
o estudante	a estudante
o aluno	a aluna

Ações

Levante-se.
Sente-se.
Ande.
Volte.
Venha.
Vá.
Olhe.
Veja.
Fale.
Ouça.
Repita.

Atividades

Abra o livro.
Feche o livro.
Escreva o seu nome.
Pegue o lápis.
Venha cá.
Vá até o quadro.
Volte à carteira.
Veja o quadro.

Diga "Alô".
Vá à janela.
Vá embora.
Fale com a Maria.
Venha cá.
Pegue o livro.
Abra o livro.

Escreva o nome do professor. Apague o nome.
Acenda a luz. Desligue.
Olhe para a direita. Olhe para a esquerda.
Venha cá e sente-se na cadeira.
Pegue o papel e o lápis.

VI!. PARTES DO CORPO

O que é isto?

a cabeça
o nariz
a boca
o braço
a perna
o pé direito
a mão direita
o dedo do pé
o cabelo
o rosto
a mão esquerda
o dedo da mão
o pé esquerdo

os cabelos
os pés
as mãos
as pernas
os braços
os dedos
os olhos

Atividades

Ponha a mão direita na cabeça.
Pegue no cabelo.
Feche os olhos.
Cruze as pernas.
Pisque o olho.
Sente-se.
Levante-se.
Abra os braços.
Diga "Brasil!"
Vá ao quadro.
Escreva seu nome com a mão esquerda.
Volte à carteira.

Dê "bom dia".
Olhe para a direita.
Pisque o olho esquerdo.
Diga "Oi".
Levante-se.
Ande até a mesa do professor.
Vá até a janela.
Levante a mão direita.

VIII. QUE DIA É HOJE?

1. A — Que dia é hoje?
   B — Segunda-feira.

2. A — Hoje é terça-feira?
   B — Não. Hoje é segunda.

3. A — Amanhã é quarta-feira?
   B — Não. Amanhã é terça.

4. A — E ontem?
   B — Ontem foi domingo.

5. A — Que dia é depois de amanhã?
   B — É quarta-feira.

6. A — Anteontem foi sexta-feira?
   B — Não, foi sábado.

Abril 1985

D	S	T	Q	Q	S	S
	1	2	3	4	5	6
7	8	9	10	11	12	13
14	15	16	17	18	19	20
21	22	23	24	25	26	27
28	29	30				

IX. NÚMEROS

Quantos?

1 UM UMA[1]	6 SEIS (MEIA)[2]
2 DOIS DUAS	7 SETE
3 TRÊS	8 OITO
4 QUATRO	9 NOVE
5 CINCO	10 DEZ

A — Quantos são os dias da semana?
B — São sete.

A — Quantas matérias você estuda?
B — Três: português, espanhol, química.

A — Qual é o número do seu telefone?
B — Dois, quatro, cinco, sete, meia, três, quatro.

X. PONTO DE ENCONTRO

Interview a classmate, asking the following questions, and present the information to the rest of the class:

1. Como vai?
2. Como é seu nome?
3. Você é alto ou baixo?
4. Você é louro ou moreno?
5. De que cor é o seu sapato?
6. Que dia é hoje?

---

[1]*Uma, duas*: Used with feminine nouns.

[2]*Meia*: Used in giving telephone numbers and other digits, not in counting; it stands for *meia-dúzia*, a half-dozen, to avoid confusion with *três* and *seis*.

UNIDADE 1

"MUITO PRAZER"

Parte I

Apresentação
"Muito prazer" (V, 13)*

Música
"Alô, Alô, Como Vai?" (V, 21)

Leituras
"Do que eles gostam" (28)
"Robô" (30)

Gramática e pronúncia
Vogais orais (V, 17)
Pronomes retos (V, 19)
Negação (22)
Presente do indicativo
 verbos em -ar (V, 23)
Artigos, gênero e número (29)

Comunicação
Cumprimentos I (V, 15)
Uma reunião de família (V, 31)

Parte II

Leituras
Uma família cearense (40)
Uma família gaúcha (46)
"Um milhão de amigos" (57)

Comunicação
Cumprimentos II (V, 37)
Comidas (V, 55)

Gramática e pronúncia
Ditongos orais (V, 41)
Presente do indicativo
 verbos em -er (V, 42)
Verbo ser (V, 46)
Contrações de em, de e artigos (49)
Presente do indicativo
 verbos em -ir (V, 52)
Perguntas e respostas (54)
Números até cem (58)

*V = vídeo

ONDE SE FALA PORTUGUÊS

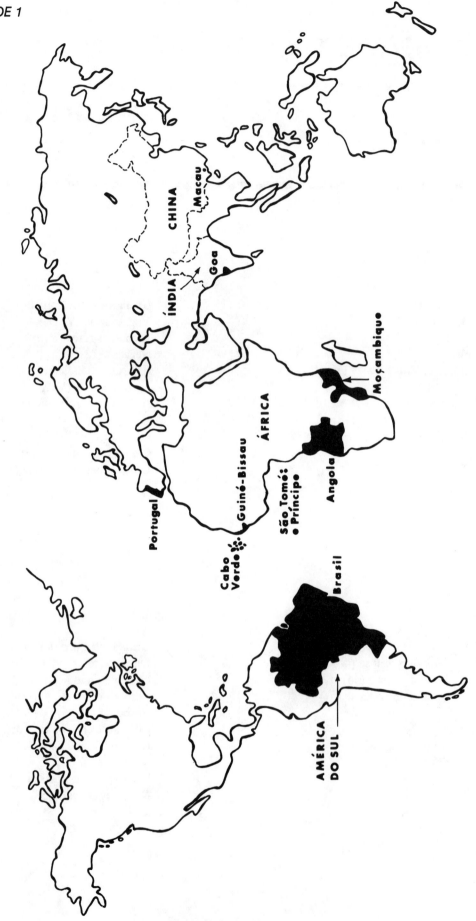

"MUITO PRAZER"

PARTE I

I. APRESENTAÇÃO: A LÍNGUA PORTUGUESA

---VÍDEO---

A partir de hoje nós vamos navegar pela língua portuguesa. E descobrir o seu som, a sua voz, o seu falar! Vamos nos comunicar.

O português é falado em muitas partes do mundo: Em Portugal, no Brasil, em cinco países africanos. E também na Ásia, na Índia, e na América do Norte.

Só o chinês, o inglês, o espanhol, o russo, o árabe e o bengali[1] têm mais falantes nativos que o português.

O português tem várias línguas irmãs, línguas, que como ele, vieram do latim. Por isso a língua portuguesa é parecida com o francês, com o espanhol, com o italiano, com o rumeno.

Starting today, we are going to explore the Portuguese language. And discover its sound, its voice, its speech! We are going to communicate!

Portuguese is spoken in many parts of the world: In Portugal, in Brazil, in five African countries; and also in Asia, in India, and in North America.

Only Chinese, English, Spanish, Russian, Arabic, and Bengali[1] have more native speakers than Portuguese.

Portuguese has various sister languages, languages, which, like it, came from Latin. For this reason, the Portuguese language is similar to French, Spanish, Italian, and Romanian.

---PARE---

[1] Hindi and not Bengali is actually in sixth place.

VOCÊ ENTENDEU?

Verdadeiro ou Falso?

T   1. A partir de hoje vamos navegar pela língua portuguesa.

F   2. O português é falado em todo o mundo.

F   3. Só o chinês, o inglês, o russo e o espanhol têm mais falantes nativos que o português.

F   4. A língua portuguesa não é muito parecida com o francês, com o espanhol, com o italiano, com o rumeno.

V   5. O português vem do latim.

OBSERVE E RESPONDA

Luís Armando   *Helen*

1. Os cabelos do Luís Armando e da Helen são pretos ou loiros?
2. A camisa do Luís Armando é marrom ou verde?
3. A blusa da Helen é azul ou amarela?
4. A Helen é simpática ou antipática?
5. O Luís Armando é bonito ou feio?

The Portuguese Language

The Portuguese language is spoken by some 150,000,000 speakers, world-wide. It originated from the Latin taken throughout the Roman Empire from about 200 B.C. to about 400 A.D. After the Fall of the Empire, Latin broke up into a number of different dialects, and with the passage of hundreds of years, these Latin dialects became the Romance languages. What are the Romance languages? What are their names in Portuguese?

Because Portugal shares the Iberian Peninsula with Spain, the languages of the two countries developed together and are very much alike. Spanish and Portuguese speakers can understand each other to a limited extent. Perhaps if you have studied Spanish you can already understand some of the Portuguese you have heard in class.

The early Portuguese explorers, for example, Vasco da Gama and Magellan (Magalhães in Portuguese), spread their language to many parts of the world, where it can still be heard in such diverse places as Macau (China), India, and several African countries, where it is the national language -- Angola, Mozambique, Cape Verde, Guinea-Bissau, and São Tomé and Príncipe. Can you find these places on a world map?

Brazil, of course, is the largest Portuguese-speaking country, with more than 130,000,000 inhabitants and a fast-growing population, making up half of the continent of South America in both area and population. In this course we are going to concentrate on the Portuguese of Brazil, where the videos were made.

Now we begin our journey, our *travessia*, through the Portuguese Language!

II. CUMPRIMENTOS I

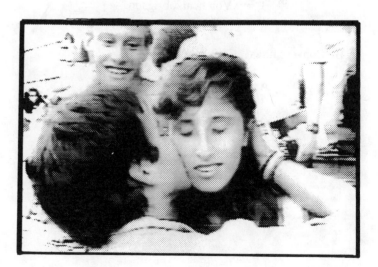

───────────VÍDEO───────────

Veja como a gente costuma se cumprimentar em diversas situações.

Os brasileiros mostram os seus sentimentos quando se cumprimentam: Ora um beijinho na face, ora um aperto de mão, ora um abraço afetuoso, ou apenas uma palavra.

Watch how we customarily greet each other in various situations.

Brazilians show their feelings when they greet each other: A little kiss on the cheek, a handshake, an affectionate hug, or simply a word.

───────────PARE───────────

When we communicate we make use of words as well as our bodies. Our videos will show many examples of gestures, body language and other forms of non-verbal communication.

VAMOS NOS COMUNICAR

A. Diálogos

1. A — Bom dia, como vai?
   B — Tudo bem.

2. A — Oi, boa tarde.
   B — Boa tarde.

3. A — Boa noite, você vai bem?
   B — Vou bem, obrigado.

4. A — Até logo.
   B — Tchauzinho.

5. A — Até amanhã.
   B — Se Deus quiser.

6. A — Até a próxima.
   B — Tá, até mais.

B. Conversinhas. Complete os diálogos.

1. A — Boa tarde.
   B —
   A — Você vai bem?
   B —
   A — Até logo.
   B —

2. A —
   B — Tudo bem. E você?
   A —
   B — Até a próxima.
   A —

PONTO DE ENCONTRO

Faça um diálogo com um colega usando as seguintes situações.

A. Dois amigos se encontram no cinema.
B. Dois amigos se encontram na biblioteca.
C. Um estudante e o professor dele se encontram na faculdade.

III. VOGAIS ORAIS

---VÍDEO---

Vamos agora praticar a pronúncia das vogais.

Now let's practice the pronunciation of the vowels.

I Ê É A   I Ê É A
U Ô Ó A   U Ô Ó A
I Ê É A Ó Ô U
I Ê É A Ó Ô U

LI, SI, VI, RI
LÊ, SÊ, VÊ, DÊ
FÉ, SÉ, PÉ, RÉ
SÁ, LÁ, PÁ, DÁ
SÓ, PÓ, DÓ, NÓ
PÔ, NHÔ, ALÔ, TÔ
NU, FLU, TU, DU

---PARE---

Stressed Oral Vowels

Portuguese has only five vowel letters, even though it has seven distinct oral vowel sounds. If a word carries an accent (' for open and ^ for close), you can usually tell how the E or O is pronounced from the spelling, but more often you just have to listen and remember the correct pronunciation of a particular word. We indicate in our vocabulary lists whether a stressed E or O is "open" (é, ó) or "close" (ê, ô) if you cannot tell for sure from the spelling.[2]

---

[2]With no written accent mark, E and O are close (/ê, ô/) when followed by the letters M, N, I, U.

The seven Portuguese vowels are shown in the triangle below indicating the relative position of the tongue (highest point) in the pronunciation of each vowel.

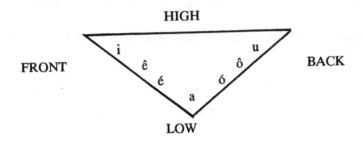

BOA PRONÚNCIA É ESSENCIAL

Repita.

/i/	Alice tem um livro. O time fica aqui. Tarsila é arquiteta.	/u/	Tudo azul. Raul pula com o Lula. Não faça barulho!
/ê/	Tereza gosta de você. Pedro toma cerveja. Muito prazer.	/ô/	Alô, meu amor. O vovô falou à Socorro. Alô, alô. Sou doutor.
/é/	André leva o café. Vera é velha. Não interessa.	/ó/	A Rosa mora só. Gosto do Joca. Onofre olha o apartamento.

/a/ A casa da Marta.
O cara fala claro.
Renata não nada.

TURMA DA MÔNICA/Maurício de Sousa

IV. PRONOMES RETOS

─VÍDEO─

Um estudo muito importante para a comunicação é o estudo dos pronomes: EU, ELE, ELA; NÓS, ELES, ELAS, VOCÊ, VOCÊS. E também o estudo dos sujeitos O SENHOR, A SENHORA, OS SENHORES, AS SENHORAS.	*Study of the pronouns is very important for communication: I, HE, SHE, IT, WE, THEY, YOU. And also the formal expressions for the subject YOU.*
Aprenda agora os pronomes pessoais, como também os sujeitos, em português.	*Now learn the personal pronouns, as well as the second-person subjects, in Portuguese.*

EU	NÓS
VOCÊ O SENHOR A SENHORA	VOCÊS OS SENHORES AS SENHORAS
ELE ELA	ELES ELAS

─PARE─

Pronomes Retos (Subject Pronouns)

Subject pronouns are classified by person and number (singular or plural).

The first person pronouns are EU and NÓS. In casual speech *a gente* with the third person singular of the verb is commonly used as an equivalent for *nós*:

A gente fala português.	*We speak Portuguese.*

The second person (YOU) has six different forms, three for singular (*você, o senhor, a senhora*) and three for plural (*vocês, os senhores, as senhoras*). *Você/vocês* is the most common form. It is used toward friends and peers and with relatives the same age or younger. *O senhor/a senhora* and *os senhores/as senhoras* are used to show respect to older people or those you do not know. There is a great deal of variation depending on situation, personality and family or local custom.

Another word for YOU is *tu*, which is used in Portugal and in some parts of Brazil. Because it is essentially a regional variant, we will not teach its use in this course.
In the third person, Portuguese does not have a separate pronoun for IT. Objects are called *ele/ela* or *eles/elas*, depending on their gender and number.

<table>
<tr><td colspan="2" align="center">*Portuguese*</td><td colspan="2" align="center">*English*</td></tr>
<tr><td>EU</td><td>NÓS</td><td>I</td><td>WE</td></tr>
<tr><td>VOCÊ
O SENHOR
A SENHORA</td><td>VOCÊS
OS SENHORES
AS SENHORAS</td><td colspan="2" align="center">YOU</td></tr>
<tr><td>ELE
ELA</td><td>ELES
ELAS</td><td>HE
SHE
IT</td><td>THEY</td></tr>
</table>

Although it is possible to use verbs in Portuguese without expressed subjects by omitting the pronouns, in the spoken language, the subject pronouns are usually used (except in short answers and commands). In writing, subject pronouns are often omitted for stylistic effect.

VAMOS PRATICAR

A. **Quem e Quando**

	Eu/Nós	Você/Vocês O sr./A sra.	Ele/Eles/ Ela/Elas
Segunda	eu trabalho		elas jogam futebol
Terça	nós jogamos tênis	ele bebe	eles dançam
Quarta	eu bebo	você canta	
Quinta		a senhora compra leite	ele telefona
Sexta	nós comemos pizza		ela estuda
Sábado	eu falo português	vocês viajam	
Domingo			eles vão à missa

1. Quem trabalha na 2ª feira?   7. Quem joga futebol na 2ª feira?

2. Quem canta na 4ª feira?
3. Quem joga tênis na 3ª feira?
4. Quem telefona na 5ª feira?
5. Quem vai à missa aos domingos?
6. Quem estuda na 6ª feira?

8. Quem fala português no sábado?
9. Quem viaja no sábado?
10. Quem dança na 3ª feira?
11. Quem bebe na 4ª feira?
12. Quem come pizza na 6ª feira?

V. "ALÔ, ALÔ, COMO VAI?", JORGE BEN

───── *VÍDEO* ─────

É mais fácil aprender cantando. É mais gostoso e tem ritmo.

It's easier to learn by singing. It's more fun and it has rhythm.

Vai, vai, vai
Vai, vai, vai

go

Alô, alô, como vai?
Tudo bem
Vai ou *fica*, ou fica ou vai?

stay

Alô, alô, como vai?
Alô, alô, como vai?
Você *se parece com* quem?

look like

Com *sua mãe* ou com *seu pai*?

mom; your father

Com a mamãe.
Alô, alô, como vai?
Alô, alô, como vai?
Você se parece com quem?
Com a sua mãe ou com seu pai?
Com a minha mãe e *não interessa*, tá?

none of your business

Alôôô, *eu acho* que é com o Papai

I think

Vai, vai, vai
Vai, vai, vai
Vai, vai, vai

───── *PARE* ─────

Jorge Ben

Jorge Ben é um dos cantores e compositores mais famosos do Brasil, desde a década de 1960. Esta canção, alegre e cheia de humor, fala de cumprimentos e coisas simples.

OBSERVE E RESPONDA

1. Jorge Ben é cantor ou professor?
2. Jorge Ben canta na praia ou na sala de aula?
3. Os jovens estão alegres ou tristes?
4. O dia está bonito ou feio?
5. O céu está azul ou cinza?

VI. NEGAÇÃO

To negate a statement or command in Portuguese, place *não* immediately before the verb:

EU SOU ALTO.	*I am tall.*
EU **NÃO** SOU ALTO.	*I am not tall.*
ELE FALA INGLÊS.	*He speaks English.*
ELE **NÃO** FALA INGLÊS.	*He doesn't speak English.*

VAMOS PRATICAR

A. **Quem na sala de aula....**

1. ...não tem carro? *Maria não tem carro.*
2. ...não é louro?
3. ...não é alto?
4. ...não trabalha?
5. ...não é do Brasil?
6. ...não gosta de pizza?
7. ...não canta?
8. ...não estuda espanhol?

B. Retrato.

1. Você é loiro? *Sou, sim.*
2. Você é baixo? *Não sou, não.*
3. Você é bonito?
4. Você é magro?

5. Os seus olhos são castanhos?
6. O seu nariz é grande?
7. Você é velho?
8. O seu cabelo é curto?

VII. PRESENTE DO INDICATIVO DE VERBOS EM -AR

VÍDEO

Agora veja como se conjugam os verbos terminados em *-ar*, no presente indicativo.

Observe how verbs ending in -ar are conjugated in the present indicative.

EU	FALO	NÓS	FALAMOS
VOCÊ O SENHOR A SENHORA **FALA** ELE ELA		VOCÊS OS SENHORES AS SENHORAS **FALAM** ELES ELAS	

EU CANTO	NÓS CANTAMOS
ELE CANTA	ELES CANTAM

EU ESTUDO	NÓS ESTUDAMOS
ELA ESTUDA	ELAS ESTUDAM

ELES ANDAM
ELA COMPRA
ELAS BRINCAM
VOCÊ PÁRA

PARE

Present Indicative of -ar Verbs

Verbs in Portuguese have four forms agreeing with their subjects in the present tense. For verbs with infinitives ending in *-ar*, those "conjugated" forms end in *-O, -A, -AMOS,* or *-AM.*

FAL**O**	FAL**AMOS**
FAL**A**	FAL**AM**

When the stem vowel of an -ar verb is a stressed E or O, it is usually OPEN (é, ó) in the singular forms and the third-person plural.

Gostar, 'to like'

GOSTO	/ó/	GOSTAMOS
GOSTA	/ó/	GOSTAM /ó/

Pesar, 'to weigh'

PESO	/é/	PESAMOS
PESA	/é/	PESAM /é/

Like *gostar* and *pesar* are such verbs as *levar, morar, jogar, tocar, conversar* and many more. Whenever a verb is listed in a **Palavra-Puxa-Palavra** or **Vocabulário**, it will be followed by ▪[1] to show that the stem vowel is open in the singular and the third-person plural.

When followed by an N or M, and in a few common verbs (e.g., *chegar, fechar*), the E or O remains close (ê, ô) in all forms:

penso /ê/	pensamos	chego /ê/	chegamos
pensa /ê/	pensam /ê/	chega /ê/	chegam /ê/

Many *-ar* verbs with open vowels have corresponding nouns with close vowels:

gosto /ó/	*I like*	peso /é/	*I weigh*
gosto /ô/	*taste, n.*	peso /ê/	*weight*

A. **Palavra-Puxa-Palavra**

[3]acordar _[1]	ensinar	morar _[1]
andar	estudar	nadar
brincar	falar	praticar
cantar	fumar	telefonar
conversar _[1]	gostar _[1]	tocar _[1]
cozinhar	jogar _[1]	tomar
dançar	levantar	trabalhar
paquerar _[1]		

B. **Diálogos**

1.   A   — Você e sua irmã praticam esportes?
          B   — Praticamos, sim. Ela nada e eu jogo futebol.

2.   A   — Você toca algum instrumento?
          B   — Não, eu não toco nenhum.

3.   A   — Você e sua família moram no Brasil?
          B   — Nós moramos, sim. Eu moro no Rio e meus pais moram em
                  Brasília. O meu irmão mora em São Paulo.

C. **Conversinhas.** Complete os diálogos.

1.   A — Você trabalha?
          B —
          A — Não, eu não trabalho. E
               você também joga tênis?
          B —

3.   A — Você estuda português?
          B —
          A —
          B —

2.   A — Os seus pais moram no Brasil?
          B —
          A — Você e a sua família falam
               espanhol?
          B —

4.   A — Você fala alguma
               língua?
          B —
          A —
          B —

---

[3] _[1] means that the stem vowel is open /é/ or /ó/ in forms in which it is stressed, that is, in the singular and the third-person plural.

D. **Atividades**. O que eles fazem?

Sinval

Rachel e Júlia

Ex. nadar bem —— *Sinval nada bem.*   não tomar chá —— *Rachel e Lúcia não tomam chá.*

1. ensinar português	1. falar português
2. gostar de música brasileira	2. dançar o samba
3. jogar tênis	3. telefonar muito
4. acordar cedo	4. nadar bem
5. morar aqui	5. tomar café
	6. estudar juntas
6. não fumar	
7. não tomar café	7. não levantar cedo
8. não brincar carnaval	8. não cozinhar bem
9. não falar francês	9. não andar muito
10. não conversar muito	10. não cantar bem

O que eles fazem?

E. **Atividades**. O que eles fazem?

Eu

Eu e meu melhor amigo

Ex.: falar português —
Eu falo português.

dançar na discoteca —
Nós dançamos na discoteca.

1. estudar na biblioteca	1. falar inglês
2. não gostar de café	2. tomar vinho
3. não fumar	3. não jogar futebol
4. jogar pingue-pongue	4. gostar de nadar
5. paquerar muito	5. cozinhar bem

PONTO DE ENCONTRO

A. **Entreviste um colega.**

1. Você fuma?   *Eu não fumo, não.*
2. Você dança o samba?
3. Você janta aqui?
4. Você fala português?
5. Você estuda inglês?
6. Você mora aqui?
7. Você gosta de dançar?
8. Você trabalha?

B. **Perguntas aos colegas.** Quem na aula...

1. não fala espanhol? *John não fala espanhol.*
2. gosta de café?
3. não pratica esportes?
4. nada bem?
5. levanta cedo?
6. não dança o samba?
7. gosta de música brasileira?
8. não toma vinho?

VIII. "DO QUE ELES GOSTAM
O QUE ELES DETESTAM"

GOSTO
- Honestidade.
- Momentos românticos.
- Desenhar.
- Assistir à televisão.
- Equitação.

DETESTO
- Burocracia.
- Colégios e turmas.
- Inveja.
- Nova Iorque.
- Fazer teatro.

GLÓRIA PIRES

GOSTO
- Tocar violão.
- Nova Friburgo.
- Cinema.
- Ser pai.
- Ioga.

DETESTO
- Repressão.
- Atitudes reacionárias.
- Ciúmes.
- Solidão.
- Cidade grande.

REGINALDO FARIAS

GOSTO
- Crianças.
- Organização.
- Família grande.
- Plantas.
- Correr riscos.

DETESTO
- Radicalismo.
- Traição.
- Arrumar armários.
- Orgulho.
- Mau humor.

LUCINHA LINS

1. Diga duas coisas de que a Glória Pires gosta.

2. De que lugar o Reginaldo Farias gosta?

3. O que a Lucinha detesta?

4. Diga duas coisas que o Reginaldo Farias detesta.

5. Quem gosta de família grande?

6. Com qual dessas pessoas você parece mais?

7. Qual dessas três pessoas é mais romântica?

IX. ARTIGOS, GÊNERO E NÚMERO

Portuguese nouns are either masculine or feminine. Gender is arbitrary except for nouns that signify humans or higher animals. It is easy to tell the gender of most nouns--if they end in -o, they are probably masculine, and if they end in -a, they are probably feminine.

The basic plural ending in Portuguese is -s. Articles and adjectives agree with their nouns in number and gender. (For example, *blusas amarelas* or *quadros negros*.)

The definite article (*the*), has four forms:

O MENIN*O* (THE BOY)	*OS* MENIN*OS* (THE BOYS)
A MENIN*A* (THE GIRL)	*AS* MENIN*AS* (THE GIRLS)

Not all nouns end in -*o* or -*a*:

O HOMEM	*the man*	O URUBU	*the buzzard*
A MULHER	*the woman*	A CIDADE	*the city*

Some nouns ending in -*a* are masculine:

O DIA	*the day*	O PROBLEMA	*the problem*
O CINEMA	*the movie theater*	O SISTEMA	*the system*

A small number of nouns ending in -*o* are feminine

A FOTO	*the photograph*	A TRIBO	*the tribe*
A MOTO	*the motorcycle*		

The indefinite article (*a* or *an* in English), has two singular forms also, UM and UMA:

UM CARRO	*a car*	UMA MULHER	*a woman*

VAMOS PRATICAR

A. **Compras.** O que vamos comprar hoje?

1. *o* livro
2. ___ camisa
3. ___ sapatos
4. ___ moto
5. ___ calça

6. ___ quadros
7. ___ rádio
8. ___ saias
9. ___ raquete de tênis
10. ___ gato

B. **Presentes de aniversário.** O que você quer ganhar no seu anive.sário?

1. *uma* bicicleta
2. ___ carro
3. ___ relógio
4. ___ lápis
5. ___ foto

6. ___ televisão
7. ___ telegrama
8. ___ videocassette
9. ___ dicionário
10. ___ bola de futebol

C. **Atividades na Sala de Aula.**

1. Identifique cinco artigos de roupa na sala de aula usando os artigos *o, a, os, as*.
2. Identifique para a classe dez objetos na sala de aula. Use *um, uma*.

X. "ROBÔ"

De acordo com os quadrinhos, dê as respostas apropriadas:

1. Você sonha...
   a. em cores.
   b. em azul
   c. em cor-de-rosa.
   d. em branco ou preto.
2. O Robô responde...
   a. sim.
   b. não sei.
   c. não.
3. O que é que o robô está querendo descobrir?

XI. UMA REUNIÃO DE FAMÍLIA

―――――VÍDEO―――――

No Brasil, a família é uma instituição muito importante. Há famílias enormes, alegres, cheias de vida.

Na língua portuguesa, a palavra *quem* se usa em perguntas da seguinte maneira:

Mãe: Que história é essa, hein? Você não querer que rapaz nenhum te busque mais em casa, que é que é, hein? Não se usa mais, hein?

Filha: Ai, meu Deus! Como era bom quando podia levar o telefone para o quarto, ouviu? Ninguém escutava a minha conversa.

Pai: Pode dizer o que você quiser, mas acontece que esse apartamento é nosso e eu trabalhei muito para pagar.

Quem é ele?
Quem é ela?
E ela? Quem é?
Quem é o rapaz?

In Brazil, the family is a most important institution. There are large, happy families, full of life.

In the Portuguese language, the word quem, 'who', is used in questions in the following way:

Mother: What's this all about? You don't want guys to pick you up at home any more? What is it, anyway? Isn't that done anymore?

Daughter: Oh, my gosh! It sure was nice when I could take the phone to my room, you know? No one listened in on my conversations.

Father: You can say whatever you like, but it so happens that this apartment is ours and I worked hard to pay for it.

Who is he?
Who is she?
And she? Who is she?
Who is the boy?

―――――PARE―――――

VAMOS NOS COMUNICAR

A. Palavra-Puxa-Palavra

o pai	a mãe	o sobrinho	a sobrinha
o irmão	a irmã	o bisavô	a bisavó
o avô	a avó	o esposo /ô/	a esposa /ô/
o filho	a filha	o marido	a mulher /é/
o sogro /ô/	a sogra /ó/	o cunhado	a cunhada
o primo	a prima	o padrasto	a madrasta
o tio	a tia	o genro	a nora /ó/
o neto /é/	a neta /é/		

B. Study the family tree (*árvore genealógica*) and read the statements that follow:

ÁRVORE GENEALÓGICA

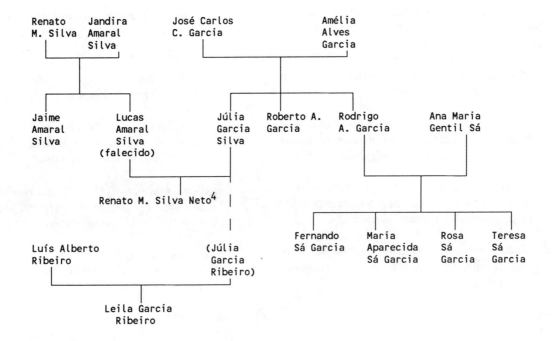

1. O Renato Neto é **filho** do Lucas e da Júlia.
2. José Carlos C. Garcia é o **avô** do Renato Neto.
3. Dona Jandira é a **avó** do Renato Neto.
4. O Fernando, a Rosa, a Maria Aparecida e a Teresa são **primos** do Renato
    Neto.
5. A Júlia é **tia** do Fernando, da Rosa,da Maria Aparecida e da Teresa.
6. O Jaime é **tio** do Renato Neto.
7. O Roberto é **cunhado** da Ana Maria.
8. A Ana é **cunhada** da Júlia.

---

[4]*Neto* means 'grandson'and is added to the name of a boy who carries his grandfather's name. It is
often the custom in Brazil to give children double first names, and such persons are known by
both their given names: For example, *José Carlos* or *Pedro Celso*, for a man; and *Maria Car-*
men or *Maria José*, for a woman. Family names are listed mother's name first and father's
name last: *Jaime Amaral Silva* or *Roberto Alves Garcia*. When a woman marries, she keeps
her father's name and adds to it her husband's name: *Júlia Garcia Silva*. A boy who carries
his father's name may add either *Júnior* or *Filho* to his name. Roman numerals (I, II, III) are
used only for royalty, as in Dom João VI.

9. O Fernando, a Rosa, a Maria Aparecida e a Teresa são **netos** do José Carlos e da Amélia.
10. O Renato Neto é **sobrinho** do Rodrigo.
11. O Lucas é o primeiro **marido** da Júlia.
12. A Ana Maria é a **esposa** do Rodrigo.
13. Luís Alberto Ribeiro é o **padrasto** do Renato Neto.
14. A Júlia é **irmã** do Roberto e Rodrigo.
15. Dona Jandira é a **sogra** da Júlia.

C. **Tantos parentes!** Identifique os membros das famílias Silva e Garcia.

1. Quem é o Jaime?
2. Quem é a sogra de Maria Aparecida Sá Garcia?
3. Quem é Ana Maria Gentil Sá?
4. Quem é o sogro da Júlia?
5. Quem são os irmãos da Júlia?
6. Quem é José Carlos Garcia?
7. Quem é a mãe do Fernando?
8. Quem é a Rosa?
9. Quem é o marido da Dona Amélia?
10. Quem é a filha do Luís Ribeiro?

D. **Responsabilidades da família**

Quem na sua família cozinha?
　　　　　　 lava a roupa?
　　　　　　 passa a roupa?
　　　　　　 lava o carro?
　　　　　　 toma conta das crianças?
　　　　　　 toma conta do jardim?
　　　　　　 limpa a casa?
　　　　　　 compra a comida?
　　　　　　 conserta as coisas da casa?
　　　　　　 cuida dos animais domésticos?
　　　　　　 sustenta a família?
　　　　　　 paga as contas?

E. **Diálogos**

1. Entrevista para o clube do bairro.

Entrevistador —— Qual é seu nome?
Helena —— Helena Ramos
Entrevistador —— Qual é a sua profissão?
Helena —— Sou arquiteta.
Entrevistador —— Quantos anos a senhora tem?
Helena —— Eu tenho 40 anos.
Entrevistador —— Casada ou solteira?
Helena —— Sou casada. Meu marido é engenheiro.
Entrevistador —— Quantos filhos a senhora tem?

Helena   — Quatro filhos. Dois meninos e duas meninas.

2. Fofoca (*'gossip'*) de família.

D. Vera	— Que família grande!
D. Rosa	— É verdade! Quantos filhos eles têm?
D. Vera	— Onze! Um time de futebol!
D. Rosa	— O pai tem 30 anos e a mãe tem 45!

3. Roberto conversa com Tânia.

Roberto	— Qual é o nome do seu pai?
Tânia	— O — do meu pai é Luís.
Roberto	— Quantos irmãos você tem?
Tânia	— Eu tenho — irmãos e duas —.
Roberto	— Onde vocês moram?
Tânia	— Nós — no Brasil.
Roberto	— No Rio?
Tânia	— Não. O meu irmão — em Brasília. A minha irmã — em São Paulo.
Roberto	— E os seus pais?
Tânia	— Eles — aqui.

F. **Conversinha.** Complete o diálogo.

Antônio encontra Pedro, um velho amigo.

Antônio	— Oi, Pedro. Quem é esta menina?
Pedro	—
Antônio	— Que menina bonita!
Pedro	—
Antônio	— A minha esposa vai bem. O meu filho está estudando português.
Pedro	—
Antônio	— Sim, o meu irmão trabalha aqui.

PONTO DE ENCONTRO

A. **Entrevista.** Entreviste um colega sobre a família dele/dela. Quais os membros, as características físicas e psicológicas, preferências e hábitos.

B. **Família de televisão.** Fale com um colega sobre a família de algum programa de televisão.

VOCABULÁRIO

Travessia is extremely rich in vocabulary. You are exposed to hundreds of words in each unit. Many of these you will recognize and understand from English or from another Romance language; others you will understand from the context; still others you may not understand at all but you will find that you don't have to know every word in order to communicate.

The words included as *Vocabulário* have been selected as those that will give you the greatest immediate usefulness for communication on the topics presented and discussed in class. They also provide the essential building blocks for your further progress in the language. Therefore, the words presented here should be learned for both recognition and production.

Other words of less immediate usefulness are glossed in the text where they appear and are included in the vocabulary at the end of the book. Some of the terms used in the **Palavra-Puxa-Palavra** sections have been omitted from the *Vocabulário* when of less general applicability than others.

In order to use these lists to best advantage, please be aware of these conventions:

a) Noun gender is given as *m.* or *f.*, for masculine and feminine. When a noun has both *m.* and *f.* forms, differing by a simple change in ending, the alternate ending is given, as in *sobrinho /-a*, below. Nouns that can be used as either *m.* or *f.* without changing form are listed as *m.* or *f.*, e.g., *colega*.

b) When vowel quality is not obvious from spelling, the stressed *e* or *o* of a word is italicized and its pronunciation given to the right between brackets / /. Otherwise, you can tell the pronunciation from a written accent on the word or by knowing that unmarked *e* or *o* followed by *m, n, i, u* is close (ê ô). The same convention is used for an "x" so that you can see how it is pronounced.

c) For verbs, the symbol ₋¹ after a verb indicates that the stem vowel undergoes a change in the present tense, to open /é ó/ in the singular and in the third-person plural, as explained above. (The same symbol will be used with a different number for other kind of verb changes.)

Substantivos

amigo /-a.	*friend*	livro, *m.*	*book*
aula, *f.*	*class, lesson*	língua, *f.*	*language, tongue*
café, *m.*	*coffee*	menino /-a	*little boy (girl), child*
camisa, *f.*	*shirt*	mulher, *f.* /é/	*woman*
carro, *m.*	*car, vehicle*	noite, *f.*	*night, evening*
casa, *f.*	*house, home*	nome, *m.*	*name*
dia, *m.*	*day*	pessoa, *f.* /ô/	*person (either sex)*
estudante, *m.* or *f.*	*student*	professor /-ora /ô/	*teacher, professor*

família, *f.*	*family*	roupa, *f.*	*clothing (article of)*
futebol, *m.* /ó/	*soccer*	semana, *f.*	*week*
gente, *f.*	*people, we*	senhor, *m.* /ô/	*sir, gentleman, man*
homem, *m.*	*man*	senhora, *f.* /ó/	*madam, lady, wife*
jogo, *m.* /ô/	*game, sport*		

Verbos

acordar -[1]	*wake up*	levantar	*get up, rise, raise*
almoçar -[1]	*eat lunch*	morar -[1]	*live, dwell*
andar	*walk, go*	parar	*stop*
brincar	*play, kid, joke*	praticar	*practice*
comprar	*buy*	tocar -[1]	*play (music), touch*
cuidar	*care for, take care of*	tomar	*drink, take*
dançar	*dance*	trabalhar	*work*
estudar	*study*	vai	*goes*
falar	*speak, talk, say*	tem	*has, have, there is,*
paquerar -[1]	*flirt, court*		*there are*

Adjetivos

alto	*tall, high*	feio	*ugly*
amarelo /é/	*yellow*	loiro (louro)	*blond*
azul	*blue*	mau/má	*bad*
baixo	*short, low*	muito	*much, many*
bom/boa /ô/	*good*	vários	*several, various*
bonito	*pretty, good-looking, handsome*	verde /ê/	*green*

Outras Palavras

agora /ó/	*now*	mais	*more*
a	*to; the (fem.sing.)*	melhor /ó/	*better*
aqui	*here*	muito	*very, a lot*
até	*until, up to, even*	não	*no, not*
bem	*well*	ou	*or*
com	*with*	para	*for, to*
e	*and*	quando	*when*
em	*in, on*	que	*what, that*
eu	*I*	sim	*yes*
lá	*there*	tarde	*late*

PARTE II

I. CUMPRIMENTOS II

---VÍDEO---

Olá, como vai?
Eu *vou indo* e você, tudo bem?   *getting along*
Tudo bem. Eu vou indo.
Correndo pegar meu lugar no futuro, e você?   *running to get my place in the future*
Tudo bem, eu vou indo
Em *busca* de um *sono tranqüilo*,   *search; tranquil sleep*
Quem sabe, quanto tempo,   *who knows*
Pois é, quanto tempo?
         (Pare)

Observe agora nestas cenas algumas formas de se   *Observe in these scenes some ways of greeting each*
cumprimentar em diferentes situações.   *other in different situations.*

Raul: Ah, entra. A senhora é...   *Raul: Ah, come in. You are...*

Tarsila: Oi, como vai? Tarsila.   *Tarsila: Hi, how are you. (I'm) Tarsila.*

Raul: Ah, arquiteta?   *Raul: Oh, the arquitect?*

Tarsila: Arquiteta, muito prazer.   *Tarsila: The arquitect. Glad to meet you.*

Raul: Muito prazer, Raul.   *Raul: Glad to meet you. I'm Raul.*

Romano: Muito prazer, eu sou Romano. É, o mestre de obras.

Raul: Pois não, vamos entrando. Vamos entrando.

* * *

Raul: Opa!

Raimundo: Bom dia, seu[5] Raul.

Raul: Bom dia, seu Raimundo.

Raimundo: A gente precisava decidir umas coisas lá no banheiro, seu Raul.

Agora, veja como se fazem apresentações formais e informais.

Romano: Glad to meet you. I'm Romano. The foreman.

Raul: Of course. Come on in. Come on in.

* * *

Raul: Hey!

Raimundo: Good morning, Mr. Raul.

Raul: Good morning, Mr. Raimundo.

Raimundo: We need to decide a few things there in the bathroom, Mr. Raul.

Now, see how formal and informal introductions are made.

————— PARE —————

OBSERVE E RESPONDA

1. Quem é a arquiteta?
2. Quem é o mestre de obras?
3. Quem é o dono da casa?
4. Quem conserta o banheiro?

VAMOS NOS COMUNICAR

A. **Palavra-Puxa-Palavra**.

1. Apresentações

Quero lhe apresentar o meu pai.
Esta é minha irmã.
O meu nome é Carlos. Muito prazer.

Prazer em conhecê-lo.
Paulo, esta é a Rosa.

---

[5]*Seu*: Colloquial form of the title *senhor*, used with a man's first or last name.

2. Saudações

Alô, como vai? Tudo legal?	Como vai o senhor?
Boa tarde, Paulo.	Vou bem, obrigado.
Bom dia, João, tudo bem?	O que que há?
Boa noite, Maria, como vai?	Tudo bem.

3. Despedidas

Tchau. (Tchauzinho)	Até a próxima.
Até logo.	Passe um bom fim de semana.
Até mais tarde.	Preciso ir agora.
Até amanhã.	

B. Diálogos

1. Apresentações

a)
A — O meu nome é Luiz Alberto.
B — Muito prazer. Carlos Pereira.
A — O prazer é todo meu.
B — Muito obrigado.

b)
A — Quero lhe apresentar o meu
professor de português.
B — Prazer em conhecê-lo.
A — Igualmente.
B — Até logo.

c)
A — Oi, sou Lúcia.
B — Que prazer! Ricardo.
A — Este é meu irmão.
B — Oi, tudo bem?

2. Saudações e Despedidas

a)
A — Bom dia, tudo bem?
B — Tudo ótimo. Como vai você?
A — Bem, obrigado.
B — Até logo.

b)
A — Oi, gente! Tudo legal?
B — Tudo jóia. Você vai bem?
A — Vou bem. Está tarde. Preciso ir.
B — Está bem. Até amanhã.

c)
A — O que é que há?
B — Nada de novo. E você, vai
tudo bem?
A — Tudo bem. Ah! Não posso
ficar. Até mais tarde.

C. Conversinhas. Complete os diálogos.

a)
A — Oi, o meu nome é Teresa.
B —
A — Que prazer.
B —

b)
A — Boa noite, Paulo.
B —
A — Como vai você?
B —

c)
A — O que é que há?
B —
A —
B —

d)
A — Como vai o senhor?
B —
A —
B —

e) A —
    B — Oi, Rosa.
    A —
    B — Tudo legal.

g) A — Até logo.
    B —
    A —
    B —

f) A —
    B — Preciso ir agora.
    A —
    B — Está bem. Tchauzinho.

h) A — Mamãe, quero lhe apresen-
        tar o meu professor.
    B —
    A —
    B —

PONTO DE ENCONTRO

A. Apresente um colega à classe.

B. São 8:00hs da noite.

1) Cumprimente um colega.
2) Fale sobre você.
3) Faça perguntas sobre ele.

4) Pergunte sobre a família dele.
5) Faça a despedida.

II. UMA FAMÍLIA CEARENSE.

O Sr. Clóvis Ribeiro é o pai e a Dª Isaura é a mãe. Os dois são da mesma idade. Eles têm 42 anos e moram em Fortaleza, capital do estado do Ceará. O Sr. Clóvis é comerciante e a Dª Isaura é professora. Jorge e Teresa são os filhos. Jorge tem 16 anos e estuda no Colégio Santo Inácio. Teresa tem 10 anos e está no primeiro grau da Escola Santos Dumont. Durante a semana a família Ribeiro trabalha e estuda. Nos fins de semana eles procuram passar alguns momentos de lazer juntos. O sábado também é dia para fazer compras e limpar a casa. O dia preferido de todos é o domingo. Eles vão à Praia do Futuro pela manhã e, às vezes, a um jogo de futebol à tarde. O domingo é também o dia de almoçar com os parentes. Chegam os avós, os tios, e o almoço decorre num ambiente agradável e feliz.

1. Qual é a idade do Sr. Clóvis e da Dª Isaura?
2. Onde eles moram?
3. Qual é a profissão deles?
4. Fale sobre os filhos deles.
5. O que a família Ribeiro faz nos fins de semana?
6. Como é o almoço de domingo?

III. DITONGOS ORAIS

──────VÍDEO──────

Veja quais são os ditongos orais da língua Portuguesa, e como são pronunciados:

Observe the vowel diphthongs in Portuguese and their pronunciation:

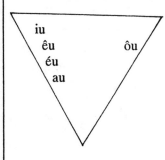

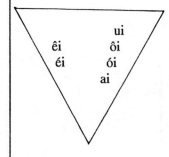

| /iu/ | VIU | RIU | DIU |
| | OUVIU | SENTIU | |

| /êu/ | EU | LEU | MEU |
| | VIVEU | COMEU | |

| /éu/ | RÉU | CÉU | VÉU |
| | ILHÉU | CHAPÉU | |

| /au/ | PAU | NAU | MAU |
| | AULA | AUTO | |

| /ôu/ | VÔO | PERDÔO | ABENÇÔO |

| /êi/ | DEI | SEI | REI |
| | CHEIRO | BEIRA | |

| /éi/ | RÉIS | PAPÉIS | FIÉIS |
| | PASTÉIS | BORDÉIS | |

| /ai/ | DAI | VAI | SAI |
| | FALAI | PAPAI | |

| /ói/ | DÓI | MÓI | SÓI |
| | FARÓIS | LENÇÓIS | |

| /ôi/ | FOI | DOIS | POIS |
| | OITO | NOITE | |

| /ui/ | FUI | UIVO | |
| | FLUIDO | CUIDO | |

──────PARE──────

BOA PRONÚNCIA É ESSENCIAL

Repita

1. Ele me *viu* e sorr*iu*.
2. Abr*eu* l*eu* m*eu* livro.
3. Vou comprar o *véu* e o chap*éu*.
4. O P*au*lo não tem *au*la.
5. Eu enj*ôo* quando v*ôo*.

7. Os pap*éis* dos fi*éis* custam cem r*éis*.
8. Pap*ai* não s*ai* dem*ais*.
9. O rato r*ói* os lenç*óis*.
10. Eu comi *oi*to bisc*oi*tos.
11. Ontem eu f*ui* com o R*ui*.

IV. PRESENTE DO INDICATIVO: VERBOS EM *-ER*

VÍDEO

Observe, a seguir, o uso dos verbos terminados em *-er*, no presente do indicativo.

Observe, in the following charts, the use of verbs ending in -er, in the present indicative.

EU	COMO	NÓS	COMEMOS
VOCÊ O SENHOR A SENHORA ELE ELA	COME	VOCÊS OS SENHORES AS SENHORAS ELES ELAS	COMEM

EU	BEBO	NÓS	BEBEMOS
VOCÊ O SENHOR A SENHORA ELE ELA	BEBE	VOCÊS OS SENHORES AS SENHORAS ELES ELAS	BEBEM

EU	CONHEÇO	NÓS	CONHECEMOS
VOCÊ O SENHOR A SENHORA ELE ELA	CONHECE	VOCÊS OS SENHORES AS SENHORAS ELES ELAS	CONHECEM

ESCREVO	ESCREVEMOS
ESCREVE	ESCREVEM

—————— PARE ——————

Verbs in -cer

A number of common verbs end in *-cer*, such as *conhecer*, ('to know') *aparecer*, ('to appear') *vencer* ('to conquer, win'). These verbs have a regular spelling change in the first-person singular: conheço, apareço, venço. The use of the Ç maintains the /s/ pronunciation of the letter C.

Alternations in stem vowels

When the stem vowel of an -er verb is E or O, it is usually close (ê, ô) in the FIRST PERSON SINGULAR FORMS, and open (é, ó) in the third person forms.

bebo /ê/	bebemos
bebe /é/	bebem /é/

corro /ô/	corremos
corre /ó/	correm /ó/

When followed by an N or M, the stem E or O is nasalized and remains close (ê or ẽ, ô or õ) in all forms: COMER, APRENDER, CORRESPONDER, RESPONDER, ENTENDER, COMPREENDER, etc.

aprendo /ê/   comem /ô/   vende /ê/

The vocabulary lists will indicate this vowel switch (ê≈é; ô≈ó) with the symbol $-^2$.

VAMOS PRATICAR ——————————————

A. Palavra-Puxa-Palavra

aprender
atender
beber $-^2$
comer
compreender
conhecer $-^2$
correr $-^2$
vender

dever $-^2$
entender
escrever $-^2$
parecer $-^2$
receber $-^2$
responder
sofrer $-^2$

B. Descrição.

Carlos

Sérgio e Laura

Ex.: *Carlos corre de tarde.*   *Sérgio e Laura correm todos os dias.*

1. Aprender português
2. Vender carros
3. Não comer pão.
4. Não atender o telefone.
5. Beber café.

1. Entender francês
2. Responder às perguntas.
3. Não escrever cartas.
4. Não conhecer a Europa.
5. Receber boas notas.

C. Os problemas do Pedrinho na escola. O que o Pedrinho faz na sala de aula?

1. Escrever pouco. *O Pedrinho escreve pouco na sala de aula.*
2. Não entender as perguntas.
3. Não responder às perguntas.   5. Comer pizza.
4. Beber Coca-Cola.   6. Não aprender os verbos.

D. Na faculdade. Quais são as nossas atividades?

1. Aprender português. *Nós aprendemos português na faculdade.*
2. Correr no campus.
3. Sofrer nos exames.   5. Receber boas notas.
4. Conhecer muitas pessoas.   6. Compreender as lições.

E. O meu dia típico: Descreva o seu dia típico seguindo as informações:

1. Levantar às 7:00 horas. *Eu levanto às 7:00 horas.*
2. Tomar banho.
3. Beber café.   7. Falar com meus amigos.
4. Comer pão.   8. Escrever cartas para meus amigos.
5. Estudar alemão às 10:00 hs.   9. Correr um pouco.
6. Atender o telefone.   10. Receber um telefonema da minha mãe.

F. Diálogo

Pedro fala com Ricardo.

Pedro	— Você se parece com alguém?
Ricardo	— Sim, eu me pareço com a minha mãe. E você?
Pedro	— Eu não pareço com ninguém.
Ricardo	— Você bebe café?
Pedro	— Não, eu bebo chá.
Ricardo	— E você come muito?
Pedro	— Como sim, eu adoro comer.
Ricardo	— Vamos comer alguma coisa?
Pedro	— Ótima idéia. Vamos?

G. Conversinha. Complete o diálogo.

Eu aprendo português.

Rosa	— Você entende português?
Lúcia	—
Rosa	— Onde você aprende português?
Lúcia	—
Rosa	— Alguém na sua família compreende português?
Lúcia	—
Rosa	— E você conhece alguém do Brasil?
Lúcia	—

PONTO DE ENCONTRO

A. Entrevista.

1. Você acorda cedo?
2. Você toma café em casa?
3. Você deve dinheiro?
4. Você come muito de manhã?
5. Você toma banho todos os dias?
6. Você sofre nos exames?
7. Você recebe boas notas?
8. Você limpa a casa?
9. Você lava a roupa?
10. Você escreve para a família?
11. Você dança nos fins de semana?
12. Você trabalha todos os dias?
13. Você recebe muitas cartas?
14. Você corre todas as manhãs?

B. O que você tem em comum com os seus colegas? Em grupos de 3-4 estudantes, troque as informações abaixo.

1. Três coisas que você faz toda manhã.
2. Três coisas que você faz todo fim de semana.
3. Três coisas que você não gosta de fazer.

V. UMA FAMÍLIA GAÚCHA.

Meu nome é Maurício Franco Koeler. Tenho 23 anos e moro em Porto alegre. Estudo engenha-
ria na Pontifícia Universidade Católica do Rio Grande do Sul (PUC-RS). Meus companheiros de
quarto são Eduardo e Alexandre. O nosso apartamento é na Rua Riachuelo. A minha namorada
é a Carolina. A família do meu pai é de origem alemã e mora em Santo Ângelo, no interior.
Meu pai tem uma fazenda onde ele planta soja e trigo. A família da minha mãe é de origem italiana. Eles moram nas montanhas e plantam uva para fazer vinho. Eu tenho dois irmãos e duas
irmãs.

1. Quantos anos tem o Maurício?
2. O que ele estuda?
3. Em que universidade ele estuda?
4. Quem é a namorada dele?
5. De onde é a família do pai dele?
6. O que o pai dele planta na fazenda?
7. Onde mora a família da mãe dele?
8. Quantos irmãos ele tem?

VI. PRESENTE DO INDICATIVO DO VERBO SER

─────────────────────VÍDEO─────────────────────

EU	SOU	NÓS	SOMOS
VOCÊ		VOCÊS	
O SENHOR		OS SENHORES	
A SENHORA	É	AS SENHORAS	SÃO
ELE		ELES	
ELA		ELAS	

──────────────────────PARE──────────────────────

The Verb Ser

The verb *ser* is one way of saying 'to be' in Portuguese. It is used to link two nouns, and to
describe characteristics, such as place of origin, profession, nationality, and other characteristic
properties of the subject.

VAMOS PRATICAR

A. Profissão.

1. O senhor — dentista *O senhor é dentista.*
2. Teresa e Maria — secretárias
3. Tarsila — arquiteta
4. Cecília — escritora
5. Roberto Carlos — cantor
6. Você e eu — médicos

7. Antônio Fagundes — ator
8. Regina Duarte — atriz
9. Minhas tias — advogadas
10. Eu e meus amigos — jogadores de futebol.

B. Descrição.

1. Os meninos — pequenos. *Os meninos são pequenos.*
2. Os atletas — fortes.
3. Você e eu — magros.
4. Os jogadores de basquete — altos.
5. O pianista — gordo.
6. Meu sogro — elegante
7. Eu — tímido
8. Minha namorada — paciente
9. Meu tio — nervoso

10. Eu — bonito.
11. Minha namorada — loura.
12. O jóquei — baixo.
13. Nós — ricos
14. Meus pais — conservadores
15. Sônia Braga — sensual
16. Pelé — inteligente

C. Lugar de origem.

1. Jorge Amado — de Salvador. *Jorge Amado é de Salvador.*
2. Os jornalistas — do Norte.
3. Eu — de Brasília
4. Peter — dos Estados Unidos
5. Os cosmonautas — da Rússia

6. Nós — de Portugal
7. Os gaúchos — do Sul
8. O artista — de São Paulo

D. Nacionalidade.

1. Pierre — francês *Pierre é francês.*
2. As garotas de Ipanema — brasileiras
3. Eu e Ming — chineses
4. Marcelo Mastroiani — italiano
5. A sra. Hoki — japonesa

6. Juan e eu — argentinos
7. Charles e Diana — ingleses
8. Eu — grego

E. Diálogos

1. Quem é?

Rui — Quem é este homem?
Luís — É o Dr. Bastos?

Rui — Ele é o seu médico?
Luís — Sim, ele é o meu médico
e o meu melhor amigo.

2. Estado Civil: Casado ou Solteiro?

Júlia — Roberto é um rapaz muito bonito.
Marta — Ele é bonito, simpático e
romântico.
Júlia — Ele é casado ou solteiro?
Marta — É solteiro. Ele é rico.

F. Conversinha. Complete o diálogo.

A — De onde ele é?
B —
A — Ele é jovem ou velho?
B —
A — Ele é solteiro, casado, viúvo ou divorciado?
B —
A — Ele é rápido ou lento?
B —
A — Ele é forte ou fraco?
B —

G. "Babá"

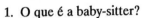

Babá

A chamada *baby-sitter* é a pessoa <u>contratada</u> para cuidar de criança por algumas horas. Uma atividade bastante comum em cidades médias e grandes, onde os pais freqüentemente se <u>defrontam</u> com o problema de com quem deixar os filhos.
Características - Em primeiro lugar, para ser uma boa babá e se divertir com o trabalho, é preciso gostar de crianças. Além disso, é necessário ter alguma prática em <u>cuidados básicos</u>: trocar, dar banho, <u>alimentar</u>, brincar ou apenas <u>zelar</u>. Se você tem irmãos ou sobrinhos pequenos, procure <u>treinar</u> essas tarefas.

hired
confront;
basic care
feed
watch out for
train for

1. O que é a baby-sitter?
2. Qual é a definição em português para baby-sitter?
3. Que problema os pais em cidades médias e grandes defrontam?
4. Quais as características principais do trabalho da babá?
5. Quais são os cuidados básicos da babá?
6. Trocar o bebê significa:
   a. trocar a roupa do bebê.
   b. querer outro bebê.
   c. querer outra babá.

PONTO DE ENCONTRO ═══════════════════════════════════════

A. **No serviço de imigração.** Você é o funcionário e o seu colega, um usuário, quer tirar um passaporte. Pergunte a ele:

1. nome *Qual é o seu nome?*
2. nome do pai
3. lugar de origem   5. estado civil
4. nacionalidade   6. profissão

B. **Diga à classe o que você tem em comum com um colega.** Peça as seguintes informações a ele/ela: lugar de nascimento, religião, profissão, características físicas e psicológicas, hábitos e preferências.

VII. CONTRAÇÕES DE <u>EM</u>, <u>DE</u> E ARTIGOS

The prepositions *em* and *de* must be combined with a following definite article, *o, os, a, as*, as follows:

```
de + o   = do
de + a   = da
de + os  = dos
de + as  = das

em + o   = no
em + a   = na
em + os  = nos
em + as  = nas
```

De and *em* may be combined with a following indefinite article, optionally:

```
de + um   = dum / de um
de + uma  = duma / de um

em + um   = num / em um
em + uma  = numa / em uma
```

De and *em* also combine with the subject pronouns *ele* and *ela*:

```
de + ele  = dele       de + ela  = dela
em + ele  = nele       em + ela  = nela
```

VAMOS PRATICAR

A. **De quem é?** Use *do, da, dos, das, dele, dela.*

Ex.: dicionário —— o estudante.
De quem é o dicionário? O dicionário é do estudante

Pergunta	Resposta
1. O dicionário	1. o estudante
2. O livro	2. os alunos
3. A casa	3. a minha mãe
4. O apartamento	4. ele
5. O telefone	5. a professora
6. A caneta	6. ela
7. O lápis	7. o meu melhor amigo
8. O carro	8. a minha irmã

B. **Você gosta de quem? de quê?** Use: *do, da, dos, das* ou *de.*

1. Eu — o meu pai *Eu gosto do meu pai.*
2. O professor — os alunos *O professor gosta dos alunos.*
3. Meu melhor amigo — a moça brasileira
4. O Paulo e eu — cinema
5. A Sylvia — você
6. Minha irmã — a vovó
7. Nós — trabalhar
8. Você — correr
9. Eu e meu irmão — o presidente
10. O cavalo — descansar
11. Você — o professor
12. Ele — feijão

C. **Residência:** Onde mora — ?

1. Meu pai — o Brasil *Meu pai mora no Brasil.*
2. Meu avô — a casa do João
3. Minha irmã — a Rua Augusta
4. Minha avó — o Rio de Janeiro
5. Meus irmãos — os Estados Unidos
6. Meu cunhado — a Avenida Paulista
7. Meus primos — o Edifício Carioca
8. Eu e você — São Paulo
9. Júlia — Cuba
10. Minha mãe — Portugal

D. Em que você pensa?

Ex.: Em que o Jorge pensa de manhã?   *De manhã o Jorge pensa nos estudos.*

	O Jorge e eu	Alberto	Ana e Teresa
De manhã	estudos	esportes	filhos
De tarde	trabalho dinheiro	cinema música	compras
De noite	namorada	fim de semana	novela da TV

1. Em que a Ana e a Teresa pensam de tarde?
2. Em que o Alberto pensa de manhã?
3. Em que o Jorge e eu pensamos de noite?
4. Em que o Alberto pensa de tarde?
5. Em que a Ana e a Teresa pensam de manhã?
6. Em que o Jorge e eu pensamos de tarde?
7. Em que a Ana e a Teresa pensam de noite?
8. Em que o Alberto pensa de noite?
9. Em que o Jorge e eu pensamos de manhã?

E. Por que razão?   Use *dele, dela, nele, nela.*

1. Por que você gosta do seu pai? — bom.
   Eu gosto dele porque ele é bom.
2. Por que você gosta da sua mãe? — simpática
3. Por que você gosta do professor? — inteligente
4. Por que você pensa no professor? — paciente
5. Por que ele pensa na sua irmã? — bonita
6. Por que nós pensamos nos nossos amigos? — ricos
7. Por que eu penso nos meus colegas? — pobres

F. Do que você precisa?   Use *dum, duma* or *duns.*

1. Meu pai — um carro novo *Meu pai precisa dum carro novo.*
2. Minha mãe — uma saia azul
3. Meus melhores amigos — uma caneta
4. Minha avó — uma blusa amarela
5. Eu e minhas irmãs — um mapa do Brasil
6. Meu médico — um bom hospital

VIII. PRESENTE DO INDICATIVO: VERBOS EM -IR

─────── VÍDEO ───────

Observe nestas situações o uso dos verbos terminados em -ir no presente do indicativo.

*Observe in these situations the use of verbs ending in
-ir in the present indicative.*

EU	**PARTO**	NÓS	**PARTIMOS**
VOCÊ		VOCÊS	
O SENHOR		OS SENHORES	
A SENHORA	**PARTE**	AS SENHORAS	**PARTEM**
ELE		ELES	
ELA		ELAS	

─────── PARE ───────

VAMOS PRATICAR

A. Palavra-puxa-palavra

abrir   insistir
assistir   partir
decidir   permitir
discutir   residir

B. Diálogos

1. A gente mora em Brasília.

Jorge   — Quando vocês partem para o Brasil?
Regina   — A Vânia vai hoje. Eu parto só amanhã.
Jorge   — E onde vocês residem no Brasil, hein?
Regina   — A gente mora em Brasília. Residimos num lugar bonito.

2. Vamos ao futebol?

Paulo   — Você vai assistir algum jogo amanhã?
Sérgio   — Não vou a nenhum jogo porque não tenho tempo.
Paulo   — Mas eu insisto em levar você!
Sérgio   — Já que você paga, eu vou!

C. Descrição.

Roberto

Vera e Dr. Alfredo

Ex.: *Roberto reside na Bahia*

Vera e Dr. Alfredo residem aqui.

1. não residir aqui	1. abrir as janelas
2. partir amanhã	2. residir no México
3. não discutir muito	3. partir hoje
4. não abrir a porta	4. discutir todos os dias
5. decidir cedo	5. insistir em beber vinho

D. Atestado de saúde.

1. Qual é o seu nome?
2. Onde você reside?
3. Você bebe?
4. Você toma muito café?
5. Você come bem?
6. Você fuma?
7. Você corre todos os dias?
8. Você pratica esportes?
9. Você sofre de tensão?
10. Você trabalha muito?
11. Você acha que sua saúde vai bem?

"E todas as manhãs você acorda com música!"

IX. PERGUNTAS E RESPOSTAS

The word *sim* means 'yes' and *não*, as you know, means 'no.' These words are used to answer questions of the "yes or no" type. Frequently, Portuguese speakers prefer to repeat the verb of the question rather than say just *sim* or *não*. In these short responses the subject pronoun may be omitted.

If someone asks you:

VOCÊ É PORTUGUÊS?

the normal response would be either

(EU) SOU. or (EU) NÃO SOU.

These answers can be reinforced with *sim* or *não*, but usually following the verbal response:

(EU) SOU, SIM.
(EU) NÃO SOU, NÃO

Note that another very frequent way to answer "yes-no" questions is with an opinion or a "middle-of-the-road" answer:

(EU) ACHO QUE SIM.   *I think so.*
(EU) ACHO QUE NÃO.   *I don't think so/I think not.*
MAIS OU MENOS.   *More or less/Somewhat/A bit.*

VAMOS PRATICAR

A. Perguntas e Respostas: Sim ou Não?

1. Você deve dinheiro? *Devo, sim // Não devo, não.*
2. Seu pai come muito?
3. Você reside aqui?
4. Todo mundo estuda na biblioteca?
5. O seu médico é inglês?
6. Vocês entendem alemão?
7. Seus amigos bebem guaraná?
8. A sua mãe assiste novela?
9. Os atletas praticam esportes?
10. Os brasileiros dançam samba?
11. Você é romântico?
12. Sua família mora no Brasil?

B. Perguntas e Respostas: Acho que sim, acho que não, mais ou menos.

1. Você fala português? *Falo mais ou menos.*
2. Jogar tênis é bom para a saúde? *Acho que sim.*
3. Os seus colegas são inteligentes?
4. Você é responsável?
5. Os estudantes sofrem no exame?
6. Você se parece com o seu pai?
7. Sexta-feira 13 é dia de azar?
8. Você gasta muito dinheiro?
9. Os seus amigos são simpáticos?
10. Você come muito no almoço?
11. Os seus colegas estudam muito?

C. Diálogo. Encontro Marcado

Sílvia	— Eu sou solteira. E você, é casado?
Oscar	— Não sou, não. Eu sou solteiro também.
Sílvia	— E você gosta de dançar?
Oscar	— Gosto, sim. Você dança nos fins de semana?
Sílvia	— Eu sempre danço. Oscar, você é muito simpático.
Oscar	— Ah, Sílvia, eu não sou, não. É bondade sua.

D. Conversinha: Os Hábitos da sua Família. Complete o diálogo.

Antônio	— Você pratica esportes?
Ana Maria	—
Antônio	— A sua irmã toca piano?
Ana Maria	—
Antônio	— O seu pai bebe cerveja?
Ana Maria	—
Antônio	— A sua família acorda cedo?
Ana Maria	—

X. O QUE É ISTO? — COMIDAS

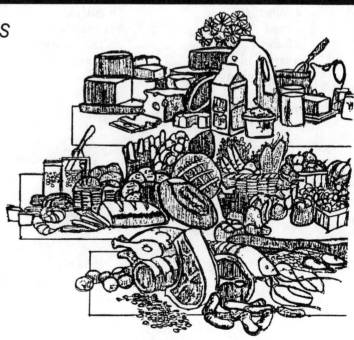

─────VÍDEO─────

Em nossa língua quando pedimos definições, usamos *que* e *o que*. E quando respondemos é comum usar o artigo masculino *o* ou o artigo feminino *a*.

O que é isto?
A salada
O suco
A carne
O feijão
O arroz

O que é isto?
O guardanapo
O prato
O copo
O garfo

In our language when we ask for definitions, we use que *and* o que, *'what.' And when we answer it is usual to use the masculine article* o, *'the' or the feminine article* a, *'the.'*

What is this?
The salad
The juice
The meat
The beans
The rice

What is this?
The napkin
The plate
The glass
The fork.

─────PARE─────

VAMOS PRATICAR

A. Palavra-Puxa-Palavra

Substantivos

a colher /é/	a refeição	a cerveja /ê/
o copo /ó/	as refeições	o vinho
a faca	o café-da-manhã	o leite
o garfo	o almoço /ô/	o café
o guardanapo	o jantar	a água
o prato	a salada	o chá
o arroz /ô/	a carne	o feijão

Verbos

almoçar ▬[1]	jantar	cozinhar
tomar	passar	beber ▬[2]

B. Hábitos

1. De manhã você toma café ou suco?
2. O que você bebe no almoço?
3. Você gosta de arroz e feijão?
4. Você come carne todos os dias?
5. O que você usa para comer?
6. O que você usa para beber?
7. Você come em casa ou na universidade?
8. Você janta cedo ou tarde?
9. O que você usa para limpar a boca?
10. Você janta só ou com a família?

PONTO DE ENCONTRO

Troque informações com um colega sobre suas refeições.

1. O que você come de manhã, de tarde, de noite?
2. O que você bebe de manhã, de tarde, de noite?
3. Você come muito ou pouco?
4. Você come só ou com os amigos?
5. Você come em casa ou na universidade?
6. Você gosta de jantar cedo ou tarde?
7. Onde você almoça?

XI. UM MILHÃO DE AMIGOS

● Estudante do 2.º grau, 19 anos, cor branca, cabelos e olhos castanhos, educada, sincera, praticante de natação e dança moderna, deseja corresponder-se com rapazes de qualquer nacionalidade, simpáticos, inteligentes e educados, para fins de amizade e conhecimentos. **Mary**

● Tenho 16 anos, 1,63 m de altura, cabelos castanhos, olhos verdes, curto um som, skate, surfe e asa delta. Gostaria de corresponder-me com jovens de 16 a 22 anos, para uma amizade legal, ou, quem sabe, um love. Troco foto na primeira carta. **Silvana**

● Moreno, 16 anos, 1,72 m de altura, 52 quilos, adora natação, xadrez, leitura e beisebol. Deseja corresponder-se com garotas de todo o Brasil. **Sérgio**

1. Quem é estudante de Direito?
2. De que cor são os olhos da Silvana?
3. Quem tem 16 anos?
4. O que a Mary pratica?
5. Como é a Glaura fisicamente?
6. O que o Sérgio adora?
7. O que a Renata gostaria de transar?
8. Com que tipo de rapazes a Mary quer corresponder?
9. O que a Silvana curte?
10. Como é a Renata fisicamente?
11. Quem é do signo de Gêmeos?
12. Quem quer se corresponder com garotas de todo o Brasil?

● Jovem do signo de Capricórnio, 13 anos, 1,50 m de altura, 38 quilos, loira, olhos azuis, cursando a 8.ª série do primeiro grau, adora a natureza. Gostaria de transar uma amizade legal com pessoas de qualquer parte do mundo, para fins amigáveis. **Renata**

● Estudante de Direito, do signo de Gêmeos, 1,79 m de altura, olhos castanhos, 60 quilos, deseja corresponder-se com rapazes de 35 anos, extrovertidos, para uma sólida amizade ou algo mais. **Glaura**

XII. NÚMEROS ATÉ CEM

─────VÍDEO─────

Agora você vai aprender a contar em português. Veja a menina pulando amarelhinha.

Now you are going to learn to count in Portuguese. Watch the girl playing hop-scotch.

UM	*ONE*
DOIS	*TWO*
TRÊS	*THREE*
QUATRO	*FOUR*
CINCO	*FIVE*
SEIS	*SIX*
SETE	*SEVEN*
OITO	*EIGHT*
NOVE	*NINE*
DEZ	*TEN*
Céu	*Heaven*
UMA ÁRVORE	*ONE TREE*
DUAS ÁRVORES	*TWO TREES*
UMA MULHER	*ONE WOMAN*
DUAS MULHERES	*TWO WOMEN*
UM HOMEM	*ONE MAN*
DOIS HOMENS	*TWO MEN*
UM PROFESSOR	*ONE TEACHER*
DOIS PROFESSORES	*TWO TEACHERS*

TRÊS CARROS	THREE CARS
QUATRO MAÇÃS	FOUR APPLES
CINCO FLORES	FIVE FLOWERS

um/uma	one
dois/duas	two
três	three
quatro	four
cinco	five
seis	six
sete	seven
oito	eight
nove	nine
dez	ten
onze	eleven
doze	twelve
treze	thirteen
quatorze, catorze	fourteen
quinze	fifteen
dezesseis	sixteen
dezessete	seventeen
dezoito	eighteen
dezenove	nineteen
vinte	twenty

——— PARE ———

Numbers to One Hundred

VINTE	20	VINTE E UM	21
TRINTA	30	TRINTA E QUATRO	34
QUARENTA	40	QUARENTA E SETE	47
CINQÜENTA	50	CINQÜENTA E DOIS	52
SESSENTA	60	SESSENTA E OITO	68
SETENTA	70	SETENTA E TRÊS	73
OITENTA	80	OITENTA E NOVE	89
NOVENTA	90	NOVENTA E SEIS	96
CEM	100	CENTO E CINCO	105

They are invariable, except that CEM becomes CENTO when combined with other numbers.

They are combined by adding the word E and the unit number:

VINTE E TRÊS   NOVENTA E QUATRO
QUARENTA E OITO   CENTO E DOIS

The units UM and DOIS agree in gender with the noun:

TRINTA E DUAS CASAS   SETENTA E DOIS CARROS
CINQÜENTA E UMA NOITES   QUARENTA E UM DIAS

VAMOS PRATICAR

A. Quantos anos eles têm?

1. Maria Teresa — 23 *Maria Teresa tem vinte e três anos.*
2. Dr. Ferreira — 65
3. Carlos — 13   8. Sr. Renato — 72
4. Dona Alice — 42   9. Roberto — 57
5. Rui — 27   10. Jorge — 9
6. José Luiz — 18   11. Sr. Antônio — 81
7. Ana Maria — 33   12. Helena — 17

B. Quantos artigos há na loja?

1. saias — 11 *Há onze saias na loja.*
2. calças jeans — 22
3. cintos — 100   6. pares de meias — 50
4. blusas — 15   7. anéis — 45
5. camisas — 30   8. pares de sapatos — 19

C. Guia de Hotéis e Turismo.

SUMÁRIO – CONTENTS

Em que página...

1. ...você encontra informações sobre o Rio de Janeiro?
2. ...ficam os endereços dos consulados?
3. ...estão as informações sobre buates, cinemas e outras diversões para a noite?
4. ...você encontra o Hotel Index?

5. ...há informações sobre restaurantes?
6. ...ficam os mapas do centro da cidade?
7. ...você encontra os horários dos aviões?
8. ...você encontra a lista das atrações turísticas?

PONTO DE ENCONTRO

Troque informações pessoais com um colega.

1. dia do aniversário
2. idade
3. endereço completo (com o CEP)
4. número do telefone
5. número de pessoas na família
6. idade dos pais
7. número de sorte de cada um
8. número de azar

XIII. ENCERRAMENTO

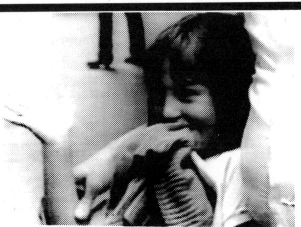

—————— VÍDEO ——————

Hoje, ficamos por aqui. Na próxima unidade vamos continuar navegando pelo mundo da Língua Portuguesa.

Today, we're stopping here. In the next unit we will continue navigating through the Portuguese language.

—————— PARE ——————

VOCABULÁRIO

Please see the notes at the beginning of the VOCABULÁRIO, Part I of this unit (p. 33), for an explanation of the conventions used.

Substantivos

advogado /-a	*lawyer, attorney*	fim de semana, m.	*weekend*
água, f.	*water*	garfo, m.	*fork*
almoço, m. /ô/	*lunch, luncheon*	garoto /-a /ô/	*boy (girl)*
arroz, m. /ô/	*rice*	guaraná, m.	*soft drink based on an Amazon fruit*
azar, m.	*bad luck*		
banheiro, m.	*bathroom*		
biblioteca /é/	*library*	guardanapo, m.	*napkin*
carta, f.	*letter (correspondence)*	leite, m.	*milk*
cena, f.	*scene*	moço /-a /ô/	*young man (woman, girl)*
chá, m.	*tea*		
coisa, f.	*thing*	nota, f. /ó/	*note, grade*
colher, f. /é/	*spoon*	salada, f.	*salad*
copo, m. /ó/	*drinking glass, cup*	samba, m.	*samba*
dinheiro, m.	*money*	saúde, f.	*health*
esporte, m. /ó/	*sport*	sorte, f. /ó/	*luck*
exame, m. /z/	*exam, examination, test*	talheres, m. pl. /é/	*flatwear, silverware*
faca, f.	*knife*		
feijão, m.	*beans (coll.)*	vinho, m.	*wine*
fim, m.	*end*	viúvo /-a	*widower (widow)*

Verbos

atender	*answer, take care of*	dever -2	*owe, ought*
beber -2	*drink*	entender	*understand*
comer	*eat*	escrever -2	*write*
compreender	*understand, comprehend*	estar (irreg.)	*be*
conhecer (-ç) -2	*know, meet, be acquainted with*	parecer (-ç) -2	*seem*
		partir	*depart, leave*
correr -2	*run*	responder	*answer*
corresponder	*correspond*	receber -2	*receive*
decidir	*decide*	sofrer -2	*suffer*
		vender	*sell*

Adjetivos

algum /-uma	*some*	japonês /-esa	*Japanese*
argentino	*Argentine, Argentinian*	magro	*thin, skinny*
casado	*married*	pouco	*little (quantity)*
chinês /-a	*Chinese*	romântico	*romantic*
conservador /-ora /ô/	*conservative*	solteiro	*unmarried*
forte /ó/	*strong*	tímido	*timid, shy*
gordo /ô/	*fat*	triste	*sad*
grego /ê/	*Greek*		

Outras Palavras

amanhã	*tomorrow*	quem	*who, whom*
ontem	*yesterday*	sobre /ô/	*on, above*
qual	*which*		

UNIDADE 2

UMA CASA PORTUGUESA

Parte I

Apresentação
Uma casa portuguesa (V, 67)*

Música
"Uma casa portuguesa" (V, 68)

Cenas
Os detetives trapalhões (V, 73)
"O disco voador" (V,78)

Gramática e pronúncia
Vogais nasais (V, 72)
Imperativo (V, 73)
Verbo *estar* (V, 76)
Ser vs. *estar* (V, 80)
A formação do plural I (86)

Comunicação
Onde você mora (V, 69)

Parte II

Música
"Lisboa Antiga" (V, 95)

Cenas
"O fantasma" (V, 106)

Cultura
Inês de Castro (V, 115)

Gramática e pronúncia
Verbo *ter* (91)
Ditongos nasais (94)
Verbo *ir* (96)
Presente contínuo (V, 103)
Adjetivos (V, 106)
A Formação do plural II (V, 110)
Números acima de 100 (112)

Comunicação
A minha casa (V, 100)

*V = vídeo

PORTUGAL

EUROPA

ESPANHA

PENÍNSULA IBÉRICA

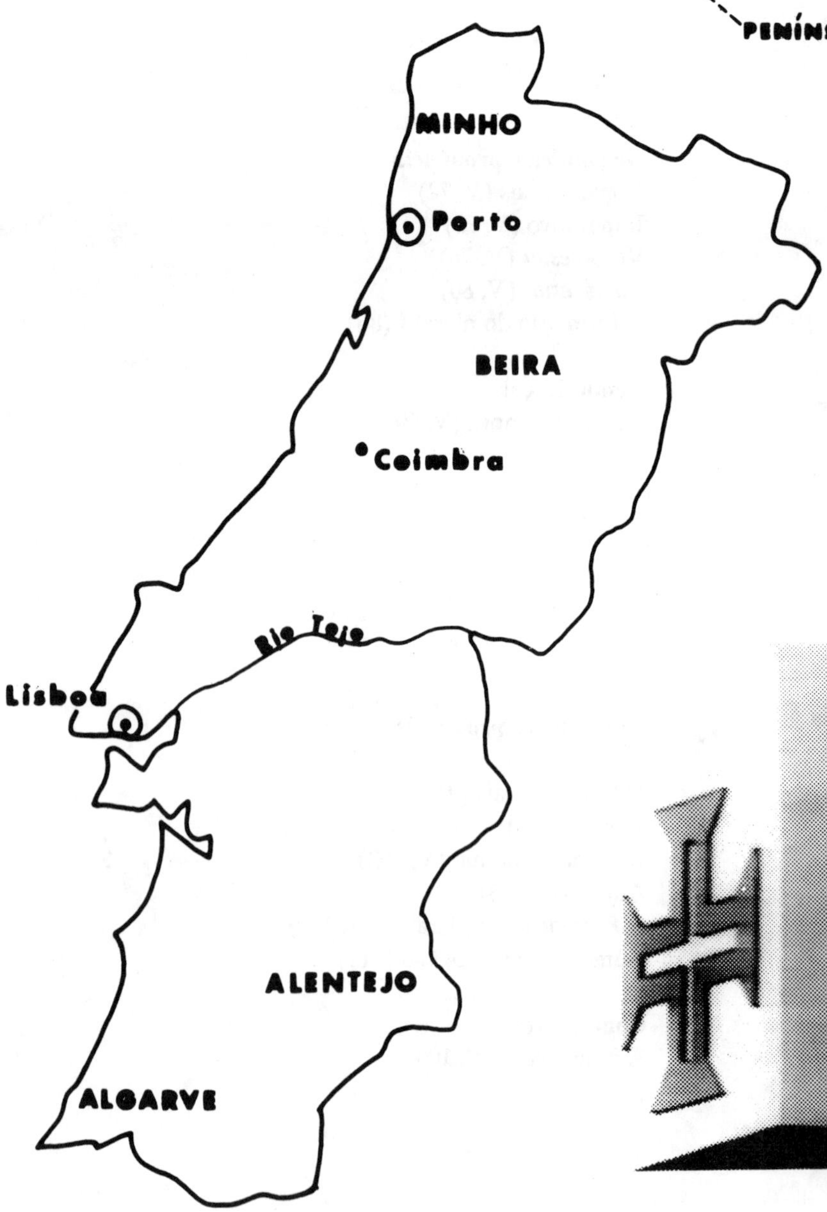

MINHO

⊙ Porto

BEIRA

°Coimbra

Rio Tejo

Lisboa

ALENTEJO

ALGARVE

UMA CASA PORTUGUESA

PARTE I

I. APRESENTAÇÃO

─VÍDEO

"Portugal: Jardim da Europa à beira-mar plantado"
—Thomaz Ribeiro.

Portugal e Espanha formam a Península Ibérica. A capital de Portugal é Lisboa, situada à beira do Rio Tejo.

Ao Norte, encontra-se o Porto, a segunda maior cidade do país e onde estão as famosas fábricas de vinho.

Coimbra, uma pequena cidade às margens do Mondego, é conhecida por sua universidade, uma das mais antigas da Europa. A fama de Coimbra vem também da grande e infeliz história de Inês de Castro, com o Príncipe português, Dom Pedro.

A rica história de Portugal mantém-se em seus monumentos, castelos e mosteiros. A paisagem portuguesa oferece uma interessante e colorida combinação de montanhas, de praias e do verde dos campos.

"Portugal: Garden of Europe planted at the edge of the sea" —*Thomaz Ribeiro.*

Portugal and Spain make up the Iberian Peninsula. The capital of Portugal is Lisbon, located on the banks of the Tagus River.

To the north is the city of Oporto, the second largest city in the country and the location of its famous wineries.

Coimbra, a small city on the Mondego River, is known for its university, one of the oldest in Europe. Coimbra is also well known because of the great, sad tale of Inês de Castro and the Portuguese Prince Dom Pedro.

The rich history of Portugal is alive in its monuments, castles, and monasteries. The Portuguese countryside offers an interesting and colorful combination of mountains, beaches and the green of the fields.

─PARE─

VOCÊ ENTENDEU?

Verdadeiro ou Falso?

1. Portugal e Espanha formam a Península Ibérica.
2. A capital de Portugal é o Porto.
3. Lisboa é situada à beira do rio Tejo.
4. Coimbra é uma pequena cidade às margens do Rio Tejo.
5. As famosas fábricas de vinho estão no Porto.
6. A paisagem portuguesa tem montanhas, praias e campos.

II. "UMA CASA PORTUGUESA"

VÍDEO

Numa casa portuguesa *fica bem*   *it is appropriate*
Pão e vinho sobre a mesa
E se à porta *humildemente bate* alguém   *humbly knocks*
Senta-se à mesa com *a gente*   *people, us*
Fica bem esta *franqueza*, fica bem   *generosity*
Que o povo *nunca desmente*   *never contradicts*
A *alegria* da *pobreza*   *happiness; poverty*
Está nesta grande *riqueza*   *wealth*
de *dar e ficar contente*.   *take pleasure in giving*

(coro)

Quatro *paredes caiadas*,   *white-washed walls*
Um *cheirinho* de *alecrim*   *aroma; rosemary*
Um *cacho de uvas douradas*,   *bunch of golden grapes*
Duas rosas num jardim,   *ceramic tiles*
Um São José de *azulejos*

Mais o sol da *primavera*	*spring*
Uma promessa de *beijos*	*kisses*
Dois braços *à minha espera*	*waiting for me*
É uma casa portuguesa com *certeza*	*certainty*
É com certeza uma casa portuguesa.	

———————————————— PARE ————————————————

OBSERVE E RESPONDA

1. De que cor é o vestido da cantora?
2. Os olhos e os cabelos dela são castanhos?
3. Ela é gorda ou ela está grávida?
4. Os músicos são jovens ou velhos?
5. É de noite ou de dia?
6. Quantos homens tocam violão?
7. Como é a roupa dos homens?
8. Onde ela está cantando?

VOCÊ ENTENDEU?

1. O que fica bem sobre a mesa?
2. Qual é a grande riqueza da casa portuguesa?
3. Quantas paredes há?
4. Como são as paredes?
5. De que é o cheirinho?
6. Como são as uvas?
7. O que há no jardim?
8. De que é o São José?
9. Como é o sol?
10. É com certeza uma casa portuguesa?

III. ONDE VOCÊ MORA?

─────────────── VÍDEO ───────────────

—— Onde você mora?

—— Eu moro em São Paulo no Bairro de Vila Mariana, perto da famosa Avenida Paulista. Moro num apartamento e uso muito o metrô, um dos mais modernos do mundo.

—— Observe as seguintes cenas e pratique com seu professor ou professora.

"Where do you live?"

"I live in São Paulo, in the section called Vila Mariana, close to the famous Paulista Avenue. I live in an apartment and I use the subway a lot. [It is] one of the most modern in the world."

"Observe the following scenes and practice with your teacher."

─────────────── PARE ───────────────

VAMOS NOS COMUNICAR

A. Palavra-Puxa-Palavra.

Substantivos

a cidade	o edifício	a casa	o apartamento
o endereço	o andar	a rua	a avenida
o bairro	o quarteirão	o elevador	o metrô
o ônibus	o táxi		

Advérbios

longe	perto	lá	aqui
só, sozinho	perto de	longe de	ao lado de
atrás de	andar térreo	no primeiro andar	em frente de

Verbos

alugar	chegar	ficar	tomar
bater (na porta)			

B. Diálogos

1. Que bairro chic!

   Luís Alberto —— Onde você mora?
   Isabel —— Moro no Rio de Janeiro

Luís Alberto	—	Em que bairro você mora?
Isabel	—	Eu moro em Ipanema, na Rua Vinícius de Morais.
Luís Alberto	—	Puxa, um bairro chic, hein? Você mora em casa ou apartamento?
Isabel	—	Eu moro num apartamento do Edifício Bossa Nova.

2. Onde você mora?

Sérgio	—	Qual é o seu endereço?
Emiko	—	Rua Américo Campos, nº 10, aptº 3
Sérgio	—	Onde fica essa rua?
Emiko	—	No bairro da Liberdade, perto do centro da cidade.
Sérgio	—	É um bairro bonito?
Emiko	—	É muito bonito. É o famoso bairro japonês de São Paulo.
Sérgio	—	Como a gente chega lá?
Emiko	—	De metrô.

C. **Conversinhas**. Complete os diálogos.

1.

A — Você mora só?
B —
A — Você mora longe?
B —

3.

A —
B — Avenida Paulista, 413, Apartamento 10.
A —
B — Sim, eu tomo o metrô.

2.

A — O senhor mora em apartamento?
B —
A — E em que bairro fica?
B —

4.

A — Qual é o seu endereço?
B —
A —
B —

PONTO DE ENCONTRO

A. **Entrevista**. Entreviste dois colega de aula, perguntando sobre ...

endereço (rua, avenida, número).
bairro (bonito, moderno, chic)
casa ou apartamento
longe ou perto
sozinho ou com a família

B. **Troca de informações.** Dê as informações abaixo a um colega.

o endereço da sua casa
o endereço do seu melhor amigo
o endereço da sua escola

IV. VOGAIS NASAIS

──────VÍDEO──────

Você agora vai estudar a pronúncia das vogais nasais.

Now you are going to study the pronunciation of the nasal vowels.

/ĩ/ sim, mim, vim
/ẽ/[1] trem sem tem
/ã/ sã, lã, fã
/õ/ bom, som, tom
/ũ/ um, dum, rum

────── PARE──────

Nasal Vowels

Portuguese has five nasal vowels formed by letting air pass through the nose. Vowels followed by *m* or *n*, and all vowels written with a til (˜) over them, are nasal. A final *m* or *n* is never pronounced, but the nasalizes the preceding vowel.

BOA PRONÚNCIA É ESSENCIAL

Repita.

/ĩ/ 1. Sim, ela é linda.
         Minha mãe é simpática.

/ẽ/ 2. Vicente está contente.
         Este é o senhor Bento.

/ã/ 3. O Fantasma e o Batman.
         A Espanha é fantástica.

/õ/ 4. O garçom é bom.
         O monstro gosta de comer.

/ũ/ 5. Um mundo melhor.
         Obrigado, eu não fumo.

---

[1]/ẽ/ is pronounced as a diphthong when final in a word: [ẽy]

V. "OS DETETIVES TRAPALHÕES"— IMPERATIVO I

VÍDEO

Observe, nesta cena, o uso do imperativo.

Leonel — Pssiuuuu! Não faça barulho! Acenda a luz. Não!.. Apague a luz... Idiota! Não faça barulho! Abra a janela! Não. Feche a janela! Silêncio, Idiota! Passe a corda!... Dê o fora!

Observe, in this scene, the use of the imperative.

__Leonel__: Shhhh! Don't make noise! Turn on the light! No... Turn off the light... Idiot! Don't make noise! Open the window! No. Close the window! Silence, Idiot! Hand me the rope! Get out of here!

A FORMAÇÃO DO IMPERATIVO

Os verbos em -ar tomam um E final; os outros tomam um -a final. Os plurais são muito fáceis, terminando em -m.

Verbs ending in -ar take a final E; others take a final -a. The plurals are very easy, ending in -m.

FALO	------>	FALE
DESCULPO	------>	DESCULPE
COMO	------>	COMA
TENHO	------>	TENHA
PARTO	------>	PARTA
SIRVO	------>	SIRVA

Fale devagar.	*Speak slowly.*
Desculpe a demora.	*Excuse the delay.*
Coma mais.	*Eat more.*
Não parta tão cedo.	*Don't leave so early.*
Tenha cuidado.	*Be careful.*
Sirva mais leite.	*Serve more milk.*

OLHE AQUI!   OLHEM AQUI!
COMA MAIS!   COMAM MAIS!
NÃO BEBA VINHO!   NÃO ABRAM A PORTA!

Vamos rever nossos detetives desastrados.   *Let's see how our clumsy detectives are doing.*

Leonel —— Vigie a porta! Fique em pé, camarada! Passe a lupa. Oh, não. Apanhe os cacos! Fugir! Desaparecer! Evaporar!

Leonel: Watch the door! Stand up, my friend! Hand me the magnifying glass. Oh, no. Pick up the broken glass! Flee! Disappear! Evaporate!

Leonel —— Seja mais rápido, homem!

Leonel: Be quicker, man!

Onofre —— Não seja cruel. Estou caído.

Onofre: Don't be cruel. I'm on the floor.

Leonel —— Vá com calma! Tem caco de vidro no chão.

Leonel: Calm down. There are pieces of glass on the floor.

Onofre —— Já vi. Não sou cego.

Onofre: I've seen it. I'm not blind.

———— PARE ————

OBSERVE E RESPONDA

A. **Observação.**

1. É de noite ou de dia?
2. É uma casa chic?
3. O que os detetives usam?
   a) Óculos escuros?
   b) Calça preta?
   c) Luvas?
   d) Chapéu grande?

4. O que eles têm nas mãos?
a) Lanterna?
   b) Corda?
   c) Lupa?
   d) Telefone sem fio?

B. **O que o nosso detetive fala?**

1. Não —— barulho.
2. —— a luz.
3. —— a luz.
4. —— a janela.

5. —— a corda.
6. —— o fora.
7. Não —— cruel.
8. —— com calma.

The Imperative (*Commands*)

In writing, in formal speech, and very often in colloquial speech as well, commands are formed as we have shown here —— by replacing the final *-o* of the first-person singular of the present indicative with the "opposite" vowel, that is, an *-e* on *-ar* verbs and an *-a* on *-er* and *-ir* verbs. Any irregularities in the first person form are carried over to these formal commands and the stem vowel (open or close) is the same as in the first person singular:

LEVO /é/ -----> LEVE/LEVEM /é/
BEBO /ê/ -----> BEBA/BEBAM /ê/
TENHO -----> TENHA/TENHAM

Sometimes there are minor spelling changes to maintain the original consonant sound of the stem:

Roots ending in **-car**:	*ficar*	**-que**	*fique*
Roots ending in **-gar**:	*chegar*	**-gue**	*chegue*
Roots ending in **-cer**:	*aparecer*	**-ça**	*apareça*
Roots ending in **-gir**:	*fugir*	**-ja**	*fuja*

There are five irregular imperatives:

SOU	-----> SEJA/SEJAM	*be*
ESTOU	-----> ESTEJA/ESTEJAM	*be*
DOU	-----> DÊ/DÊEM	*give*
SEI	-----> SAIBA/SAIBAM	*know, find out*
QUERO	-----> QUEIRA/QUEIRAM	*want*

Queira (from *querer*, 'to want') means 'please' when followed by an infinitive: *queira sentar*, 'please sit down'. Another frequent way of softening a command is to add *por favor, por gentileza, faça o favor de*.

VAMOS PRATICAR

A. **Sucesso na Vida!** Conselhos:

1. Trabalhar muito   *Trabalhe muito.*
2. Falar com cuidado
3. Ajudar os amigos
4. Não beber muito
5. Levantar cedo

6. Não brigar com os colegas
7. Não chegar atrasado
8. Não brincar no trabalho

B. Não! Não! e Não! A mãe fala para os filhos:

1. Levantar agora.   *Levantem agora*!
2. Estudar a lição
3. Tomar banho   8. Não jogar bola em casa
4. Beber leite   9. Não assistir televisão
5. Não fazer barulho 10. Não brigar
6. Fechar a boca   11. Não telefonar o dia todo
7. Limpar o quarto   12. Ficar em casa

C. Problemas e Conselhos. Combine as colunas A e B.

Ex. Sou muito magro — comer muito   *Coma muito*!

<table>
<tr><td>A</td><td>B</td></tr>
<tr><td>1. Sou impaciente.</td><td>a. chegar na hora</td></tr>
<tr><td>2. Sou muito gordo</td><td>b. estudar mais</td></tr>
<tr><td>3. Fumo muito.</td><td>c. ter calma</td></tr>
<tr><td>4. Moro longe.</td><td>d. não comer muito</td></tr>
<tr><td>5. Bebo muita cerveja.</td><td>e. comprar uma casa mais perto</td></tr>
<tr><td>6. Não sou pontual.</td><td>f. não beber</td></tr>
<tr><td>7. Não falo português.</td><td>g. parar de fumar</td></tr>
</table>

VI. PRESENTE DO INDICATIVO: <u>ESTAR</u>

─────────────────────────*VÍDEO*─────────────────────────

Veja como se conjuga o verbo *estar*.   Nós vamos usar muito este verbo nas próximas semanas.

See how the verb estar, *'to be' is conjugated. We are going to use this verb a lot in the next few weeks.*

EU **ESTOU**	NÓS **ESTAMOS**
VOCÊ O SENHOR A SENHORA **ESTÁ** ELE ELA	VOCÊS OS SENHORES AS SENHORAS **ESTÃO** ELES ELAS

──────────────────────────*PARE*──────────────────────────

Forms of Estar, *'to be'*

Like *ser*, *estar* is a linking verb meaning 'to be.' It is distinguished from *ser* in being associated with conditions   rather than characteristics.[2]

VAMOS PRATICAR

A. Onde eles estão?

1. O jogador —— no estádio. *O jogador está no estádio.*
2. O carteiro não —— no correio; ele —— na rua.
3. As crianças não —— em casa; elas —— na escola.
4. Nós não —— na festa; nós —— no trabalho.
5. A atriz não —— em casa, ela —— no teatro.

B. Cada um em seu lugar. Onde estão estas pessoas?

1. O Kahlil —— no Líbano. *O Kahlil está no Líbano.*
2. O John e a Betty —— em Chicago.
3. O Jorge Amado —— na Bahia.
4. A Judy e a Rachel —— em Iowa.
5. A Kaori e eu —— no Japão.
6. O Manuel —— em Monterrey.

C. Como estão estas pessoas?   Sugestões: *nervoso, alegre, triste, cansado, preocupado, impaciente, feliz.*

1. Como estão o Paulo e a Susana? *O Paulo e a Susana estão cansados.*
2. Como estamos eu e o Júlio?
3. Como está meu avô?
4. Como estão vocês?
5. Como está o professor?
6. Como você está?
7. Como está a tia Maria?
8. Como o seu pai está?

D. Onde está? Eu preciso encontrar!

1. ...o livro? *(na mesa)*   *O livro está na mesa.*
2. ...o chapéu?   *(na minha cabeça)*
3. ...o carro?   *(na garagem)*
4. ...o dinheiro? *(no bolso)*
5. ...o copo?   *(na cozinha)*

E.   Como está o dia?

1. ...bonito. *O dia está bonito.*
2. ...quente
3. ...frio
4. ...maravilhoso
5. ...excelente

---

[2]In informal spoken usage, the verb *estar* frequently is shortened: **estou:** *'tou ('tô)*; **está:** *'tá*; **estamos:** *'tamos*; **estão:** *'tão.*

F. Diálogos

1. Que sorte!

Jorge	—	Oi, Rosa. Você está muito bonita!
Rosa	—	Obrigada. Eu hoje estou muito contente.
Jorge	—	Por quê? Fale rápido. Estou curioso.
Rosa	—	Meu namorado está aqui!
Jorge	—	Puxa! Estou sem sorte hoje!

2. No Psiquiatra: Visita ao Dr. Calmante

Dr. Calmante	—	Entre. Você precisa de ajuda?
Jarbas	—	Sim, doutor. Estou muito tenso! Muito nervoso.
Dr. Calmante	—	Calma, meu filho. Conte tudo.
Jarbas	—	Ah, estou muito infeliz. Meus filhos não estudam e minha esposa está o dia todo no escritório.
Dr. Calmante	—	Entendo, entendo. Continue. Prossiga!
Jarbas	—	Estou cansado: lavo a roupa, limpo a casa, preparo a comida, cuido das crianças.
Dr. Calmante	—	Está tudo bem. Isto é normal. Tome duas aspirinas e fique na cama.

3. Gustavo encontra Regina. Complete o diálogo usando o verbo *estar*.

Gustavo	—	O dia hoje —— maravilhoso, não ——?
Regina	—	——, sim. Como você ——?
Gustavo	—	Eu —— bem. E os seus pais vão bem?
Regina	—	Papai e mamãe —— no Brasil.
Gustavo	—	Em que hotel eles ——?
Regina	—	Eles —— num hotel em Ipanema.
Gustavo	—	Ah, Regina. Preciso ir. Eu —— atrasado. Até mais.

VII. O DISCO VOADOR

Agora, preste atenção para o uso de *estar* na cena seguinte:

Bia —— Ricardo... Oh, Ricardo ... Oh, Ricardo. 'Cê **está** surdo?

Ricardo — **'Tou** ouvindo som.

Bia — O Cacá **está** lá fora te esperando.

Ricardo — Fala pra ele entrar.

Bia — Ele não pode. Ele **está** de moto.

Ricardo — Tudo bem. Já vou.

Bia — Por acaso, o senhor **está** ouvindo o meu disco novo, é?

Ricardo — Qual é, Bia? Vai regular?

Bia — Acontece que esse disco **está** sempre guardado na minha gaveta.

Ricardo — Eu pego o disco quando eu quero.
Bia — Você que pensa. O disco vai voltar pro lugar dele.

Ricardo — Ah, é? 'Cê vai ver!

Bia — Aonde você vai?

Ricardo — Você já viu disco voador?

Now, pay attention to the use of estar, 'to be,' *in the following scene:*

Bia —— *Richard... Oh, Richard... Oh, Richard. Are you deaf?*

Richard — *I'm listening to my stereo.*

Bia — *Cacá is outside waiting for you.*

Richard — *Tell him to come in.*

Bia — *He can't. He's on a motorcycle.*

Richard — *OK. I'm going in a minute.*

Bia — *By the way, sir, are you listening to my new record?*

Richard — *What's your problem, Bia? You gonna hassle me?*

Bia —— *It so happens that record is always in my drawer.*

Richard — *I'll take the record whenever I want to.*
Bia — *That's what you think. The record is going back in its place.*

Richard — *Oh, yeah? You'll see!*

Bia — *Where are you going?*

Richard — *Have you ever seen a flying saucer?*

VOCÊ ENTENDEU?

Entrevista. Imagine que você é o Ricardo. Responda às perguntas.

1. Ricardo, o que você está ouvindo?
2. Você está surdo?
3. Onde está o Cacá?
4. Ele está de carro?
5. Ricardo, o que você está ouvindo no som?
6. De quem é o disco?
7. Onde o disco sempre está?
8. O que a Bia fala sobre o disco?
9. Ricardo, o que você fala para a Bia quando ela pergunta "Aonde você vai?"

VIII. *SER* vs. *ESTAR*

— *VÍDEO* —

Agora vejam algumas das diferenças no uso dos verbos *ser* e *estar*. Primeiro, o verbo *ser* é usado para identificação.

Eles **são** pintores.
O telefone **é** de plástico.
Ela **é** carioca.

Ser também serve para caracterizar:

O Rio Amazonas **é** grande.
A arquiteta **é** bonita.
D. Vera[3] **é** ciumenta.

Now see some of the differences in the use of the verbs ser *and* estar. *First, the verb* ser *is used for identification.*

They are painters.
The telephone is (made of) plastic.
She is (a) Carioca.

Ser *is also used to characterize:*

The Amazon River is big.
The arquitect is pretty.
Vera is jealous.

[3]Dª Vera = *Dona Vera. Dona* is customarily used before a woman's first name as a title of respect, in formal situations or with particularly respectable or mature women.

E ainda usamos *ser* para indicar lugares e localizar atividades.

Onde **é** a sua casa?
O jogo **é** no Maracanã.
O exame **é** na sexta.

Moreover, we use ser *to indicate places and to locate activities.*
Where is your house?
The game is at Maracanã (stadium)
The test is on Friday.

Vamos comparar agora o uso do verbo *estar*. Ele é usado para indicar uma condição.

A mulher **está** muito doente.
A geladeira **está** vazia.

Let's compare now the use of the verb estar. *It is used to indicate a condition.*

The woman is very sick.
The refrigerator is empty.

Para uma localização temporária, usamos *estar*.

O Raul **está** no escritório.
Eu **estou** num orelhão ao lado da delegacia.

For temporary location, we use estar.

Raul is at the office.
I'm in the telephone booth at the side of the police station.

Lembrem que o verbo *estar* também é empregado na formação dos verbos contínuos. Na cena seguinte vejam exemplos de *ser* e *estar*:

Remember that the verb estar *is also used in the for mation of continuous tenses. See examples of* ser *and* estar *in the following scene:*

Laura — Tudo bem com você?

Renata — Tudo maravilhoso.

Laura — Percebe-se.

Renata — Eu **'tou** amando, Laura. Eu **'tou** loucamente apaixonada. Eu **'tou** vibrando. Eu **'tou** vivendo!

Laura — Que ótimo!

Renata — Ele **é** o homem mais sensacional do mundo. Eu nunca pensei que pudesse existir alguém assim. Ele **é** tudo. Ele **é** *gentleman*. Ele **é** culto. Ele **é** educado. Ele **é** carinhoso, ele **é** romântico, ele **é** prático, ele **é** moderno. Meu Deus do céu, como eu **estava** errada. Como **é** bom viver!

Laura — *Everything OK with you?*

Renata — *Everything's marvellous.*

Laura — *So I see.*

Renata — *I am in love, Laura. I'm crazy with passion. I'm dancing on air. I'm dancing on air!*

Laura — *How wonderful!*

Renata — *He is the most sensational man in the world. I never thought that someone like him could exist. He is everything. He's a gentleman. He's well educated. He is polite. He is affectionate, he is romantic, he is practical, he is modern. My God in Heaven, how wrong I was. It's great to be alive!*

— *PARE* —

Ser *and* Estar, *'to be'*

A) Uses of *ser*:

The verb *ser* generally tells *what something is* (definition) or *what something is like* (characteristic).

Eu **sou** médico.	*I am a doctor.*
Maria **é** muito bonita.	*Maria is very pretty.*

Use *Ser*:

a. When followed by a noun:

Eu **sou** engenheiro.	*I am an engineer.*
O Carlos **é** um homem triste.	*Carlos is a sad man.*
Ele **é** Presidente	*He is the President of Brazil.*

b. In giving origin:

Você **é** da Bahia.	*You are from Bahia.*
Nós **somos** de Brasília.	*We're from Brasília.*

c. To tell what something is made of (composition)

A casa **é** de madeira.	*The house is (made) of wood.*
O anel **é** de ouro.	*The ring is made of gold.*

d. To tell time and give dates:

São duas horas.	*It's two o'clock.*
Hoje **é** quarta-feira, dia 8.	*Today is Wednesday, the eighth.*

e. To locate things that cannot move (such as geographical features) and events/activities:

A festa **é** na casa do Antônio.	*The party is at Tony's house.*
O Rio Amazonas **é** no Brasil.	*The Amazon River is in Brazil.*
Onde **são** as Filipinas?	*Where are the Philippines?*
Minha casa **é** no Rio.	*My house is in Rio.*

B) Uses of *estar*:

Estar tells *how something is* (condition) or *where something is* (location of things that can move).

Jandira **está** bem.	*Jandira is well.*
Meus irmãos **estão** em casa.	*My brothers are at home.*

Use *estar*:

a. To locate beings and objects that move:

Onde **está** o João?	*Where is John?*
Os livros **estão** na mesa.	*The books are on the table.*

b. To tell of conditions, such as health:

Hoje ele **está** muito bem.	*He is well today.*
Como **estão** os seus filhos?	*How are your kids?*

c. To describe the weather:

O dia **está** ótimo.	*The day is perfect.*
Hoje **está** quente.	*Today it is hot.*

d. To tell of recent or sudden changes or temporary states:

Você **está** magro!	*You are thin (now).*

C) Contrastive Uses of *ser, estar*:

The verbs *ser* and *estar* contrast principally when used with adjectives. Some adjectives just naturally go with one verb or the other, but often the same adjective may be used with either verb, reflecting a change of meaning or point of view.

With *ser*, the adjective takes on the quality of a characteristic, while with *estar* the same adjective describes a condition:

A moça **está** bonita.	*The girl looks pretty.*
A moça **é** bonita.	*The girl is pretty.*
O João **é** gordo.	*John is fat.*
O João **está** gordo.	*John is (has become) fat.*

Estar suggests a change or a changeability of condition, while *ser* is more static.

The question *Como é a Jandira?* means 'What is Jandira like?' and would elicit answers such as *Jandira é alta*; *Jandira é uma ótima pessoa*.

On the other hand, the question *Como está a Jandira?* asks about her condition and would elicit answers such as *Ela está melhor, Ela não está bem*.

Complement/Use	Ser	Estar
1. w/ Noun	Eu sou homem.	—

2. Location
    a. permanent
    b. movable
	O Rio é no Brasil.
	—
		—
		O disco está aí.

3. Weather
    a. climate
    b. condition
	Esta cidade é fria.
	—
		—
		O dia está bonito.

4. Time
    a. day/date
    b. hour
	Qual é a data?
	São três horas.
		—

5. Origin/Compos.	Eu sou de Boston.	—

6. w/Adjective
    a. characteristic
    b. condition
	Maria é alta.
	—
		—
		Mamãe está doente.

VAMOS PRATICAR

A. **Como são estas pessoas?**

Professor Coelho

Ex: *O professor Coelho é brasileiro.*

Cristina e Sinval

Cristina e Sinval são simpáticos.

1. ser inteligente	1. ser estudante
2. ser do Brasil	2. ser dos Estados Unidos
3. ser enérgico	3. estar contente
4. ser legal	4. estar na sala de aula
5. estar na universidade	5. não estar doente
6. estar nervoso	6. ser conservador

SUSIE, CADÉ A DONA MINERVA? QUEM ESTÁ NA MESA DELA?

A DONA MINERVA ESTÁ DOENTE! AQUELA É A PROFESSORA SUBSTITUTA!

UMA SUBSTITUTA?

QUERO VER O SEU DIPLOMA, DONA!

B. **Diálogos**

1. Uma senhora amável!

Oscar	— Boa tarde. O João Luís está?
D. Ana	— Não, ele não está. Quem é você?
Oscar	— Eu sou o Oscar, amigo do João Luís.
D. Ana	— Ah, Oscar, muito prazer. Você está bem?
Oscar	— Eu estou bem, muito obrigado. A senhora é a mãe do João Luís?
D. Ana	— Sou, sim. Você toma um café?
Oscar	— Sim, obrigado. A senhora é muito amável.

2. Eu gosto de São Paulo. Complete o diálogo com *ser* ou *estar*.

José Roberto	— Boa tarde! Eu — o irmão da Laura.
Ana Luisa	— Oi, muito prazer. A Laura — uma boa amiga. Ela — em casa?
José Roberto	— Sim. Hoje — o aniversário da mamãe. Ela está preparando um jantar para a família.
Ana Luisa	— E como — o seu nome?
José Roberto	— José Roberto. Eu sei que você e sua família — do Rio de Janeiro.
Ana Luisa	— É verdade. Nós — cariocas.
José Roberto	— Você — feliz aqui?
Ana Luisa	— Sim. Eu — muito feliz. Eu gosto de São Paulo.

C. **Descrição**. Complete com *ser* ou *estar*.

1. Dr. Arnaldo — psiquiatra.
2. Meu irmão — triste.
3. Eu — nervoso.
4. O dia — lindo.
5. Os gatos — feios.
6. Minha tia — solteira.
7. O dicionário — na mesa.
8. Meus avós — da França.
9. Meu pai e eu — no Hotel Maksoud.
10. O carro — na garagem.

D. **Mais descrições**. Sugestões: como é (tipo, tamanho, cor), onde está, onde é, como está, etc.

1. o meu gato *O meu gato é branco e é lindo. Ele está em casa. etc*
2. a minha cidade
3. a minha faculdade
4. a minha casa
5. o meu carro
6. o meu professor
7. o meu amigo favorito
8. o meu/minha namorado/a

IX. FORMAÇÃO DO PLURAL, PARTE I

The basic pluralization process is to add *-s* to a word (noun, adjective, or article) to change from singular to plural.

O CARRO VERDE	*the green car*
OS CARROS VERDES	*the green cars*

This basic procedure works whenever the word ends in a vowel letter (except *-ão*), and thus includes most Portuguese words.

When the word ends in a consonant other than *-l*, here is what happens——

A) Ending in -Z or -R:

The general process is to add *-es* to words ending in consonants, such as *-z*, *-r*:

RAPAZ	*young man*
RAPAZES	*young men*
DEVER	*obligation*
DEVERES	*obligations*

B) Ending in -S:

For words that already ends in *-s*, if there is a written accent on the last syllable in the singular, the accent disappears when we add *-es*:

INGLÊS	*Englishman*
INGLESES	*Englishmen*

There is only a single form, which is both singular and plural, for words ending in *-s* when the last syllable of the word is unstressed:

O ÔNIBUS	*the bus*
OS ÔNIBUS	*the buses*
O LÁPIS	*the pencil*
OS LÁPIS	*the pencils*

C) Ending in -M:

Change the *-m* to *-n* before adding *-s*:

UM HOMEM	*a man*
U*NS* HOME*NS*	*some men*

The indefinite articles UM and UMA have the plural forms: UNS, UMAS. Since there is no such thing as a plural indefinite article in English, UNS and UMAS are usually understood as 'some,' 'a few,' meaning a small quantity of something.

Vowel Changes

Some nouns ending in /o/ + consonant + /o/ show a change in the pronunciation of the first /o/ with pluralization. In the masculine singular the O is close /ô/ while in the plural it is open /ó/.

povo /ô/	povos /ó/	*people, peoples* (*nationality*)
olho /ô/	olhos /ó/	*eye, eyes*

Adjectives ending in *-oso* (and *novo*, 'new') have this change in the masculine singlular and plurals. They have the open /ó/ in all feminine forms as well. Our vocabulary lists will indicate this alternation: /ô˜ó/

famoso /ô/	famosos /ó/	*famous*
famosa /ó/	famosas /ó/	

VAMOS PRATICAR

A. **Quantos você tem?** Complete as frases usando *dois, duas*.

1. Pedro tem uma camisa. (Roberto...) *Roberto tem duas camisas.*
2. Nelson tem um relógio. (Lúcia...)
3. Helena tem uma caneta verde. (Aparecida...)
4. Rodolfo tem um trem de plástico. (Oscar...)
5. Marcelo tem uma namorada. (Hugo...)
6. Cristina tem um lápis amarelo. (Tânia...)
7. Glória tem uma casa grande. (Maria José...)
8. Fernando tem um jardim lindo. (Fátima...)
9. Manoel tem um professor português. (Luciana...)
10. Vera tem uma colher de prata. (Teresa...)

B. Diálogos

1. Dois fregueses especiais

D. Glória	— O que você gosta de comprar?
Seu Redondo	— Comida, muita comida: carnes, doces, massas e... bem... principalmente frutas porque elas não engordam: laranjas, abacaxis, figos, maçãs, etc. É uma delícia!
D. Glória	— Ah! Eu adoro comprar presentes: jóias para as mulheres e camisas de muitas cores para os homens. É uma glória!
Seu Redondo	— Eu também gosto de comprar flores porque elas não engordam. Que tristeza!
D. Glória	— Eu gosto é de moda. Modas de todos os países e para todos os gostos.
Seu Redondo	— Você tem aí uma moda para quem gosta de calorias?

2. Que moça elegante! Complete o diálogo usando as seguintes palavras no plural: *cara, tipo, saia, roupa, blusa, jóia, vestido, flor, pulseira, calça, colar.*

Oscar	— Você está muito elegante! Que roupa bonita.
Lúcia	— Muito obrigada. Minhas —— são bonitas mas não são —— .
Oscar	— Que tipos de roupas você gosta de usar?
Lúcia	— Eu gosto de usar ——, ——, —— e —— .
Oscar	— Você usa muitas —— ?
Lúcia	— Eu tenho duas —— de ouro e dois —— de prata.
Oscar	— Lúcia, estas —— são para você.

PONTO DE ENCONTRO

Planeje um piquenique com 2-3 colegas.   Vamos levar...   (Sugestões)

rede	salada	rádio	toalha	galinha	toca-fita
cobertor	cachorro quente	bola	prato	fruta	colher
cerveja	garfo	garrafa de vinho		faca	caipirinha
guardanapo	guaraná	outros refrigerantes		copo	

"O que é que há agora?"

VOCABULÁRIO

Substantivos

apartamento, *m.*	*apartment*	hotel, *m.* /é/	*hotel*
andar, *m.*	*floor, story of a building*	jardim, *m.*	*yard; garden*
--térreo	*first (ground) floor*	jóia, *f.*	*jewel, jewelry*
primeiro --	*second floor*	leite, *m.*	*milk*
avenida, *f.*	*avenue*	luz, *f.*	*light*
bairro, *m.*	*neighborhood, area of a city*	metrô, *m.*	*subway*
barulho, *m.*	*noise*	moto, *f.* /ó/	*motorcycle*
bola, *f.*	*ball*	namorado, -a	*boy (girl) friend*
caipirinha, *f.*	*mixed drink of lime juice and cachaça*	óculos, *m.pl.*	*eyeglasses*
		ônibus, *m.*	*bus*
campo, *m.*	*field, countryside*	orelhão, *m.*	*phone booth*
cachorro quente, m.	*hot dog*	país, *m.*	*nation, country*
capital, f.	*capital city*	praia, *f.*	*beach*
cerveja, *f.* /ê/	*beer*	presente, *m.*	*present, gift*
cidade, *f.*	*city*	quarteirão, *m.*	*city block*
cobertor, *m.* /ô/	*blanket*	quarto, *m.*	*bedroom, room*
corda, *f.* /ó/	*rope*	rádio, *m.*	*radio set*
correio, *m.*	*mail, post office*	rapaz, *m.*	*young man, boy*
criança, *f.*	*child (either sex)*	rede, *f.* /ê/	*hammock, net, network*
disco, *m.*	*record, disk, (flying) saucer*	refrigerante, *m.*	*soft drink*
edifício, *m.*	*building, apartment house*	rua, *f.*	*street*
elevador, *m.* /ô/	*elevator*	toalha, *f.*	*towel, table cloth*
endereço, *m.* /ê/	*address*	toca-fita, *m.*	*tape player*
escritório, *m.*	*office*	tomate, *m.*	*tomato*
festa, *f.* /é/	*party*	uva, *f.*	*grape*
galinha, *f.*	*hen, chicken*	verdade, *f.*	*truth*
história, *f.*	*story, history*		

Verbos

abrir	*open*	desaparecer (-ço) -[2]	*disappear*
acender	*light, turn on*	desculpar	*excuse*
adorar -[1]	*adore, like very much*	esperar -[1]	*hope, wait*
ajudar	*help*	fechar	*close*
alugar	*rent, lease*	ficar (-que)	*stay, be located at, get*
apagar (-gue)	*put out, turn off, erase*	pensar	*think, believe*
assistir	*attend, watch, be present*	ser (*irreg.*)	*be*
brigar (-gue)	*fight, argue*	usar	*use, wear*
chegar (-gue)	*arrive, get there/here*	viver	*live (in biological sense)*

Adjetivos

alegre /ɛ/	happy	feliz	happy, fortunate
amável	pleasing, likeable	maravilhoso /ô˜ó/	marvelous, wonderful
novo /ô˜ó/	new, young	novo /ô˜ó/	new, young
cansado	tired	ótimo	excellent
carioca (m. or f.) /ó/	native of Rio de Janeiro	outro	other, another
cego /ɛ/	blind	pequeno	small, little
chic	chic, stylish	rápido	rapid, quick, fast
contente	pleased, happy	simpático	nice, pleasant, likeable
curioso /ô˜ó/	curious, strange	simples	simple, regular
doente	ill, sick	surdo	deaf
elegante	elegant	todo /ô/	all
fácil	easy		
famoso /ô˜ó/	famous		

Outras palavras

atrás de	behind	qual	which, what (interrogative)
cedo /ê/	early	quanto	how much
como	like, as	quantos	how many
há	there is/are (from haver)	seguinte	following, next
já	already	sempre	always, ever
puxa /ch/	wow! (exclamation)	também	also, too

PARTE II

I. PRESENTE DO INDICATIVO: VERBO <u>TER</u>

TER, 'to have'

EU	TENHO	NÓS	TEMOS
VOCÊ O SENHOR A SENHORA ELE ELA	TEM	VOCÊS OS SENHORES AS SENHORAS ELES ELAS	TÊM

The verb *ter* means 'have.' Used with no subject, *ter* has the "impersonal" meaning of 'there is,' 'there are,' always in the third-person singular form. It is a colloquial alternative to the somewhat more formal *há*.

Tem aula hoje.   *There is class today.*
Tem três homens lá fora.   *There are three men outside.*

Ter also has many idiomatic uses:

Ele **tem** vinte anos.   *He is 20 years old.*
Eu **tenho** sorte.   *I am lucky.*
O menino **tem** sede.   *The boy is thirsty.*
Nós **temos** fome.   *We are hungry.*
Ele **tem** saudade do Brasil.   *He misses Brazil.*
Nós **temos** que (de) estudar.   *We have to study*

VAMOS PRATICAR

A. Palavra-Puxa-Palavra

Substantivos

medo /ê/	fome	ciúmes	sede /ê/	inveja /é/
frio	saudade	calor /ô/	raiva	dor /ô/
sorte /ó/	azar			

Expressões

ter   --- anos (de idade)   --- quilos (de peso)
           --- metros (de altura) /é/

B. O que estas pessoas têm?

Mário

Márcia e Luís

Ex: *Mário tem muitos livros.*   *Márcia e Luís têm um cachorro.*

1. muitos sapatos	1. pouco dinheiro
2. um carro esporte	2. muitos amigos
3. duas namoradas	3. uma família grande
4. um dicionário	4. um cachorro
5. uma casa	5. alguns discos

C. Mamãe vai chegar!. Mamãe diz o que cada um deve fazer. Use *ter que* ou *ter de.*

1. José Maria — lavar o carro.   *José Maria tem que lavar o carro.*
2. Teresa — telefonar para o dentista.
3. Eu — cuidar do jardim.   6. Jorge e eu — cuidar do gato.
4. Você e Rui — limpar a casa.   7. Você — esperar com paciência
5. Os meninos — ficar em casa.   8. Todos — beber leite e comer carne.

D. Horário de Aulas. Responda às perguntas abaixo.

	Eduardo	Você	Ana e Maria
Segunda	Inglês de manhã	Matemática de noite	Informática de tarde
Terça	História às 8:00 hs.	Ciências Políticas às 7:00 hs.	Geografia de noite
Quarta	Ginástica de tarde	Física de manhã	Italiano às 9:00 hs.
Quinta	Tênis de noite	Alemão às 3:00 hs.	Sociologia de manhã
Sexta	Português ao meio-dia	Química de tarde	Economia às 10:00 hs.

1. O Eduardo tem aulas todos os dias?
2. Quem tem aula de ciências políticas? Quando?
3. Quem tem aula de economia? Quando?
4. Quando você tem aula de alemão?
5. Quando a Ana e a Maria têm aula de geografia?
6. Que aula o Eduardo tem na quinta?
7. Que aula o Eduardo tem na quinta?
8. Quando eu tenho aula de química?
9. O que a Ana e a Maria têm na segunda de tarde?
10. O Eduardo tem aula de português?

E. Atividades de fim de semana.

SÁBADO	DOMINGO
Manhã jogo de voleibol piquenique no parque Tarde Feira do Automóvel vídeos na casa do professor Noite novela na TV conferência na universidade	Manhã exposição de pinturas circo internacional Tarde concerto de Roberto Carlos Ballet Russo Noite filme brasileiro concerto de Bossa nova

1. O que tem sábado de noite?
2. Tem jogo de futebol no domingo?
3. O que tem domingo de tarde?
4. Quando tem vídeos na casa do professor?
5. O que tem domingo de manhã?
6. Quando tem concerto de Roberto Carlos?
7. Quando tem filme brasileiro?
8. Tem novela na TV no domingo?
9. Tem concerto de rock domingo à noite?
10. Tem piquenique no parque no sábado de manhã?

F. Entrevista.

1. Quantos irmãos você tem?
2. Quantos anos você tem?
3. Você tem sorte?
4. De que você tem medo?
5. Você tem saudade de casa?
6. O que você tem que fazer amanhã?

G. Complete. Sugestões: *comer, correr, tomar aspirina, beber água, brigar, chorar, escrever uma carta, ficar triste.*

1. Quando o Joãozinho tem fome, ele ... *come.*
2. Quando a Joana tem medo ela ...
3. Quando nós temos sede nós ...
4. Quando eu tenho inveja eu ...
5. Quando nós temos dor de cabeça nós ...
6. Quando meus pais têm saudade dos filhos eles ...
7. Quando a Ana tem ciúmes ela ...
8. Quando você tem raiva você ...

H. Diálogo.

Que azar!

Pedro	— Você trabalha?
Sílvio	— Não. Recebo dinheiro do meu pai.
Pedro	— Você tem sorte! A minha família é pobre.
Sílvio	— Você tem tempo para trabalhar?
Pedro	— Tenho, mas não tenho trabalho.
Sílvio	— Você só tem azar.

Puxa, que sorte!

I. Conversinha. Complete o diálogo.

Entre José e Manoel

José	—
Manoel	— Tenho 50 (cinqüenta) anos.
José	—
Manoel	— Sim. Tenho cinco filhos mas eles moram muito longe.
José	—
Manoel	— Sim. Nós temos muita saudade deles.
José	—
Manoel	— Você tem muita sorte.

Coitado, que azar!

II. DITONGOS NASAIS

VÍDEO

Veja, a seguir, como é a pronúncia dos ditongos nasais.

See now how the nasal diphthongs are pronounced.

ão	*ãe*	*õe*
são, pão, mão	mãe, pães, cães	põe, lições
vão, mamão, virão	mamãe, alemães	espiões, limões
porão, coração		botões

VÍDEO

Portuguese has many combinations of vowel sounds, called *diphthongs* (*ditongos*), which consist of a simple vowel and an /i/ or /u/ sound, which usually *follows* the main vowel in Portuguese. The three diphthongs presented in the video are nasal, and are pronounced while allowing air to pass through the nose.[6]

BOA PRONÚNCIA É ESSENCIAL

Repita.

/ãu/ (ão)   1.   A lição é fácil.
Eu gosto de mamão.
Meu coração bate feliz.
Não quero limão.

/ãi/ (ãe)   2.   Mamãe é maravilhosa.
Eu gosto de pães.
Eles são alemães.
Ela é a mãe do Paulo.

/õi/ (õe)   3.   Ele põe o livro na mesa.
Os dois detetives procuram os espiões.
Os portugueses trabalham nas missões.
Elas propõem ótimos projetos.

III. "LISBOA ANTIGA"

VÍDEO

Lisboa, velha cidade	
Cheia de *encanto* e *beleza*	*full; enchantment; beauty*
Eternamente *a sorrir*	*smiling*
E ao *vestir...*	*upon getting dressed*
Sempre *airosa*	*elegant*
O branco *véu* da saudade	*veil*
Cobre o teu rosto, linda Princesa	*covers*
Olhai, Senhores	*look*
Esta Lisboa d'outras eras,	
Dos *cruzados*, das *esferas*,	*crusaders; spheres*
E das *toiradas reais*,	*royal bullfights*
Das festas,	
Das seculares procissões	

PARE

[6]There are two other nasal diphthongs: /ũi/ appears in only a few words, most notably *muito*; and a final *-ém*, as in *tem* or *também*, is pronounced as a diphthong, [ẽĩ] sound.

OBSERVE E RESPONDA

1. O que caracteriza a Lisboa de outras eras, segundo a música?
   a.
   b.
   c.
2. A Lisboa que você vê no vídeo é moderna ou antiga?
3. Observe o vídeo com cuidado e diga três coisas que você vê na cidade.

IV. PRESENTE DO INDICATIVO: VERBO IR

IR, 'to go'

EU	VOU	NÓS	VAMOS
VOCÊ O SENHOR A SENHORA ELE ELA	**VAI**	VOCÊS OS SENHORES AS SENHORAS ELES ELAS	**VÃO**

VAMOS PRATICAR

A. Palavra-Puxa-Palavra.

ir de trem   de moto, *f.* /ó/   de ônibus
    de avião   de navio   de táxi
    de bicicleta /é/   de carona   de metrô
    de bonde   de caminhão

ir com (você, etc.)   ir a pé   hoje /ô/
ir para (um lugar)   a cavalo   amanhã
                                       logo /ó/

B. Quando você vai?

Eu

Luís e Rachel

Ex: *Eu vou mais tarde para casa.*   *Luís e Rachel vão sempre para o parque.*

1. ir cedo para a faculdade	1. ir amanhã de manhã para a Europa
2. ir logo para o trabalho	2. ir tarde para a cidade.
3. ir hoje de tarde para Lisboa	3. ir muito cedo para o dentista
4. ir agora para a biblioteca	4. ir hoje para o aeroporto

C. De que vocês vão viajar? Complete com *ir.*

1. Beatriz — de trem.   *Beatriz vai de trem.*
2. Meus pais — de carro.
3. Tia Elvira — de táxi.
4. Todos nós — de ônibus.
5. Eu — de caminhão.
6. Os ricos — de navio.
7. O fazendeiro — a cavalo.

8. Os jovens — de carona.
9. João e eu — de bicicleta.
10. Eu — de moto.
11. Os velhos — de avião.

D. Informações.

	José	Rachel e eu	Paulo e Eloísa	Eu
De que?	trem	carro	ônibus	bicicleta
Quando?	de tarde	de noite	amanhã	de manhã
Com quem?	meus pais	Márcia	Ronaldo	Sérgio
Para onde?	Flórida	Belo Horizonte	Coimbra	Porto Alegre

1. De que o José vai?
2. Quando você vai?
3. Com quem o Paulo e a Eloísa vão?
4. Para onde a Rachel e eu vamos?
5. De que o Paulo e a Eloísa vão?

6. Quando o José vai?
7. Com quem você vai?
8. Para onde o Paulo e a Eloísa vão?
9. Com quem a Rachel e você vão?
10. Para onde você vai?

E. Diálogos.

1. Na boate

Laura — Jorge, vamos dançar?
Jorge — Vamos! Para onde vamos?
Laura — Para a Boate Carinhoso.
Jorge — Vai muita gente lá?
Laura — Vai sim. É uma ótima boate.

2. Para onde você vai? Complete o diálogo.

A — Para onde você vai no fim de semana?
B —
A — É longe ou perto?
B —
A — Você vai de ônibus ou a pé?
B —

PONTO DE ENCONTRO

A. Entrevista. Entreviste um/uma colega.

a. Para onde você vai no verão (no fim do ano/durante as férias)?
b. Quando você vai?
c. Com quem você vai?
d. Por que você vai?
e. De que você vai?
f. O que você vai fazer lá?

B. Circuito Alternativo. Com um colega escolha três atividades da lista abaixo e planeje o seu fim de semana para contar na aula.

CIRCUITO ALTERNATIVO

CINEMA

O HOMEM DA CAPA PRETA, de Sérgio Rezende (Brasil). Reconstrução algo confusa da folclórica figura de Natalécio Tenório Cavalcanti de Albuquerque (José Wilker), um migrante alagoano que se tornou um controvertido chefe político do município de Caxias, na Baixada Fluminense. Com Jonas Bloch e Marieta Severo. **Astor, Center, Ipiranga 1 e Vila Rica.**

EU SEI QUE VOU TE AMAR, de Arnaldo Jabor (Brasil, 1985). O filme completa a trilogia do diretor, iniciada e desenvolvida com *Tudo Bem* e *Eu te Amo*. Um casal, interpretado por Fernanda Torres e Thales Chacon, exorciza os fantasmas interiores surgidos ao longo da convivência e com a separação de dois anos atrás. A ação transcorre o tempo todo em um apartamento carioca. A força da interpretação valeu a Fernandinha a Palma de Ouro como melhor atriz no Festival de Cannes deste ano. **Vitrine.**

TEATRO

A HORA E A VEZ DE AUGUSTO MATRAGA, de João Guimarães Rosa. O diretor Antunes Filho (*Macunaíma* e *O Eterno Retorno*) entregou-se ao desafio de levar ao palco toda a plenitude da obra de Rosa. Apesar de alguns momentos arrebatadores e de muita beleza plástica, a história, que narra o encontro do atormentado Nhô Augusto com o jagunço Joãozinho Bem-Bem. acaba perdendo no teatro boa parte de sua preciosidade poética. **Teatro SESC — Anchieta.** Rua Dr. Vila Nova, 245, tel. 256-2322. Quarta a sáb. 21h. Dom. 19h. Cz$ 80,00 e Cz$ 20,00 (com.), quarta a sexta. Cz$ 100,00 e Cz$ 25,00 (com.) sáb. e dom. 14 anos. Última semana.

LEMBRANÇAS DA CHINA, de Alcides Nogueira. Depois do sucesso de *Feliz Ano Velho* e *Lua de Cetim*, o premiado teatrólogo volta aos palcos com esta peça, que explora a história de um amor proibido entre duas pessoas casadas e as repercussões sobre o dia-a-dia de cada um. Com Denise Del Vecchio e Fernando Bezerra. **Teatro Maria Della Costa.** Rua Paim, 72, tel. 256-7907. De quarta a sexta às 21h; sábados às 20h e 22h; domingos às 18h e 21h. Cz$ 80,00 e Cz$ 50,00 (de quarta a domingo); Cz$ 80,00 (sábados).

EVENTO

1.º FESTIVAL DE MÍMICA DE SÃO PAULO. Prossegue uma programação repleta na semana de encerramento desse encontro da arte gestual, promovido pelo SESC-Pompéia e pela Aliança Francesa. *Domingo (24):* às 19h, apresentação do vídeo *Habeas Corpus*, dirigido pela mímica Denise Stoklos. **Área de vídeo do SESC-Pompéia.** Rua Clélia, 93, tel. 864-8544. *(Quinta (28):* às 21h apresentação com os mímicos Antônio Carlos Nóbrega, Gabriel Guimard e Lina do Carmo. **Aliança Francesa do Butantã.** Avenida Waldemar Ferreira, 204. Cz$ 10,00. *Sexta (29)*, às 20h30, apresentação dos mímicos Alice K., Eduardo Coutinho e Alberto Gaus. **Aliança Francesa do Butantã.** Cz$ 10,00. *Sábado (30):* às 19h, exibição do vídeo *A Mulher Branca*, dirigido por David Glass. **SESC-Pompéia.** Às 21h, um espetáculo coletivo de mímica com todos os participantes do festival, sob a coordenação de Luis Otávio Burnier. **Teatro do SESC-Pompéia.**

CONCERTOS

CORAL PAULISTANO. Comemora seus 50 anos cantando Mozart. **Igreja São José do Ipiranga.** Rua Brig. Jordão, s/n.º. Domingo (31), 20h.

MÚSICA NO PÁTIO. No quarto programa da série, um painel da música impressionista (Debussy e De Falla), além de obras de Villa-Lobos. **Igreja do Pátio do Colégio.** Sábado (30), 21h; domingo (31), 18h.

PEREZ DWORECKI E KENNEDY MORETTI. Viola e piano num recital que inclui Bach e Hindemith. **Biblioteca Mário de Andrade.** Rua da Consolação, 94, tel. 239-3459. Quinta (28), 18h30.

ENCONTRO SINFÔNICO DE PRIMAVERA. Concerto da Orquestra Sinfônica do Estado apresentando músicas brasileiras contemporâneas, compostas por Frederich Ritcher, Marlos Nobre, Ronaldo Miranda e Jorge Antunes. **Teatro Sérgio Cardoso.** Rua Rui Barbosa, 153, tel. 288-0136. Segunda (25), 21h. Cz$ 5,00.

V. A MINHA CASA

VÍDEO

Este é um apartamento moderno e confortável. É um tipo de residência para o brasileiro da classe média.[7] Aqui temos a sala de visitas, a sala de jantar e o quarto. Atenção para o detalhe do banheiro, pois nele existe uma peça chamada bidê. Agora passemos para a cozinha, a copa e a área de serviço. Esta é a dependência de empregadas e o seu pequeno banheiro.

This is a modern and comfortable apartment. It is a type of residence for middle-class Brazilians.[7] Here we have the living room, the dining room, and the bedroom. Look at one detail of the bathroom: there is something there called a bidet. Now let's go to the kitchen, the breakfast area, and the utility room. This is the maid's quarters with its small bathroom.

PARE

OBSERVE E RESPONDA

1. Este apartamento é moderno e confortável?
2. Há dependência de empregada?
3. O que há no quarto?
4. O que há na sala de jantar?
5. Tem área de serviço?
6. O que há no banheiro?
7. Compare este apartamento com o lugar onde você mora.

---

[7]In reality, the small apartment shown in the video has been luxuriously furnished and decorated, probably beyond the style available to most middle-class Brazilians.

VAMOS NOS COMUNICAR

A. Palavra-Puxa-Palavra

Substantivos

a suíte	o armário	o dormitório	a vista
o quarto	a piscina	o escritório	o banheiro
a cozinha	o mar	a copa /ó/	o terraço
o elevador /ô/	a garagem	a empregada	o jardim
a varanda	o quintal	as montanhas	os cômodos

Adjetivos

caro	barato	moderno	confortável
simples	fantástico		

Expressões

sala de jantar	sala de visitas/de estar
dormitório de empregada	elevador social/de serviço
/dependência	área de serviço

B. Planta de um apartamento. Examine a planta abaixo e responda às perguntas.

1. Quantos dormitórios o apartamento tem?
2. Tem um banheiro?
3. Tem terraço?
4. Tem uma ou duas cozinhas?
5. Tem copa?
6. Tem uma sala de estar?
7. Tem área de serviço?
8. Como é o nome do edifício?
9. Em que rua fica?
10. É perto do metrô ou do trem?
11. Tem garagens? São cobertas?
12. Onde você compra este apartamento?
13. Qual é a construtora?
14. Tem armários embutidos?
15. Tem salão de festas?
16. Tem área de recreação coberta?

C. **Uma casa.** Estude o quadro e responda às perguntas.

Casa	Quarto	Sala de Estar	Cozinha	Banheiro
quarto	cama	mesa de	fogão	pia
cozinha	de casal	centro	pia	banheira
sala de estar	de solteiro	sofá	micro-ondas	chuveiro
—de visitas	espelho	quadro	máquina de	toalha
garagem	armário	carpete	lavar louça	bidê
banheiro	carpete	(tapete)	mesa	privada
terraço	(tapete)	cortina	panelas	papel
copa	cortina	televisão	pratos	higiênico
área de ser-	roupas	conjunto de	cortinas	cortinas
viço		som	geladeira	
varanda		lâmpada		

1. Dê o nome de cinco cômodos que uma casa tem.
2. Diga três coisas que um quarto tem.
3. Diga quatro coisas que há numa sala de estar.
4. Onde fica o fogão?
5. Onde há cortinas?
6. Onde há mesas?
7. Há tapete na cozinha?
8. Há chuveiro no quarto?
9. Onde fica a cama?
10. Há conjunto de som na cozinha?

D. **Opções.** Onde e como você gostaria de morar?

1. casa — apartamento — quarto?   *Eu gostaria de morar num apartamento.*
2. lugar grande — médio — pequeno?
3. só — com a família — com amigos?
4. dois quartos — três quartos — um quarto?
5. piscina — garagem — jardim?
6. bidê — banheira — chuveiro?
7. cama de casal — cama de solteiro — sofá-cama
8. bairro elegante — bairro comercial — bairro antigo?
9. vista para o mar — para as montanhas — para o parque?
10. micro-ondas — máquina de lavar roupa — conjunto de som?

PONTO DE ENCONTRO ———————————————————————

A. Meu bairro: Entrevista

1. Em que rua você mora?
2. Qual é o número da sua casa/apartamento?
3. Como é o bairro? (bonito, feio, rico, pobre, classe média, longe do centro)
4. Você gosta dos seus vizinhos?
5. O que tem perto da sua casa? (restaurante, banco, parque, escola, hospital, farmácia...)
6. Tem vista para o mar?
7. A sua casa é nova? (velha, moderna, cara, barata, confortável, simples)
8. De que parte da casa você gosta mais?

B. Descreva a sua casa para um/uma colega.

1. Quantos cômodos tem sua casa?
2. O que há na sala de estar?
3. Como é o seu quarto?
4. O que tem na cozinha?
5. Onde você guarda o carro?
6. De que parte da casa você gosta mais?

7. Onde você nada?
8. Onde você está na casa quando...
   ...você estuda?
   ...você assiste televisão?
   ...você descansa?
   ...você recebe visitas?
   ...você toma refeições?
   ...você toma banho?

VI. PRESENTE CONTÍNUO

———————— *VÍDEO* ————————

Veja como se forma *o presente contínuo* na língua portuguesa:

Here's how the present progressive *is formed in Portuguese.*

FALAR	———————>	FALANDO
GRITAR	———————>	GRITANDO
BEBER	———————>	BEBENDO
SENTIR	———————>	SENTINDO

ESTOU	ESTOU FALANDO	ELES ESTÃO ANDANDO.
ESTÁ	ESTÁ SENTINDO	ELA ESTÁ DANÇANDO.
ESTAMOS	ESTÁ FALANDO	ELE ESTÁ LENDO.
ESTÃO	ESTÃO GRITANDO	ELES ESTÃO FALANDO.
		ELAS ESTÃO CORRENDO.

———————— *PARE* ————————

The Present Progressive

The present progressive or continuous is a compound tense formed by using a conjugated form of *estar* with a second verb form made by replacing the final -r of the infinitive with *-ndo*. All verbs are regular.

ESTÁ FALANDO

O que você **está** fazendo?
O que elas **estão** comendo?

In Portuguese verbs of perception, opinion, or linking are commonly used in the progressive form.

Estou vendo um rapaz ali.
O que você está achando da aula?
Eu estou gostando demais deste país.
Você está ouvindo?
A Maria está vindo para cá.

Eu estou indo bem na aula de português.
Ela está indo bem.
Você está sendo bonzinho comigo.
Ele está parecendo um santo.

VAMOS PRATICAR

A. O que eles estão fazendo?

Maurício

Sérgio e Cláudia

Ex.:   *Maurício está sorrindo.*   *Sérgio e Cláudia estão conversando.*

1. jogar tênis	1. praticar português
2. assistir televisão	2. responder às perguntas
3. beber vinho	3. ouvir som
4. tocar violão	4. amar
5. abrir a porta	5. comer feijão
6. almoçar	6. discutir os problemas

B. Atividades.

1. Você está na biblioteca. O que você está fazendo? (ler, estudar, escrever, procurar livros)
   Eu estou lendo; eu estou estudando, etc.

2. O Paulo está na praia. O que o Paulo está fazendo? (nadar, tomar sol, jogar bola, descansar, brincar na areia)

3. Você e a Cristina estão numa festa. O que vocês estão fazendo? (dançar, comer, beber, bater um papo, paquerar).

4. Pedro e Maria estão no supermercado. O que eles estão fazendo: (comprar carne, escolher frutas, procurar café, pagar a conta)

C. Conversinha. Complete o diálogo.

A —
B — Sim, eu agora estou morando no Rio.
A —
B — Não, eu não estou estudando francês. Eu estou estudando português.
A —
B — A minha família ainda está morando em São Paulo.
A —
B — Sim, eu estou morando sozinha.
A —
B — Pois é. Estou muito feliz.

D.   O que estas pessoas estão fazendo?

1. O médico — atender o cliente   *O médico está atendendo o cliente.*
2. O engenheiro — construir a casa
3. O atleta — correr   6. A empregada — limpar a casa
4. A atriz — representar   7. O professor — dar aula
5. O garçon — servir a refeição   8. O músico — tocar violão

PONTO DE ENCONTRO

O abelhudo (*busybody*). Pergunte a um/uma colega:

1. Onde você está morando?   6. Com quem você está aprendendo português?
2. Com quem você está morando?   7. Quanto você está ganhando?
3. Quem você está paquerando?   8. De quem você está recebendo cartas?
4. Onde você está trabalhando?   9. Em quem você está pensando?
5. Que novela você está assistindo?   10. Que livro você está lendo?

VII. "O FANTASMA" — ADJETIVOS

—————— VÍDEO ——————

Veja agora o uso de adjetivos em português. Os adjetivos sempre concordam com o substantivo que os acompanha.

See now the use of adjectives in Portuguese. The adjectives always agree with the noun that goes with them.

Fantasma — Pare aí, bandido!

Phantom: Hold on, there, bandit!

Ladrão — Oh! Um herói!

Thief: Oh, a hero!

Fantasma — Enganou-se, ladrão. Um Super-herói!

Phantom: You are wrong, thief. A Super-hero!

Ladrão — Não seja por isso. Eu sou um super-bandido!

Thief: That's nothing. I am a Super-Bandit!

Fantasma — Você não tem vergonha de existir? Você é o oposto de mim. Eu sou bom.

Phantom: Aren't you ashamed to exist? You are the opposite of me. I am good.

Ladrão — Eu sou mau!

Thief: I am bad!

Fantasma — Eu sou a Lei.

Phantom: I am the law.

Ladrão — Eu sou o fora-da-lei.
Fantasma — Eu sou bonito.

Thief: I am an outlaw.
Phantom: I am good-looking.

Ladrão — Eu sou feio.

Thief: I am ugly.

Fantasma — Eu sou limpo.	*Phantom*: *I am clean.*
Ladrão — Eu sou sujo.	*Thief*: *I am dirty.*
Fantasma — Eu sou honesto.	*Phantom*: *I am honest.*
Ladrão — Eu sou desonesto.	*Thief*: *I am dishonest.*
Fantasma — Eu gosto de açúcar. **Ladrão** — Eu gosto de sal.	*Phantom*: *I like sugar.* *Thief*: *I like salt.*
Fantasma — Eu sou simpático.	*Phantom*: *I am nice.*
Ladrão — Eu sou antipático.	*Thief*: *I am obnoxious.*
Fantasma —— Eu sou fascinante, deslumbrante, maravilhoso, lindo!	*Phantom*: *I am fascinating, brilliant, marvelous, lovely!*
Ladrão — Eu sou o esperto e ele é o bobo.	*Thief*: *I am the clever one, and he is a dope.*

—————————— PARE ——————————

OBSERVE E RESPONDA

Como são o Fantasma e o Ladrão?

Personagens: O Fantasma O Ladrão

O Fantasma	O Ladrão
1. *deslumbrante*	1. *esperto*
2.	2.
3.	3.
4.	4.
5.	5.
6.	6.

Adjective Agreement

Just as articles *agree* with their noun in gender and number, so do adjectives. Adjectives ending in -o have four forms:

bonito   bonita
bonitos   bonitas

Those ending in *-e* have two forms:

> fascinant**e**
> fascinant**es**

Those ending in consonants may have two forms or four, depending on the word:

> feliz
> feliz**es**

> conservador   conservador**a**
> conservador**es**   conservador**as**

Some common adjectives have irregular forms:

> bom ---> boa   mau ---> má
> bons ---> boas   maus ---> más

Adjectives ending in *-oso* or *-ovo* have a vowel shift of the stressed /o/: in the masculine singular form it is close /ô/ but in all others it is open /ó/ (for example, *novo, fabuloso, famoso, formoso*, and others. Such adjectives are indicated in the vocabulary with the symbol /ô˜ó/):

> maravilh**o**so /ô/   maravilh**o**sa /ó/
> maravilh**o**sos /ó/   maravilh**o**sas /ó/

VAMOS PRATICAR

A. Como eles são? A quem se referem as frases abaixo?

Dr. Alfredo   *Dª Rosa*   *Helena e Laura*   *Sr. Barros e Paulo*

1. Ele é simpático. *O Dr. Alfredo é simpático.*
2. Ela é fascinante.
3. Ela é conservadora.
4. Eles são fabulosos.
5. Ele é esperto.
6. Eles são carinhosos.
7. Eles são chatos.
8. Eles são bons.
9. Ele é insuportável.
10. Ela é invulnerável

B. Estereótipos. Combine a pessoa com um adjectivo para criar um estereótipo.

Ex.: *O ladrão é desonesto.*

Adjetivo	Pessoa
1. mau/má	1. a Miss Universo
2. elegante	2. o Al Capone
3. inteligente	3. a Mona Lisa
4. desonesto	4. o engenheiro
5. fascinante	5. os velhos
6. bom/boa	6. o ladrão
7. bobo	7. o Super-homem
8. fantástico	8. o Clark Gable
9. chato	9. os jovens
10. esperto	10. os atletas
11. conservador	11. a secretária
12. fortíssimo	12. a médica
13. preguiçoso	
14. honesto	
15. romântico	

C. A Minha Casa. Combine a coluna A com a coluna B.

Ex.: *A minha casa(1) é grande (b).*

A
1. A minha casa é ...
2. A cozinha é ...
3. Os móveis são ...
4. Os banheiros são ...
5. As camas são ...
6. O jardim é ...
7. A piscina é ...
8. A máquina de lavar roupa é ...
9. O sofá é ...
10. As cortinas são ...
11. O carpete é ...
12. As paredes são ...
13. A sala de jantar é ...
14. O fogão é ...
15. Os armários são ...

B
a. moderno
b. grande
c. confortável
d. embutido
e. branco
f. vermelho
g. lindo
h. amarelo
i. pequeno
j. maravilhoso
k. enorme
l. feio
m. azul
n. verde
o. novo

D. Carta para casa. O João escreve para casa, descrevendo os seus colegas de aula.

Cara Família,

Carlos é — e —. Paulo não é — mas ele é —. Ana, além de ser muito —, ela também é —. Teresa e Alice são — e eu não gosto de conversar muito com elas. Pedro e Marcelo são —. O professor Andrade é — e ele pensa que eu sou —.

VIII. FORMAÇÃO DO PLURAL, PARTE II

A) Words ending in -L:

1. **General rule:** change the *-l* to *-i* and add *-s*:

CAPITA*L*	'capital'
CAPITA*IS*	'capitals'
AZU*L*	'blue'
AZU*IS*	'blue' (pl.)

2. **Adding accent marks:** If the vowel before the final *-l* is a *stressed* E (/é/) or O (/ó/), then the written acute accent mark is added in the plural.

PAP*EL* — PAP*ÉIS*	'paper, papers'
PINC*EL* — PINC*ÉIS*	'brush, brushes'
ESPANH*OL* — ESPANH*ÓIS*	'Spaniard, Spaniards'
LENÇ*OL* — LENÇ*ÓIS*	'sheet, sheets'

3. **Retaining accent marks:** Words that already have accents keep them in the original position:

MÓV*EL* — MÓV*EIS*	'piece/s of furniture'
POSSÍV*EL* — POSSÍV*EIS*	'possible'

4. **Words ending in *-IL*.** If the vowel before the final *-l* is an *i*, there are two endings, depending on whether the *-il* is stressed or unstressed. If it is *unstressed*, the *-il* changes to *-eis* (also unstressed):

FÁC*IL* — FÁC*EIS*	'easy'
DIFÍC*IL* — DIFÍC*EIS*	'difficult'

When the final *-il* is stressed, it changes to *-is* (stressed) in the plural:

BARR*IL* — BARR*IS*	'barrel, barrels'
FUZ*IL* — FUZ*IS*	'shotgun, shotguns'
IMBEC*IL* — IMBEC*IS*	'imbecil, imbecils'

VAMOS PRATICAR ———————————————————————————————

A. Plurais Sensacionais!

1. O presidente é formal. *Os presidentes são formais.*
2. O hospital é muito limpo.
3. O vinho espanhol é sensacional.
4. O jornal de São Paulo é bom.
5. O automóvel do João está na garagem.
6. O casal da novela é muito amável.
7. O jovem de hoje é legal.
8. O animal é o amigo do homem.

   9. O metal é valioso produto nacional.
10. O hotel é agradável.
11. O Super-Herói é invencível.
12. Que anel horrível!
13. O móvel da sala é confortável.
14. A pessoa irresponsável é inconveniente.

B. O que você compra?

1. um lençol azul *Eu compro dois lençóis azuis.*
2. um anel de ouro
3. um farol para o carro
4. um anzol para pescar
5. um carro alemão
6. um automóvel de plástico

   7. um funil de metal
   8. um pincel de barba
   9. um jornal espanhol
10. um animal de estimação

*   *   *   *

B) Words ending in *-ão*

There are three different plural endings for words ending in *-ão*.

1. -ões. The most common plural ending for *-ão* is *-ões*. We shall not mark *-ão* words taking *-ões* in the plural.

LIÇÃO — LIÇÕES	'lesson, lessons'
MILHÃO — MILHÕES	'million, millions'
PENSÃO — PENSÕES	'boarding house/s'
ORELHÃO — ORELHÕES	'phone booth/s'

2. -ãos. The second most frequent plural ending is *-ãos*. Words with this ending are listed as exceptions in the vocabulary lists of this book:

MÃO — MÃOS	'hand, hands'
CIDADÃO — CIDADÃOS	'citizen, citizens'
IRMÃO — IRMÃOS	'brother, brothers'
CRISTÃO — CRISTÃOS	'Christian, Christians'

3. -ães. The least common ending is *-ães*. Most of the words with this ending that are:

ALEM*ÃO* — ALEM*ÃES*	'German, Germans'
C*ÃO* — C*ÃES*	'dog, dogs
P*ÃO* — P*ÃES*	'loaf, loaves'
CAPIT*ÃO* — CAPIT*ÃES*	'captain, captains'

VAMOS PRATICAR

A. Mais compras.

1. um melão   *Eu compro dois melões.*
2. um violão brasileiro
3. um pão francês
4. um botão para a blusa
5. um limão para fazer suco
6. um bolo alemão

B. O que estas pessoas fazem na sua profissão?

1. O professor ensina ... (*lição útil*)   *O professor ensina lições úteis.*
2. O cozinheiro prepara ... (*pão delicioso*)
3. A atriz representa ... (*papel importante*)
4. O repórter dá ... (*muita informação*)
5. O veterinário cuida ... (*do animal*)
6. O advogado prepara ... (*documento legal*)
7. O garçom serve ... (*pastel de carne*)
8. O tradutor faz ... (*tradução difícil*)
9. O pediatra trata de ... (*doença infantil*)
10. O carpinteiro faz ... (*móvel moderno*)

IX. NÚMEROS ACIMA DE 100

20	Duzentos	1.000	Mil
250	Duzentos e cinqüenta	1.008	Mil e oito
300	Trezentos	1.015	Mil e quinze
400	Quatrocentos	1.100	Mil e cem
500	Quinhentos	1.150	Mil cento e cinqüenta
600	Seiscentos	1.700	Mil e setecentos
700	Setecentos	1.888	Mil oitocentos e oitenta e oito
800	Oitocentos	2.000	Dois mil
900	Novecentos	10.000	Dez mil
		200.000	Duzentos mil
		1.000.000	Um milhão
		2.000.000	Dois milhões
			Bilhão, Trilhão, etc.

Numbers above One Hundred

To form numbers above 100 use the following rules:

1. **Use of the conjunction *e*:** In speaking any compound number, the conjunction *e* is used between each element, except where the period (not a comma) is used to separate millions, thousands and hundreds in writing. At those points the *e* is used only where a single number follows—that is, there is an *e* at the period only when there is no other *e* following in the number:

255	Duzentos *e* cinqüenta *e* cinco.
1.300	Mil *e* trezentos
1.348	Mil, trezentos *e* quarenta *e* oito.
1.450.296	Um milhão, quatrocentos *e* cinqüenta mil, duzentos *e* noventa *e* seis

2. **Numbers that are nouns.** The numbers *milhão*, *bilhão*, and *trilhão* are masculine nouns and are preceded by the article *um* or a higher number (*dois*, *cinco*, etc.). They are also followed by *de* before the noun they are counting, except if followed by other units:

> *Um* milhão *de* amigos.
> *Três* bilhões *de* cruzados.
> *Dois* milhões, trezentos e três mil dólares.

Other numbers are adjectives and do not take the article or *de*:

> Mil amigos.
> Cem casas.

3. **Feminine numbers.** The feminine forms *uma*, *duas* are used when the counted noun is feminine, even in the higher numbers, except before *milhão* (*bilhão*, *etc.*):

> Mil e *uma* noites
> *Duas* mil casas

but:

> *Um* milhão de dificuldades.

VAMOS PRATICAR

A. **Remarcação.** Hoje tem remarcação (*sale*) no Shopping Ibirapuera. Quanto você pagou por estes ítens?

1. suéter de lã — Cz$920,00   *Novecentos e vinte cruzados*
2. camisa esporte — Cz$300,00
3. bermuda — Cz$415,00
4. vestido de verão — Cz$650,00
5. chapéu — Cz$248,00
6. um par de botas — Cz$832,00

7. toalha de banho — Cz$178,00
8. colar de pérolas — Cz$1.989,00
9. anel de brilhantes — Cz$20.440,00
10. gravata — Cz$267,00

B. Ano de nascimento.

1. Machado de Assis — 1839   *Mil oitocentos e trinta e nove*
2. Lourdes — 1311
3. Rogério — 1964   5. Ronaldo — 1988
4. Júlio — 1971   6. Renata — 1800

C. Datas importantes.

1. Descobrimento da América — 1492 *Mil quatrocentos e noventa e dois*
2. Descobrimento do Brasil — 1500
3. Declaração da independência dos EUA — 1776
4. Independência do Brasil — 1822
5. Invasão holandesa em Pernambuco — 1630
6. O Mayflower chega à América — 1620
7. Fundação da Universidade de Salamanca — 1217

D. Quantos habitantes? Estude a tabela abaixo e responda às perguntas.

População dos Estados e Territórios

Estado/Território	Capital	População projetada (1985)
Acre	Rio Branco	358 000
Alagoas	Maceió	2 245 000
Amapá (*)	Macapá	214 000
Amazonas	Manaus	1 728 000
Bahia	Salvador	10 731 000
Ceará	Fortaleza	5 893 000
Distrito Federal	—	1 579 000
Espírito Santo	Vitória	2 287 000
Fernando de Noronha (*)	—	1 323 (1980)
Goiás	Goiânia	4 453 000
Maranhão	São Luís	4 641 000
Mato Grosso	Cuiabá	1 480 000
Mato Grosso do Sul	Campo Grande	1 604 000
Minas Gerais	Belo Horizonte	14 600 000
Pará	Belém	4 201 000
Paraíba	João Pessoa	3 016 000
Paraná	Curitiba	8 074 000
Pernambuco	Recife	6 774 677
Piauí	Teresina	2 430 000
Rio Grande do Norte	Natal	2 126 000
Rio Grande do Sul	Porto Alegre	8 486 000
Rio de Janeiro	Rio de Janeiro	12 767 000
Rondônia	Porto Velho	731 000
Roraima (*)	Boa Vista	104 000
Santa Catarina	Florianópolis	4 096 000
São Paulo	São Paulo	29 657 000
Sergipe	Aracaju	1 287 000

(*) Territórios federais.

1. Qual é a população de Pernambuco?
2. Que estado tem a população de trezentos e cinqüenta e oito mil habitantes?
3. Qual é a população do estado de São Paulo?
4. Quantos habitantes tem o estado da Bahia?
5. Que território tem cento e quatro mil habitantes?
6. Qual é a população do Rio de Janeiro?
7. Quantos habitantes tem Minas Gerais?
8. Que estado tem a população de um milhão, setecentos e vinte e oito mil habitantes?

X. INÊS DE CASTRO

---VÍDEO---

Coimbra é considerada a capital do amor em Portugal. Em Coimbra aconteceram muitos casos de amores infelizes. O mais conhecido é o casamento secreto entre Inês de Castro, jovem da nobreza castelhana e o Infante D. Pedro, mais tarde D. Pedro I de Portugal, o "Justiceiro". O rei de Portugal, pai de D. Pedro, mandou matar Inês porque ela era castelhana. Revoltado, D. Pedro ordenou a execução dos assassinos e fez Inês rainha, mesmo depois de morta.

Coimbra is considered the city of love in Portugal. In Coimbra many sad love stories have taken place. The best known is the secret marriage between Inês de Castro, a young woman of Spanish nobility, and Prince Pedro, later Dom Pedro I of Portugal, "the Just." The king of Portugal, Dom Pedro's father, had Inês killed because she was Spanish. Angered at this, Dom Pedro ordered the execution of the murderers and made Inês queen, even after death.

---PARE---

VOCÊ ENTENDEU?

1. Inês de Castro é:
   a. castelhana
   b. portuguesa
   c. brasileira
2. Coimbra é considerada a:
   a. capital do amor
   b. capital do encanto
   c. cidade dos amores infelizes
3. Inês de Castro é assassinada
   a. por ser castelhana
   b. por ser rainha
   c. por ser bonita

4. Quem manda matar Inês de Castro:
   a. o pai de D. Pedro
   b. D. Pedro I
   c. o pai de Inês de Castro
5. D. Pedro faz Inês de Castro:
   a. princesa
   b. rainha
   c. esposa

XI. ENCERRAMENTO

───────── *VÍDEO* ─────────

Hoje, ficamos por aqui. Na próxima unidade, vamos continuar navegando pelo mundo da Língua Portuguesa.

Today, we are stopping here. In the next unit, we will continue navigating through the Portuguese language world.

───────── *PARE* ─────────

VOCABULÁRIO

Substantivos

amor, *m.* /ô/	*love*	fogão, *m.*	*stove, range*
anel, *m.* /é/	*ring (jewelry)*	fome, *f.*	*hunger*
área de serviço, *f.*	*utility room, area*	garagem, *f.*	*garage*
armário, *m.*	*wardrobe*	geladeira, *f.*	*refrigerator*
—embutido	*closet*	jantar, *m.*	*dinner*
automóvel, *m.*	*automobile*	jornal, *m.*	*newspaper*
avião, *m.*	*airplane*	lençol, *m.* /ó/	*bed sheet*
banheira, *f.*	*bathtub*	lição, *f.*	*lesson*
banho, *m.*	*bath, bathroom*	máquina, *f.*	*machine*
bicicleta, *f.* /é/	*bicycle*	—de lavar louça	*dishwasher*
bidê, *m.*	*bidet*	—de lavar roupa	*washing machine*
bolo, *m.* /ô/	*cake*	mar, *m.*	*sea, ocean*
bonde, *m.*	*streetcar*	mesa, *f.* /ê/	*table*
bondinho	*cable car*	móvel, *m.*	*piece of furniture*
boate, *f.*	*nightclub*	novela, *f.* /é/	*soap opera (TV or*
bobo /-a /ô/	*fool*		*radio drama serial)*
calor, *m.* /ô/	*heat*	pão, *m.* (-ães)	*bread, loaf*
cama, *f.*	*bed*	papel, *m.* /é/	*paper*
caminhão, *m.*	*truck*	parede, *f.* /ê/	*wall (of a building)*
carne, *f.*	*meat, flesh*	pia, *f.*	*sink, wash basin*
carona, *f.*	*ride, lift*	pincel, *m.* /é/	*brush*
carpete, *m.* /é/	*wall-to-wall carpet*	piscina, *f.*	*swimming pool*
casal, *m.*	*couple (man, woman)*	raiva, *f.*	*anger*
chuveiro, *m.*	*shower*	sabão, *m.*	*soap*
ciúmes, *m. pl.*	*jealousy*	saudade, *f.*	*nostalgia, longing*
copa, *f.* /ó/	*breakfast area*	sede, *f.* /ê/	*thirst*
coração, *m.*	*heart*	sofá, *m.*	*sofa, couch*
cortina, *f.*	*curtain, drapery*	tapete, *m.* /ê/	*rug, carpet*
cozinha, *f.*	*kitchen*	terraço, *m.*	*patio, terrace*
dor, *f.* /ô/	*pain, ache*	trem, *m.*	*train*
dormitório, *m.*	*bedroom*	violão, *m.*	*guitar*
engenheiro/ -a	*engineer*	vizinho, *m.*	*neighbor*

Verbos

aprender	*learn*	ler	*read*
chorar ▬[1]	*cry, weep*	limpar	*clean*
escolher ▬[2]	*choose*	matar	*kill*
existir	*exist*	pagar (-gue)	*pay*
gritar	*shout, yell*	paquerar ▬[1]	*flirt with, court*
ir (irreg.)	*go*	procurar	*look for, try*
lavar	*wash*	ter (irreg.)	*have*

Adjetivos

alemão /-ã, -ães, -ãs	*German*	infeliz	*unfortunate, unhappy*
antigo	*old, ancient, former*	jovem /ó/	*young*
barato	*cheap, inexpensive*	limpo	*clean*
belo /é/	*beautiful, lovely*	lindo	*pretty, lovely*
bobo /ô/	*stupid, foolish*	mesmo /ê/	*same*
chato	*flat; boring*	moderno /é/	*modern*
difícil	*difficult, hard*	pobre /ó/	*poor*
espanhol /ó/	*Spanish*	rico	*rich*
final	*final, last*	simples	*simple, regular (mail)*
formoso /ô˜ó/	*beautiful*	sujo	*dirty*
honesto /é/	*honest*	velho /é/	*old*
horrível	*horrible*		

Outras Palavras

ainda /aí-/	*still, yet*	hoje /ô/	*today*
depois	*afterward (adv.)*	sem	*without*
depois de	*after (prep.)*	só, somente	*only, just, not until*

UNIDADE 3

PORTUGAL DESCOBRE O MUNDO

Parte I

Parte II

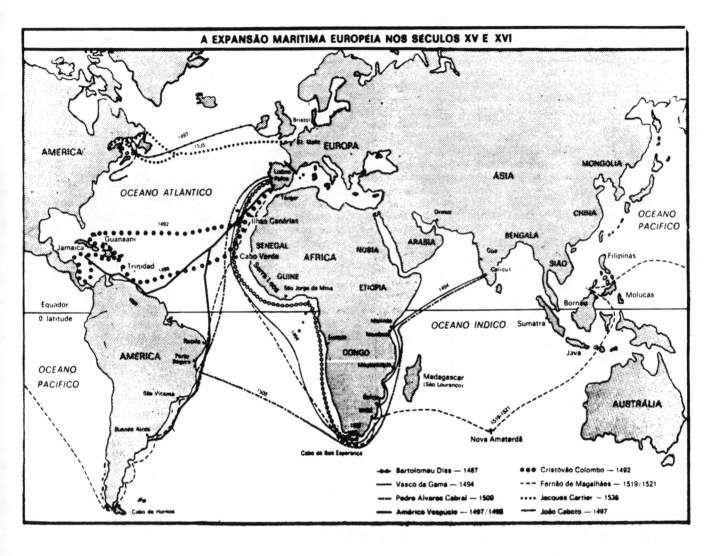

A EXPANSÃO MARÍTIMA EUROPÉIA NOS SÉCULOS XV E XVI

PORTUGAL DESCOBRE O MUNDO

PARTE I

I. APRESENTAÇÃO

---VÍDEO---

—— Terra à vista!
—— Cabral!
—— Caminha!
—— Descobriste!
—— Descobrimos!
—— É um belo monte, Cabral.
—— É o Monte Pascoal, Caminha.
—— É o Monte Pascoal.

Navegar é preciso: Portugal descobre o mundo.

A expansão portuguesa começa no Século XV, no Norte da África. A partir de então, Portugal continua a descobrir novas terras. Tentando descobrir o caminho marítimo para as Índias, pela costa sul da África, os portugueses descobrem as Ilhas dos Açores, de Madeira e de Cabo Verde. Estabelecem também o seu domínio sobre o que é hoje Guiné-Bissau, Angola, Moçambique, Goa, Diu, Damão e Macau.

"Land ahoy!"
"Cabral!"
"Caminha!"
"You discovered it!"
"We discovered it!"
"It's a lovely mountain, Cabral."
"It's Monte Pascoal (Easter Mountain), Caminha."
"It's Monte Pascoal."

It is necessary to navigate: Portugal discovers the world.

Portuguese expansion begins in the 15th Century, in north Africa. From then on, Portugal continues to discover new lands. Trying to discover the sea route to India, along the southern coast of Africa, the Portuguese discover the Azores Islands, Madeira and Cape Verde. They also establish their dominion over what are known today as Guinea-Bissau, Angola, Mozambique, Diu, Damão and Macau.

Em 1500, Pedro Álvares Cabral descobre o Brasil. Todas estas terras constituem o grande império português até o século XIX, quando as colônias começam a se tornar independentes.

Todas essas descobertas, os grandes feitos e a história dos portugueses é contada por Luís Vaz de Camões, no Século XVI, na famosa epopéia, Os *Lusíadas*. O poema narra a viagem de Vasco da Gama, o descobridor do caminho às Índias, em 1498.[1]

In 1500 Pedro Álvares Cabral discovers Brazil. All of these lands make up the great Portuguese Empire until the 19th Century, when the colonies begin to become independent.

All of these discoveries, great deeds, and the history of the Portuguese, is narrated by Luiz Vaz de Camões, in the sixteenth century, in his famous epic, **The Lusiads**. *The poem describes the trip of Vasco da Gama, the discoverer of the route to the Indies, in 1498.[1]*

———— PARE ————

VOCÊ ENTENDEU?

Verdadeiro ou Falso?

1. A expansão portuguesa começa no Século XI.
2. Pedro Álvares Cabral descobre o Brasil em 1500.
3. As colônias portuguesas começam a se tornar independentes no Século XVI.
4. Luís Vaz de Camões conta a história dos portugueses na famosa epopéia "Os Lusíadas".
5. "Os Lusíadas" narra a viagem de Pedro Álvares Cabral.
6. Vasco da Gama descobre o Caminho das Índias.

Portuguese Explorations

The Portuguese were among the first Europeans to explore the world in modern times. Their own tiny land had few resources for economic development, yet they possessed one of the first centrally organized governments of Europe, and they had considerable experience in seafaring, for Portuguese fishermen had long plied the waters of the north Atlantic and were developing modern techniques of navigation and related technologies. Prince Henry "The Navigator" established a famous school of the navigation sciences in the 15th century, and sponsored extensive exploration activities.

The Portuguese began their expansion in 1415 when they conquered Ceuta in North Africa. By 1460 they had reached the Cape Verde Islands and in 1487 Bartolomeu Dias went as far as the Cape of Good Hope. Vasco da Gama reached India via sea route in 1498 and two years later Brazil was discovered by Pedro Álvares Cabral.

Pero Vaz de Caminha, whose name we hear at the beginning of the video, was Cabral's scribe, and left us a wonderful description of the discovery. According to that account, the first sight-

---

[1] In the video there are two errors: *Século XVII* and *1495* for *Século XVI* and *1498*.

ing of land in Brazil was the Bahian mountain still known as Easter Mountain, named by Cabral in recognition of Easter week, when the discovery was made.

In 1519 the Portuguese Fernão de Magalhães (Magellan) led the first expedition to circumnavigate the globe, although he died en route. California was discovered by a Portuguese, João Rodrigues Cabrilho in 1542, sailing under the Spanish flag. The Portuguese made extensive contacts and colonies throughout East Asia, including Japan and China and controlled international trade for many years.

The Portuguese were not really conquerors, but rather business people and missionaries, interested in establishing trade and religious outposts throughout the world. They succeeded in helping to establish the modern world of international commerce and left their mark on many nations around the world.

II. TELEFONE

VÍDEO

Alô, alô, responde
Que *gostas* mesmo de mim *de verdade*.   *you like (tu form); in truth, truly*
Alô, alô, responde
Responde com toda sinceridade.
Alô, alô, alô, alô, responde
Se gostas *mesmo* de mim de verdade.   *indeed, really*
Alô, alô, responde
Responde com toda sinceridade.

Caio — Alô, alô, Danilo? Onde é que você tá?   ***Caio**: Hello, hello, Danilo. Where are you?*

Danilo — Eu tô num orelhão, aqui perto da delega-   ***Danilo**: I'm in a phone booth here close to the*
cia. É, mas tá tudo bem. É, eu já tô indo para   *police station. Yes, everything's ok. Yes, I'm on*
casa.   *my way home.*

Caio — Tá, tchau.   ***Caio**: OK, bye.*
        * * * * *   * * * * *
Vera — Alô, quem fala, hein?   ***Vera**: Hello, who's there?*

Tarsila — Aqui é uma prima dele do interior.   ***Tarsila**: This is a cousin of his from the country.*
Quer dizer, uma amiga de uma prima dele.   *That is, a friend of his cousin.*

Vera — Mas quem é que está falando?   ***Vera**: But who's speaking?*

Tarsila — Dona Vera, o doutor Raul deixou um   ***Tarsila**: Vera, Raul left a message that he was at*
recado dizendo que ele está no escritório. A   *the office. You can call him there, OK? See you*
senhora liga pra lá, tá? Té logo. Até a volta.   *later. Till you get back.*

PARE

———————————————————————— PARE ————————————————————————

OBSERVE E RESPONDA

A. 1. Onde está o Danilo?
    2. Ele está perto ou longe da delegacia?
    3. Com quem o Danilo fala no telefone?
    4. O Danilo diz que está tudo bem?
    5. Para onde o Danilo está indo?

B. 1. De quem a moça é prima?
    2. A prima é do interior ou da cidade?
    3. Que recado o Dr. Raul deixou?
    4. Descreva a Tarsila. Como ela é?
    5. Descreva D. Vera.

VAMOS NOS COMUNICAR

A. Palavra—Puxa—Palavra.

Substantivos

a chamada	o telefonema	o orelhão	a residência
/interurbana	a ficha	o número	a ligação
/internacional	a linha	a/o telefonista	

Verbos

discar   ligar   tocar   desligar   atender

Expressões

o código da cidade	o número errado	deixar um recado
o telefone público	a linha cruzada	dar um telefonema
o número de telefone	está chamando/tocando	fazer uma chamada
a lista telefônica	está ocupado	a pagar
o catálogo telefônico	a linha caiu	a cobrar
	a qualquer pessoa	/pessoa a pessoa

B. Diálogos

1.
Empregada — Alô!
Marcelo   — Alô!
Empregada — De onde fala?
Marcelo   — Da casa do Dr. Ferreira.
Empregada — Quem fala?
Marcelo   — É o Marcelo.

2.
João   — Alô! É o Paulo?
Paulo — Sim. É ele quem fala.
João   — Oi, Paulo, aqui é o João.
Paulo — João! Que surpresa agradável!

3.

Walter	—	O Raul está?
Sueli	—	Está, sim.
Walter	—	Posso falar com ele?
Sueli	—	Pois não. Um momento.

4.

Paciente	—	É do Consultório do Dr. Celso?
Recepcionista	—	É, sim.
Paciente	—	Ele está?
Recepcionista	—	Não, ele não está. Saiu.
Paciente	—	Posso deixar um recado?
Receptionista	—	Pois não.

C. Conversinhas Telefônicas. Complete os diálogos.

1.

A — Alô!
B —
A — A Paula está?
B —

2.

A — Alô! Quem fala?
B —
A —
B —

3.

A —
B — É da casa do Sr. Clóvis Pereira?
A —
B — Ele não está. Viajou.

D. Vera recebe um telefonema.

João Antônio	—	Alô, de onde fala?
D. Rute	—	296-3542
João Antônio	—	Posso falar com a Vera?
D. Rute	—	Um minuto por favor. Quem quer falar com ela?
João Antônio	—	É o João Antônio.
Vera	—	Oi, João Antônio, como vai?
João Antônio	—	Tudo bem, e você?
Vera	—	Tudo bem.
João Antônio	—	Olha, preciso falar com você.
Vera	—	O que é que há?
João Antônio	—	Não dá pra falar agora. Estou num orelhão e não tenho mais fichas.
Vera	—	É importante?
João Antônio	—	É sim. Vamos falar na biblioteca, tá? Às 8:00 hs.
Vera	—	OK. Tchau!
João Antônio	—	Tchau!

Você entendeu?

1. Quem atende o telefone?
2. Quem quer falar com a Vera?
3. O que o João Antônio quer?
4. Por que não dá pra ele falar com a Vera?

5. O que o João Antônio quer falar?
6. Quando eles vão conversar?
7. Onde eles vão se encontrar?

E. **Definições.**As frases abaixo são definições para:

1. Onde você encontra os números de telefone: *No catálogo telefônico*
2. O que você precisa para usar o telefone público: ——
3. O nome do telefone público no Brasil: ——
4. Pessoa que ajuda você a encontrar números de telefone: ——
5. Outra expressão que significa "fazer uma chamada": ——
6. Quando você chama outra cidade: ——
7. A pessoa que recebe a chamada paga: ——
8. A pessoa que faz a chamada paga: ——

PONTO DE ENCONTRO

A. Peça o telefone de três colegas, incluindo o código da cidade.

B. Faça os diálogos abaixo com um/a colega:

1) Telefone para um colega. Ele não está em casa. Deixe um recado.
2) Telefone para uma amiga. O número está errado. Responda apropriadamente.
3) Chame a telefonista e peça o número do telefone do Teatro Municipal.
4) Telefone para um dos restaurantes da lista ao lado para saber o tipo de comida, o endereço e quando o restaurante abre e fecha.

RESTAURANTES

BARRIL 1800
Av. Vieira Souto, 110
Tel.: 287-0085 - Ipanema

CABEÇA FEITA
Rua Barão da Torre, 665
Tel.: 239-3045 - Ipanema

CAFÉ DO TEATRO
Salão Assírio do Teatro Municipal
Praça Floriano, s/nº
Tel.: 262-6322 - Ramais 119 e
120 - Centro

CAFÉ NICE
Av. Rio Branco, 277 - subsolo 2
Tel.: 262-0679 - Centro

CHEIRO VERDE
Rua Real Grandeza, 289
Tel.: 246-2570 - BOTAFOGO

COLOMBO
Av. N.S. Copacabana, 890
Tel.: 257-8960

III. AS ATIVIDADES DO SÉRGIO.

Sérgio, meu melhor amigo, tem 19 anos. Ele mora em Santos e adora viver perto do mar. É estudante na faculdade mas tem tempo para jogar futebol, tênis e basquetebol, nadar na piscina do clube, correr na praia e tomar banho de sol. Nos fins de semana ele sai com os amigos para ir ao cinema e dançar. Ele se diverte muito mas é também um bom estudante.

1. Quantos anos o Sérgio tem?
2. Onde ele mora?
3. De que esportes ele gosta?
4. O que ele faz nos fins de semana?

IV. "COMO É BOM SABER O FUTURO" — Futuro Composto com Ir

---VÍDEO---

Vamos ver, nas próximas cenas, como se forma o futuro composto em português.

Let's see, in the following scenes, how the compound future is formed in Portuguese.

VAMOS PASSEAR
VAI COMER
VÃO DANÇAR

Observe, agora, nesta divertida cena, a aplicação desses tempos verbais.

Now watch this humorous scene and see how these verb tenses are used.

"Como É Bom Saber o Futuro"

"How Nice to Know the Future"

Berta — Sim?

Berta: Yes?

Ricardo — Ah...a senhora é...a senhora é cartomante, é?

Ricardo: Ah... are you a ...you're a fortune-teller?

Berta — Sim.
Ricardo — E atende consultas?

Berta: Yes.
Ricardo: And you read fortunes?

Berta — Sim.

Berta: Yes.

Ricardo — Com essa bola de cristal?

Ricardo: With that crystal ball?

Berta — Com a bola de cristal, com cartas, ou lendo as mãos, como o senhor preferir. Sente-se. Então — o passado, o presente ou o futuro?

Ricardo — O futuro.

Berta — Dê-me a mão. Não, a outra.

Ricardo — Sim?

Berta — O senhor **vai sofrer** um acidente...

Ricardo — Sim?

Berta — E **vai se machucar** muito!

Ricardo — Sim?

Berta — **Vai quebrar** as duas pernas. **Vai** também **quebrar** o braço direito... Mas não vai quebrar o braço esquerdo. Só **vai esmagar** três dedos da mão esquerda.

Ricardo — E como **vai ser** o desastre?

Berta — Bem, eu estou tentando ver... **Vai ser** algo grande, algo muito grande. **Vai ser** uma trombada, ou um trem **vai atropelá-lo** ou o senhor **vai dar** de frente com um caminhão.

Ricardo — Nossa! E que mais?

Berta — Tá difícil de ver aqui. Preciso de outras fontes.

Ricardo — Outras fontes?

Berta — Seu pé, por favor.

Ricardo — Meu pé?

Berta: With the crystal ball, with cards, or reading palms, as you prefer. Sit down. Well then: the past, the present, or the future?

Ricardo: The future.

Berta: Give me your hand. No, the other one.
Ricardo: Yes?

Berta: You are going to have an accident...

Ricardo: Yes?

Berta: And you are going to get very badly hurt.
Ricardo: Yes?

Berta: You are going to break both legs. You are also going to break your right arm... But you are not going to break your left arm. You are just going to smash three fingers of your left hand.
Ricardo: And what kind of accident is it going to be?
Berta: Well, I'm trying to see... It is going to be something big, something very big. It's going to be a collision or a train is going to run over you or you are going to run into a truck head-on.
Ricardo: My goodness! What else?

Berta: It's difficult to see here. I need other sources.

Ricardo: Other sources?

Berta: Your foot, please.

Ricardo: My foot?

Berta — Seu pé. Sem sapato. Deixe-me ver: estou vendo coisas cada vez mais sérias. Daqui a um ano você não **vai estar** mais vivo. Uma desgraça. O senhor não **vai estar** vivo daqui a um ano, logo, **vai morrer**. E tudo isso **vai acontecer**... pois o senhor **vai morrer** a semana que vem.

Ricardo — Ha, ha, ha.

Berta: Your foot. Without a shoe. Let me see: I keep seeing things that are more and more serious. A year from now you are not going to be alive. A calamity. You won't be alive a year from now; therefore, you are going to die. And all of this is going to happen... You are going to die next week.
Ricardo: Ha, ha, ha.

―――――――――――――― *PARE* ――――――――――――――

OBSERVE E RESPONDA

1. Onde estão Berta e Ricardo?
2. É de noite ou de dia?
3. O que há na mesa?
4. O que faz Ricardo quando Berta pega o pé dele?
5. Descreva Berta.
6. Descreva Ricardo.

VOCÊ ENTENDEU?

1. Qual é a profissão da Berta?
2. Berta atende consultas em casa?
3. O que ela usa para prever o futuro?
4. O que Ricardo quer saber? O presente, o passado ou o futuro?
5. O que vai acontecer com Ricardo?
6. O Ricardo vai se machucar muito?
7. Descreva o desastre que Ricardo vai sofrer.
8. Que outras fontes Berta precisa para falar do futuro do Ricardo?
9. Ricardo tira o sapato e a meia?
10. O que Berta está vendo no pé do Ricardo?

The Compound Future with *ir*

The most common way of expressing future in Portuguese is with the verb ir directly followed by an infinitive:

VOU FALAR. *I am going to speak.*
I will/shall speak.

VAMOS CHEGAR. *We are going to arrive.*
We will/shall arrive.

VAMOS PRATICAR

A. **O que estas pessoas vão fazer?**

Professor Coelho

Rachel e Sinval

Ex.: *O professor Coelho vai partir cedo.*

Rachel e Sinval vão passear.

1. tomar banho	1. almoçar juntos
2. jogar basquete	2. dar uma festa
3. dar um exame	3. viajar para a Europa
4. assistir televisão	4. partir muito cedo
5. correr de manhã	5. jantar fora

B. **Fazendo planos.** O que você e seus amigos estão planejando para o futuro?

Ex.: *Quando a Tânia vai dar presentes?* *A Tânia vai dar presentes no Natal.*

Quando?	Você	Carlos e Vera	José e você	Tânia
verão	tirar férias	viajar na Europa	assistir os Jogos Olímpicos	fazer ginástica
Natal	esquiar no Colorado	dar uma festa para os parentes	comprar uma árvore de natal	dar presentes
próximo mês	alugar uma casa	casar	começar a estudar na faculdade	ficar noiva
semana que vem	fazer um curso	visitar um museu	vender o seu carro	dar uma palestra

1. O que o Carlos e a Vera vão fazer no verão?
2. O que a Tânia vai fazer na semana que vem?
3. O que você vai fazer no Natal?
4. O que o José e você vão fazer no Natal?
7. Quem vai alugar uma casa?
8. O que a Tânia vai fazer no Natal?
9. Quando o Carlos vai casar?
10. O que você e o José vão fazer no verão?
11. Quem vai viajar na Europa?
12. Quando vão ser os Jogos Olímpicos?

5. O que você vai fazer no verão?

6. O que a Tânia vai fazer no próximo mês?

13. Quem vai assistir os Jogos?

C. **Diálogo.**

Visita a Los Angeles

Renato — Onde você vai passar as férias?

Mário — Eu vou a Los Angeles.

Renato — A sua família vai viajar com você?

Mário — A minha esposa e a minha filha vão viajar também. Os meus filhos vão ficar aqui.

Renato — E o que os seus filhos vão fazer?

Mário — Manuel vai fazer um curso de francês e Alberto vai acampar.

Renato — E o que vocês vão fazer em Los Angeles?

Mário — Nós vamos ver a Disneylândia e Hollywood.

D. **Conversinha.** Complete o diálogo.

A — Com quem você vai casar?

B —

A — Quando você vai casar?

B —

A — Onde vocês vão morar?

B —

A — Você vai alugar ou comprar uma casa?

B —

A — Onde você vai trabalhar?

B —

A — Onde vocês vão passar a lua-de-mel?

B —

PONTO DE ENCONTRO

O futuro. Você vai ler a mão do seu colega. O que vai acontecer com ele?

1. Quanto tempo ele/ela vai viver?
2. Vai casar ou não?
3. Vai ter filhos? Quantos?
4. Vai ser feliz ou não?
5. Vai terminar os estudos ou não?

6. Vai trabalhar? Que tipo de trabalho?
7. Vai ter muito dinheiro ou não?
8. Onde vai viver?
9. Vai viajar ou não?
10. Vai ter problemas na vida ou não?

V. "OS DETETIVES TRAPALHÕES" — Imperativo II

─VÍDEO─

Observe nesta cena, o uso do imperativo.

In this scene, observe the use of the imperative.

Leonel: —— Psiu! não faz barulho.
—— Acende a luz.
—— Não! Apaga a luz!
—— Idiota! Não faz barulho.
—— Abre a janela.
—— Não, não, fecha a janela!
—— Silêncio! Passa a corda!
—— Dá o fora
—— Vigia a porta.
—— Levanta, camarada.
—— Passa a lupa.
—— Oh, não! Cata os cacos.
—— Fugir! Desaparecer! Evaporar!

Onofre —— Vê se você é mais rápido, homem!

Leonel —— Não seja cruel. Estou caído. 'Cê não

Leonel: Shhhh! Don't make noise.
Turn on the light.
No! Turn off the light.
Idiot! Don't make noise.
Open the window.
No! Close the window!
Silence! Hand me the rope.
Get out of here.
Watch the door.
Get up, guy.
Hand me the magnifying glass.
Oh, no! Pick up the broken glass.
Flee! Disappear! Evaporate!

Onofre: Hurry, man!

Leonel: Don't be cruel. I'm on the floor.
Can't you see?

está vendo?

Onofre —— Vai com calma! Tem caco de vidro no chão!

Leonel —— Eu já vi. Eu não sou cego.

Onofre: *Calm down. There are pieces of glass on the floor.*

Leonel: *I've seen it. I'm not blind.*

——————————————————— *PARE* ———————————————————

Another Imperative (Command) Form

In addition to the imperative we learned in Unit 2 (*fale, coma, decida,* etc.), another common way to make commands in Portuguese is to use the present tense verb form that goes with *você* without the subject pronoun: *Fala. Come. Decide.* Negative commands are made simply by using *não* before the verb and there is no plural.

This second command form (*fala, come, decide,* etc.), as seen in the repetition of our *detetives* skit above, is increasingly used by Brazilians in almost all informal speaking situations, often alternating with the first imperative, the one we have been using until now (e.g. *fale, coma, decida*). In informal speaking situations, the two imperatives are virtually interchangeable. In formal usage, however, the second (*fala, come*) form may be considered inappropriate. When in doubt, use the first command form we learned (*fale, coma*), but most of the commands you will hear in the videos and among Brazilians today are of the *fala, come* type.

Brazilians make wide use of alternatives to the imperative, for example, asking:

> *Você não quer abrir a porta?*
> *Como está quente aqui!*

for *Abra a porta!* or *Abre a porta!* Another alternative is one that we have already seen our detectives use:

> *Vê se você é mais rápido.*

for *Seja mais rápido.* Because what we are calling "Imperativo I" is preferred for formal or written texts, we shall continue to use it for the instructions in *Travessia*, but you should follow your instructor's lead in using the imperative forms.

" A geléia, por favor!"

VAMOS PRATICAR ———————————————————

A. Diálogos.

   1. Pela manhã.

Mãe	— Meu filho, levanta, já são horas.
Zezinho	— Horas de que, mãe? Preciso dormir mais.
Mãe	— Preguiçoso! O senhor não tem aula hoje?
Zezinho	— Hoje é domingo. Vai embora, mãe!

   2. Na casa da cartomante Berta

Berta	— Senta aí e fica tranqüila.
Inês	— Por favor, conta tudo sobre a minha vida.
Berta	— Tudo? Tenha paciência, pelo amor de Deus.
Inês	— Fala tudo sobre o Carlinhos. Eu preciso saber.
Berta	— Então me dá a mão e fica quietinha. Cala a boca. Eu vou falar.

B. Pedidos. Forme frases com o imperativo, como no exemplo.

   1. Telefonar hoje de noite   *Telefona hoje de noite!*
   2. Ficar aqui um pouco
   3. Ligar para o Roberto   7. Calar a boca
   4. Esperar uma hora   8. Dar o fora
   5. Falar com o seu pai   9. Parar de paquerar
   6. Não beber muito   10. Cuidado! Olhar o carro

VI. OS VERBOS **SABER**, **PODER**

SABER, 'to know'

EU	SEI	NÓS	SABEMOS
VOCÊ O SENHOR A SENHORA ELE ELA	SABE	VOCÊS OS SENHORES AS SENHORAS ELES ELAS	SABEM

PODER, 'to be able'

EU	POSSO	NÓS	PODEMOS
VOCÊ O SENHOR A SENHORA ELE ELA	PODE	VOCÊS OS SENHORES AS SENHORAS ELES ELAS	PODEM

These verbs present irregular forms in the present tense only in the first-person singular. The word *posso* is pronounced with open /ó/, as are *pode* and *podem*.

Both of these verbs may be followed directly by an infinitive. *Saber* + infinitive means 'to know how to — .' *Poder* + infinitive means 'to be able to — ', 'can — ,' and 'may — '.

The two verbs are frequently used in similar contexts, where English would use 'can.' They contrast in that *saber* usually expresses a learned ability, while *poder* is for physical or moral possibility. Thus, you would use *saber* in sentences such as these:

Eu **sei** falar português. *I can (know how to) speak Portuguese.*

Você **sabe** dirigir?   *Can you drive? (Do you know how to drive?) (That is, have you learned how?)*

Poder would be used like this:

Eu não **posso** falar porque estou doente.
    I can't talk because I'm sick.

Você não **pode** dirigir porque mamãe não deixa.
    You can't drive because Mom won't let you.

Saber when not followed by an infinitive carries other meanings of 'know,' to have knowledge of something:

Ele **sabe** meu nome.
Não **sei** se ele vai hoje.
Elas **sabem** que eu não vou telefonar amanhã.

Saber is not used for acquaintance, for knowing people, which is *conhecer*.

VAMOS PRATICAR

A. **Quem sabe falar**?

Eu	Nós	Meu vizinho	Meus colegas
Cozinhar	Cortar cabelo	Pintar	Consertar relógio
Tocar piano	Fazer feijoada	Andar a cavalo	Falar português
Organizar uma festa	Cuidar de crianças	Dirigir ônibus	Trabalhar com o computador

1. Quem sabe pintar?
2. Quem sabe trabalhar com o computador?
3. Quem sabe fazer feijoada?
4. Que línguas seus colegas sabem falar?
5. Você sabe cozinhar?

6. Que instrumento você sabe tocar?
7. Quem sabe dirigir ônibus?
8. Quem sabe cuidar de crianças?
9. Quem sabe consertar relógios?
10. Quem sabe andar a cavalo?

B. **O que estas pessoas podem fazer**? Complete com *poder*:

1. O policial — salvar muitas pessoas. *O policial pode salvar muitas pessoas.*
2. Os cientistas — ajudar muito a humanidade.
3. Nós — fazer cursos na faculdade.
4. Eu — falar alto.
5. Os engenheiros — construir edifícios enormes.
6. O juiz não — ser parcial.
7. Minha esposa e eu — ajudar nossos filhos.
8. Eu não — aceitar a violência.

C. **O que nós podemos fazer**?

1. O que os médicos podem fazer? *Os médicos podem tratar dos doentes.*
2. O que nós podemos aprender na faculdade?
3. O que você pode fazer no fim de semana?
4. Onde você pode comprar frutas?
5. Quem pode limpar seu quarto?
6. Onde as crianças podem brincar?
7. Quem pode cozinhar uma boa feijoada?
8. Quando você pode tirar férias?

D. **Saber ou poder?** Complete com *poder* ou *saber*.

    1. Por favor, eu — usar o telefone?

    2. Hoje eu não — fazer nada. Tenho muita dor de cabeça.

    3. Você — cozinhar com o micro-ondas?

    4. Elas — chegar amanhã, no trem das dez.

    5. Nossa filha não — escrever à máquina. Ela sempre usa lápis.

    6. Minha sogra — tocar piano.

    7. O José está? — falar com ele?

    8. Meu irmão não vai — ir amanhã porque ele tem um jogo.

E. **Diálogo**

Entrevistando um candidato

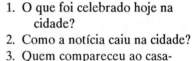

Sr. Moura	— Então o senhor sabe dirigir caminhão?
Pedro	— Sei, sim senhor. Eu sou um bom motorista. O senhor pode contar comigo.
Sr. Moura	— Ótimo! Tem muita experiência?
Pedro	— Tenho. Posso dar referências se o senhor quiser.
Sr. Moura	— Sei, sei, mas não precisa. O senhor pode fazer o teste hoje?
Pedro	— Pois não. Só que eu não tenho carteira de motorista.

F. **Você não pode!** Você é um jovem de 15 anos e não pode fazer muitas coisas (beber, ter um cartão de crédito, etc.) Diga cinco coisas que um rapaz ou uma moça de 15 anos não pode fazer.

VII. *O CASAMENTO DO DONALD!*

A PATADA

Patópolis, 1987

DONALD CASA COM MARGARIDA!

Celebrado hoje, na mais inusitada cerimônia já realizada na cidade, o casamento mais esperado dos últimos tempos. Trata-se do enlace matrimonial do famoso Pato Donald com sua não menos famosa namorada Margarida.

Mesmo assim, a notícia caiu como uma bomba sobre a cidade. Toda Patópolis compareceu a esse acontecimento.

A maior cerimônia já realizada nesta cidade.

1. O que foi celebrado hoje na cidade?
2. Como a notícia caiu na cidade?
3. Quem compareceu ao casamento?
4. Como é o nome da cidade?

VIII. "O RAPAZ INTROMETIDO" —Verbos em - er

---VÍDEO---

Rapaz — Esse selo **vale**?

Homem — Opa! Olha a fila!

Rapaz — Só **quero fazer** uma pergunta!

Homem — Você tem que esperar a sua vez.

Rapaz — Só um minutinho!

Homem — Você **tem** que **aprender** a esperar. Ninguém **vence** na vida com pressa!

Rapaz — Não **quero vencer**! Só **quero saber**.

Homem — **Saber** o quê?

Rapaz — Se este selo ainda **vale**.

Homem — Deixe-me **ver. Deveria valer**! Mas não **vale** mais. E isso é pra você **aprender** a não se **intrometer**, principalmente usando verbos terminando em -er.

Young man: *Is this stamp good?*

Man: *Hey, don't cut in line!*

Young man: *I just want to ask a question.*

Man: *You have to wait your turn.*

Young man: *Just a second!*

Man: *You have to learn to wait. No one succeeds in life by being in a hurry.*

Young man: *I don't want to succeed. I just want to know.*

Man: *Know what?*

Young man: *If this stamp is still good.*

Man: *Let me see. It should have been good, but it isn't any more. And this is to teach you not to butt in line, especially using verbs ending in -er.*

---PARE---

OBSERVE E RESPONDA

1. Onde estão o homem e o rapaz?
2. O que o rapaz dá ao homem?
3. Por que o homem rasga o selo?

4. Descreva o homem.
5. Descreva o rapaz.

VOCÊ ENTENDEU?

1. *Fila* é:
   a. pessoas esperando a sua vez
   b. um selo
   c. o correio

2. *Selo* é:
   a. uma coisa que você come
   b. uma coisa que você coloca no envelope
   c. uma coisa que você bebe

3. *Estar com pressa* é:
   a. ter muito tempo
   b. ter pouco tempo
   c. não fazer as coisas

4. *A sua vez* na fila do correio é:
   a. o seu selo
   b. quando você tem pressa
   c. o seu momento de comprar selo

5. O rapaz é *intrometido* porque:
   a. ele rasga o selo
   b. não espera a sua vez na fila
   c. espera a sua vez na fila

IX. CONSOANTES NASAIS

VÍDEO

Veja como pronunciamos as consoantes nasais, O /m/, o /n/ e o /nh/:

See how we pronounce the nasal consonants, /m/, /n/ and /nh/.

MAL MUDANÇA MORO	NÓ NU NOVO	PINHO SENHOR MINHA
AMA MAMÃE TEMO	ANA PENA FINO	LINHA FARINHA
TAMPA BOMBA BUMBA	SANTO TENTO MINTO	

PARE

Nasal Consonants

When followed by a vowel, /m/ and /n/ are pronounced essentially as in English: *m*oro, ca*m*a, *n*ora, a*n*o

When followed by a consonant they may disappear as distinct consonant sounds, leaving the preceding vowel strongly nasalized.

ta*m*pa, sa*n*to, pe*n*so, e*n*che

When the letter M appears at the end of a word it is *never* pronounced as an /m/ with the lips closed. Rather, it nasalizes the preceding vowel. (Where N occurs at the end of borrowed words, it does the same thing.)

be*m*, so*m*, Leblo*n*, Nelso*n*

The /*nh*/ sound occurs only between vowels. It resembles the n + y sequence in such English words as *onion* or *canyon*, but the /n/ and /y/ sounds are usually combined, producing a sort of nasalized /y/. As with the other nasal consonants, preceding vowels are also nasalized.

pi*nh*o, fari*nh*a, se*nh*or

BOA PRONÚNCIA É ESSENCIAL

/m/   *M*aria *m*ora em *M*inas Gerais.
O ho*m*em ta*m*bém tem u*m*a ca*m*a.
O ca*m*po é li*m*po e a*m*plo.

/n/   A mi*n*ha *n*ora e a mi*n*ha *n*eta residem *n*o *n*orte.
A*n*a re*n*ova a assi*n*atura a*n*ualme*n*te.
Be*n*to *n*u*n*ca me*n*te.

/nh/   Mi*nh*a cu*nh*ada toma ba*nh*o de ma*nh*ã.

X. PARABÉNS PRA VOCÊ!

Parabéns pra você,
Nesta data querida!
Muitas felicidades,
Muitos anos de vida!

TURMA DA MÔNICA/Maurício de Sousa

As festas de aniversário no Brasil são uma boa ocasião para reunir membros e amigos da família. Por isto, é comum estarem juntas nestas festas pessoas de todas as idades, desde as crianças até os mais velhos. São servidos doces e salgados, como pastéis, empadas, coxinhas de galinha e o tradicional bolo de aniversário. Na hora de cantar o "Parabéns pra você" as luzes são apagadas e o aniversariante sopra as velas no fim da canção. A forma de se cumprimentar o aniversariante é dizer "Meus parabéns, muitas felicidades", no momento em que se entrega o presente.

    1. Quem é convidado para as festas de aniversário?
    2. O que se serve nas festas de aniversário?
    3. Como se cumprimenta o aniversariante?
    4. Quais as comidas servidas?

XI. VERBOS <u>QUERER</u> E <u>VER</u>

QUERER, 'to want, love'

EU QUERO /é/	NÓS QUEREMOS /ê/
VOCÊ O SENHOR A SENHORA **QUER** /é/ ELE ELA	VOCÊS OS SENHORES AS SENHORAS **QUEREM** /é/ ELES ELAS

Eu quero dinheiro.   *I want money.*
Ela quer falar com você.   *She wants to speak to you.*

VER, 'to see'

EU **VEJO** /ê/	NÓS **VEMOS** /ê/
VOCÊ O SENHOR A SENHORA **VÊ** /ê/ ELE ELA	VOCÊS OS SENHORES AS SENHORAS **VÊEM** /ê/ ELES ELA

Eu vejo os carros na rua.   *I see the cars on the street.*
Nós vemos as pessoas passando. *We see the people passing by.*

VAMOS PRATICAR

A. **Presentes**. Responda às perguntas abaixo.

Ocasião	Eu	Laura e Sílvio	Maria Clara	Roberto e você
Natal	bicicleta	televisão a cores	calça azul	copos de cristal
Aniversário	computador	carro esporte	namorado	gato
Casamento	micro-ondas	lua de mel no Rio	casa chic	geladeira
Formatura da facul.	caneta de ouro	muito dinheiro	cavalo	umas férias

1. O que a Maria Clara quer de formatura?
2. O que você quer de casamento?
3. O que Roberto e você querem de formatura?
4. O que Laura e Sílvia querem de Natal?
5. Para quando você quer uma caneta de ouro?
6. Quem quer ganhar muito dinheiro?
7. O que a Maria Clara quer de aniversário?
8. Quem quer uma bicicleta de Natal?
9. Quem quer uma geladeira para o casamento?
10. O que a Laura e o Sílvio querem de aniversário?

B. **O que estas pessoas querem fazer**? Combine as colunas A e B usando o verbo *querer*.

1. O motorista
2. Meu professor de português
3. Os estudantes
4. A sogra e o sogro não
5. O advogado rico
6. Os jogadores de basquete
7. Os músicos
8. Eu e minha noiva

a. comprar uma casa grande
b. tirar notas boas
c. ganhar o jogo
d. morar com a filha
e. vender o caminhão
f. passar a lua de mel no Rio
g. encontrar alunos bons
h. tocar piano

C. **Diga**:

1. Três coisas que você quer fazer. *Eu quero nadar, comer e estudar.*
2. Três coisas que você quer de presente.
3. Três coisas que você vê na sala de aula.
4. Três coisas que você não quer.

D. **No Rio de Janeiro.** Olhe o mapa do Rio de Janeiro e forme frases usando o verbo *ver*.

Quando nós vamos ao Rio de Janeiro:

1. Eu — a Praia de Ipanema *Eu vejo a Praia de Ipanema*.
2. Raul — o Corcovado
3. Você — o Estádio do Maracanã
4. Raul e Helena — o Jóquei Clube
5. Isabel — a Ponte Rio—Niterói
6. Eu e você — a Praia de Copacabana
7. José e Roberto — a Lagoa
8. Nós — o Pão de Açúcar

E. Diálogos.

1. Namoro pelo telefone

Julieta	— Romeu, o que você vê da janela?
Romeu	— Eu posso ver o mar e o Cristo do Corcovado.
Julieta	— Que lindo! Romântico, não?
Romeu	— Não sei. Você não está aqui comigo.
Julieta	— Estou vendo você no seu cantinho com o seu violão.
Romeu	— Quero a vida sempre assim — nosso amor e uma canção.
Julieta	— E eu quero calma pra pensar e tempo pra sonhar.

2. Problemas de amor. Complete o diálogo usando os verbos *ver, poder, querer* ou *saber.*

Romeu	— Eu posso falar com o Dr. Calmante?
Secretária	— Sim, você — .
Dr. Calmante	— Boa tarde, Romeu. Você — esperar um momentinho?
Romeu	— Sim, doutor, Eu — .
Dr. Calmante	— Bem. Podemos falar agora. Qual é o seu problema?
Romeu	— É o amor. Eu não — explicar.
Dr. Calmante	— É. Eu estou vendo nos seus olhos. A Julieta não vê que você está amando?
Romeu	— Não. Ela não — .
Dr. Calmante	— Você não vê a Julieta todos os dias?
Romeu	— Não, eu não — .
Dr. Calmante	— Você pode falar para ela que você está amando?
Romeu	— Sim, eu — .
Dr. Calmante	— Vai, meu filho. Vai ver a sua Julieta.

PONTO DE ENCONTRO

Entrevista: Emprego num Restaurante.

1. Então, você quer um trabalho?
2. Que tipo de trabalho você quer?
3. Você sabe cozinhar?
4. Você sabe preparar comidas internacionais?
5. Você sabe servir mesa?
6. Você gosta de tratar com fregueses?
7. O que mais você sabe fazer?
8. Quantas horas você quer trabalhar por dia?
9. Quanto você quer ganhar?
10. Quando você quer começar?

XII. POSSESSIVOS

---VÍDEO---

Na língua portuguesa, os possessivos são utilizados da seguinte forma:

In Portuguese, the possessives are used in the following way:

MEU CARRO	*MY* CAR
MINHA MÃE	*MY* MOTHER
SEU CARRO	*YOUR* CAR
SUA MÃE	*YOUR* MOTHER
NOSSO CARRO	*OUR* CAR
NOSSA MÃE	*OUR* MOTHER
O CARRO *DELA*	*HER* CAR
A MÃE *DELE*	*HIS* MOTHER
O CARRO *DELES*	*THEIR* CAR
A MÃE *DELAS*	*THEIR* MOTHER
MEUS CARROS	*MY* CARS
NOSSAS MÃES	*OUR* MOTHERS
SUAS MÃES	*YOUR* MOTHERS
AS MÃES *DELES*	*THEIR* MOTHERS
OS CARROS *DELA*	*HER* CARS

---PARE---

The Possessives

The words *meu/minha*, *seu/sua*, and *nosso/nossa* mean 'my', 'your' and 'our'. They have masculine and feminine forms to agree with the *thing possessed*. It does not matter whether the possessor is masculine or feminine.

> Ex.: Eu gosto da **nossa** professora.   *I like our professor.*
> O **meu** carro é novo.   *My car is new.*
> As **suas** notas são ótimas.   *Your grades are great.*

The most commonly used alternative constructions for 'his,' 'her,' 'its', and 'their' are formed from the preposition *de* combined with the corresponding pronoun— *dele*, *dela*, *deles*, *delas* or by a noun object. This construction goes after the possessed noun, and agrees not with that noun, but rather with the *possessor*.[2]

a camisa **dele**	*his shirt*
o sapato **dela**	*her shoe*
os carros **dele**	*his cars*
a casa **deles**	*their house*
o carro **do João**	*John's car*
a mãe **das meninas**	*The girls' mother*

The definite article (*o, a, os, as*) may be used optionally before the possessive adjective, with no change in meaning:

o meu carro	*my car*	**o** seu amigo	*your friend*
meu carro	*my car*	seu amigo	*your friend*

The possessive forms may be used without an accompanying noun.

Aqui está o seu carro. Onde está **o meu**?
Here is your car. Where is mine?
Tenho aqui o meu livro e também **o dela**.
I have my book here and hers too.
Esse é o meu jornal e aquele é **o seu**.
This is my paper and that one is yours.

VAMOS PRATICAR

A. **O Retrato da minha família.** Indique os membros da sua família usando *meu, seu, dele, nosso,* etc.

PAI	MÃE	IRMÃOS	IRMÃS	AVÓS
Dr. Alfredo	D. Rosa	Luís e	Laura e	Sr. e Srª
Sampaio		Sérgio	Márcia	Barros

---

[2]*Teu, tua* for 'your' may be used in some parts of Brazil in informal speech as in the skit on p. 148. *Seu, sua* for 'his, her, its, their' is now common only in formal written texts, and should be avoided in speech. Instead use the *dele, dela, deles, delas* form.

IRMÃ
Helena
Sampaio
Gonçalves

CUNHADO
Carlos
Gonçalves

SOBRINHOS
Tânia   Renato

GATINHO
Tubarão

1. Quem é o Dr. Alfredo?   *O Dr. Alfredo é o meu pai.*

2. Qual é o sobrenome do seu pai?   8. O que o Carlos é da Helena?
3. Quem são o Renato e o Sérgio?   9. O que o Carlos é da Tânia e do Renato?
4. O que a Dona Rosa é do Dr. Alfredo?   10. Quem são seus sobrinhos?
5. Quem são a Laura e a Márcia?   11. De quem é o gatinho?
6. Quem são o Sr. e a Sra. Barros?   12. Como é o nome dele?
7. A Helena é sua irmã?

B. **De quem são estas coisas?**

eu	o livro	os cadernos	as chaves
você	a casa	os óculos	o anel
ele	o carro	as camisas	a caneta
ela	o apartamento	as blusas	os sapatos
eu e você	a televisão	os computadores	o cachorro
ele e ela	o dicionário	as bicicletas	os violões

1. *De quem é o cachorro?*   *É nosso.*
2. O dicionário é meu?
3. De quem é o livro?   8. De quem são as chaves?
4. De quem são os óculos?   9. O apartamento é nosso?
5. Os computadores são dele?   10. De quem é a televisão?
6. As camisas são minhas?   11. As bicicletas são nossas ou ⸳uas?
7. De quem são os violões?   12. Os cadernos são meus ou dela?

PONTO DE ENCONTRO

A. **Descreva como um colega seu está vestido hoje.**

Ex.: *A camisa dele é azul. A calça dela é branca, etc.*

B. **Descreva-se para um colega.**

Ex: *Meus olhos são verdes. Minhas mãos são pequenas, etc.*

C. **Entrevista para ser sócio do Iate Clube.**

1. Qual é o seu nome?
2. Qual é o seu endereço?
3. Quantas pessoas há na sua família?
4. Qual a idade delas?
5. Que tipo de esporte você e sua família praticam?
6. De que outras atividades você e sua família gostam?

XIII. "O AMOR NÃO É TUDO" — *Possessivos*

VÍDEO

Ele —— Né, benzinho, **nosso** apartamento vai ficar lindo.

Ela —— É, vai ter o **nosso** sofá, as **nossas** cortinas, as **nossas** panelinhas, cheias de florezinhas.

Ele —— Lá nós vamos poder criar **nossos** filhos.

Ela —— Nosso futuro vai ser lindo!

Ele —— O nosso futuro, o **meu** e o **seu**.

Ela —— É, o **meu**, o **seu** e o da mamãe.

Ele —— O quê?

Ela —— É, o **meu** futuro, **o teu** futuro e **o da mamãe**.

Ele —— Mas o que é que **a tua mãe** tem a ver com o **nosso** futuro?

He: *Honey, our apartment is going to be beautiful, isn't it?*

She: *Yes, it's going to have our sofa, our curtains, our little pots, full of little flowers.*

He: *We're going to be able to raise our children there.*

She: *Our future is going to be beautiful!*

He: *Our future, mine and yours.*

She: *Yes, mine, yours, and mother's.*

He: *What?*

She: *Yes, my future, your future and mother's.*

He: *But what does your mother have to do with our future?*

Ela — Ah, **meu** amor, a mamãe não pode ficar sozinha. E a mamãe é **a minha** vida.

Ele — Mas como? Por que você não me falou nisso?

Ela — Ah, bem! Tava preparando uma surpresa pra você.

Ele — Surpresa? Mas que espécie de surpresa é essa? Ora!³

Ela — Vai dizer que cê não tá gostando?

Ele — Ora, faça o favor!

Ela — Como você é indelicado!

Ele — Ora, pelo amor de Deus.⁴ A gente passa tanto tempo namorando no portão, de mão dada, tanta proibição, e agora que a gente pode ficar tranqüilo, você quer que **a tua** mãe vá junto. Ora essa!

Ela — Você não passa mesmo de um grosso! Você é um aproveitador! E quer saber de uma coisa? Tome esse **seu** anel bobo. E não adianta implorar que eu não quero mais saber de você.

Ele — Só isso? E os presentes que eu te dei?

Ela — Que presentes?

Ele — Esse gravador? Esse gravador é **meu**!

Ela — Não, é **meu**! Foi a mamãe que me deu.

She: But, my love... Mother can't stay all alone. And Mother is my life.

He: What do you mean? Why didn't you tell me about that before?

She: Ah, love, I was preparing a surprise for you.

He: Surprise? What kind of surprise is that, huh?

She: I suppose you're going to tell me that you don't like it?
He: Come on, give me a break!

She: You are really impolite!

He: Come on, after so much time spent holding hands in the doorway, with so many restrictions, now that we can relax, you want your mother together with us. That's a good one!

She: You're really rude! You just use people! And you want to know what else? Take your stupid ring! And don't try to beg because I've had it with you!

He: That's it? And the presents I gave you?

She: What presents?

He: That tape recorder? That tape recorder is mine!

She: No, it's mine! Mother gave it to me.

---

³*Ora*!: *Ora* and *ora, essa* (translated as 'come on') are expressions of exasperation, which can be translated in various ways.

⁴*Pelo amor de Deus*!: Portuguese speakers frequently invoke saints' names and names of the Holy Family (God, Mary and Jesus, for example), with no sense of blasphemy.

Ele —— Que **sua** mãe, que nada, eu que te dei no dia dos namorados. Esse colar! Esse colar é **meu**!

Ela —— É **meu**! É **meu**!

Ele —— É **meu**!

He: *Your mother, my foot! I gave it to you on Valentine's Day. The necklace! That necklace is mine!*

She: *It's mine! It's mine!*

He: *It's mine!*

———————— PARE ————————

OBSERVE E RESPONDA

1. Onde o casal de noivos está?
2. Descreva o lugar.
3. O que ela tem no cabelo?
4. O que ele tem no braço?

6. O que ela tenta tirar do pescoço dele?
5. Que roupas eles estão usando?
7. O que ele tenta tirar do pescoço dela?
8. O que ela devolve para ele?

VOCÊ ENTENDEU?

1. Procure no texto as duas expressões de tratamento que indicam carinho.
2. Complete: O apartamento deles vai ter sofá, ——, —— .
3. Que surpresa ela tem para ele?
4. O que eles vão poder criar no apartamento?
5. "Ora, faça o favor" indica que o noivo:
   a) está feliz com a surpresa b) não está feliz com a surpresa
6. A noiva usa as seguintes palavras para descrever a atitude do noivo:
   a) indelicado, b) —— , c) —— .
7. Os noivos passam o tempo —— .
8. Os noivos namoram de mão —— .
9. A expressão "ir junto" significa
   a) ir com uma pessoa   b) ir sozinho
10. A noiva recebe do noivo os seguintes presentes:
    a) anel, b) —— , c) —— .

"Este é o dia que você queria sair mais cedo?"

VOCABULÁRIO

Substantivos

aniversário, *m.*	*birthday*		
árvore, *f.*	*tree*	formatura, *f.*	*graduation*
barulho, *m.*	*noise*	igreja, *f.* /ê/	*church*
bola, *f.* /ó/	*ball*	ligação, *f.*	*connection, call*
cachorro /-a /ô/	*dog*	mercado, *m.*	*market*
caminhão, *m.*	*truck*	Natal, *m.*	*Christmas*
casamento, *m.*	*marriage, wedding*	noivo /-a	*groom /bride;*
cavalo, *m.*	*horse*		*fiancé(e)*
chamada, *f.*	*call*	pressa, *f.* /é/	*hurry, rush*
chave, *f.*	*key*	recado. *m.*	*message*
correio, *m.*	*mail, post office*	relógio, *m.*	*clock, watch*
curso, *m.*	*course, academic major,*	selo, *m.* /ê/	*stamp, seal*
férias, *f. pl.*	*vacation, holidays*	surpresa, *f.* /ê/	*surprise*
ficha, *f.*	*token, index card*	telefonema, *m.*	*phone call*
fila, *f.*	*line, queue, row*	telefonista, *m.* or *f.*	*telephone*
flor, *f.* /ô/	*flower*		*operator*
		vez, *f.* /ê/	*time, turn*
		vida, *f.*	*life*

Verbos

casar	*marry, get married*	machucar (-que)	*hurt*
chamar	*call*	morrer $-^2$	*die*
cobrar $-^1$	*collect, charge*	namorar $-^1$	*court, get serious, go*
começar $-^1$	*begin, commence, start*		*steady*
consertar $-^1$	*fix, repair*	pegar (-gue) $-^1$	*grab, hold, get*
contar	*tell, count*	precisar	*need*
contar com	*count on, depend on*	quebrar $-^1$	*break, shatter*
cortar $-^1$	*cut*	significar (-que)	*mean, signify*
deixar	*leave, let, allow*	tentar	*try, attempt, tempt*
desligar (-gue)	*disconnect, hang up,*	tirar	*take (férias, fotos), take*
	turn off		*out, remove*
discar (-que)	*dial*	tocar (telefone)	*ring*
estabelecer (-ça) $-^2$	*establish, found*	viajar	*travel, go on a trip, go*
ganhar	*earn, win, gain, be given*		*away*
ligar (-gue)	*connect, link,*		
	phone, ring up		

Adjetivos

cego /é/	blind	próximo /s/	next
cheio	full	sério	serious, grave
cruel	cruel	vivo	alive
preguiçoso /ô~ó/	lazy		

Outras Palavras

fora /ó/	outside
dar o fora	get out, get away

PARTE II

I. "O SEU NOME REVELA O FUTURO PRÓXIMO"

O seu nome revela o futuro próximo...

Eis aqui mais uma possibilidade de desvendar algo sobre o próprio futuro. A regra do jogo é fácil, bem simples e fique sabendo que até horoscopistas famosos no mundo inteiro a usam. Bem, você poderá conhecer algo do seu futuro imediato por intermédio do seu nome e, é claro, poderá tornar-se importante aos olhos de suas amizades, descobrindo o que vai acontecer com elas, logo, logo. Veja como é fácil:
Conte as letras de seu nome. Por exemplo, Maria = 5 letras; Luciana = 7 letras; Martinha = 8 letras. . .
Você olha para a tabela mágica, que se encontra na página ao lado, na qual encontra um número e uma letra em cada casa. Seguindo a ordem das casas, da esquerda para a direita, até o fim da tabela, marque com um lápis a letra que corresponde ao seu número chave — quer dizer, o número de letras do seu nome — e vá anotando a letra num papel. Você obterá uma frase relacionada com seu futuro próximo. Se seu nome tiver um número maior do que 8 letras, digamos 9, 10, como Clementina, por exemplo, ou se for um nome composto como Maria Luísa, some as letras e acrescente sempre o numero 4. Por exemplo: 11 mais 4 = 15. Então, some 1 e 5 = 6. Assim, se você se chama Maria Luísa, seu número chave, para conhecer o futuro imediato, é o 6.

3	7	6	4	8	3	8	8	8
M	C	P	B	P	U	E	N	S
8	3	8	8	3	4	6	7	3
E	I	N	O	T	O	O	U	A
8	6	7	3	8	5	4	7	4
S	U	I	S	O	S	M	D	P
3	6	4	8	7	3	8	7	6
O	P	E	U	E	R	T	D	E
8	3	5	7	3	4	8	7	4
R	T	E	E	E	R	O	S	I
8	4	8	6	8	8	4	5	6
S	O	T	S	A	M	D	J	E
7	8	3	4	5	6	7	3	4
U	B	N	O	A	U	A	O	P
6	5	8	4	7	8	5	4	6
D	P	E	A	S	M	R	R	I
7	3	6	7	4	5	3	4	6
A	A	N	U	A	U	M	V	H
5	6	4	3	5	4	7	6	6
D	E	I	O	E	A	D	I	R
4	5	7	6	4	5	5	3	4
J	N	E	O	A	T	E	R	R

1. Dois adjetivos que caracterizam a regra do jogo são:
   a) —; b) —
2. Esse artigo diz que você poderá conhecer algo do seu futuro imediato por intermédio
   a) do horóscopo
   b) do seu nome
   c) da bola de cristal
3. Quais são as regras do jogo? Complete:
   a) conte as letras do seu nome; b) —; c) —; d) —
4. O que você obterá depois de seguir as regras do jogo?
5. O que você tem que fazer se o seu nome tiver mais do que 8 letras?
   a) —; b) —
6. Procure o seu número chave e conheça algo sobre o seu futuro imediato.

II. FAZER, DIZER, TRAZER

FAZER, 'to do, make'

EU	FAÇO	NÓS	FAZEMOS
VOCÊ O SENHOR A SENHORA ELE ELA	FAZ	VOCÊS OS SENHORES AS SENHORAS ELES ELAS	FAZEM

DIZER, 'to say, tell'

EU	DIGO	NÓS	DIZEMOS
VOCÊ O SENHOR A SENHORA ELE ELA	DIZ	VOCÊS OS SENHORES AS SENHORAS ELES ELAS	DIZEM

TRAZER, 'to bring'

EU	TRAGO	NÓS	TRAZEMOS
VOCÊ O SENHOR A SENHORA ELE ELA	TRAZ	VOCÊS OS SENHORES AS SENHORAS ELES ELAS	TRAZEM

The meaning of *fazer* must be concluded from context, since it can mean either 'make' (that is, produce something) and 'do' (be occupied, engage in some activity).

Eu **faço** o café.	*I make the coffee.*
Ele **faz** a limpeza da casa.	*He does the house cleaning.*

VAMOS PRATICAR

1.
   A — Você pode me fazer um favor?
   B — Pois não. Eu faço questão de ajudar.

2.
   A — O que vocês fazem de noite?
   B — Nós fazemos fofoca.

3.
   A — Como está o clima?
   B — Está fazendo muito frio em São Paulo, mas em Recife está fazendo calor.

B. **Conversinhas.**

1.
   A — Quem faz a limpeza do seu quarto?
   B —

2.
   A — O que você e seus amigos fazem de noite?
   B —

3.
   A —
   B — Eu faço anos amanhã.

4.
   A — Quantos anos você tem?
   B — Tenho vinte anos.
   A — Quando você faz anos?
   B — No mês que vem, faço vinte e um.

5.
   A — Quem faz a comida na sua casa?
   B — Eu faço o café da manhã, meu irmão faz o almoço e meus pais fazem o jantar.
   A — O que a empregada faz?
   B — Ela faz a limpeza da casa.
   A — E as crianças, o que fazem?
   B — Elas não fazem nada. Só fazem barulho.

4.
   A —
   B — Não estou fazendo nada.

5.
   A — Você pode me fazer um favor?
   B —

"É uma alegria quando a gente encontra o que está procurando, né?"

C. **Coisas que Incomodam.** Quem faz estas coisas?

1. Gente que faz perguntas demais. *Meu irmão faz perguntas demais.*
2. Pessoas que fazem tudo errado.
3. Pessoas indiferentes que sempre dizem "não faz diferença".
4. Gente que faz muito barulho.
5. Pessoas que fazem confusão.
6. Gente que faz fofoca.
7. Pessoas que dizem: "Faça o favor de calar a boca".
8. Gente que faz bagunça.

D. **O que dizemos?** Complete com o verbo *dizer*.

1. De manhã eu — "Bom dia!" *De manhã eu digo "Bom dia".*
2. De tarde o professor — "Boa tarde."
3. De noite meus amigos — "Boa noite."
4. Eu — para o meu namorado "Benzinho."
5. No aniversário do professor nós — "Parabéns para você"
6. Quando o dia está frio os meus pais — "Que frio!"
7. Quando o telefone toca a mamãe — "Atende o telefone!"
8. Quando as crianças querem comer elas — "Temos fome."
9. Quando a vovó pensa no passado ela — "Que saudades!"
10. Eu e os meus irmãos — para o papai todas as manhãs "Boa sorte".

E. **Quem da sua família e dos seus amigos ....**

1. diz mentiras?   *O Joãozinho diz mentiras.*
2. diz coisas interessantes?
3. sempre diz a verdade?   6. diz coisas negativas?
4. diz coisas engraçadas?   7. não diz nada?
5. diz coisas positivas?   8. nunca diz a verdade?

F. **Falando sobre pessoas.** O que você diz sobre...

1. sua mãe? —   *Eu digo que ela é muito simpática.*
2. seu/sua namorado/a? —
3. seu pai? —   6. seu vizinho? —
4. o professor? —   7. seu médico? —
5. sua melhor amiga? —   8. seu psiquiatra? —

G. **A festa do João.** O que trazemos?

1. Raul -- os pratos   *Raul traz os pratos.*
2. Os vizinhos -- os discos
3. Eu -- o som   6. D. Luisa -- os talheres
4. Roberto -- os guardanapos   7. Rosa e Anita -- as comidas
5. Marcelo e Helena -- as bebidas   8. O Dr. Arnaldo -- os copos

H. Pedindo Informações. Fale para os colegas o seguinte:

1. Três coisas que você vê na sala de aula.   *Eu vejo o quadro, um lápis e o professor.*
2. Três coisas que você quer no seu aniversário.
3. Três coisas que você sabe fazer.
4. Três coisas que você não pode fazer.
5. Três coisas que você faz na universidade.
6. Três coisas que você traz para a sala de aula.
7. Três coisas que os seus pais sempre dizem para você.

I. Diálogos.

1.

    A — Você vai trazer os seus amigos para a festa?
    B — Sim. Eu trago a Rosa, o Roberto, a Anita e o Jorge.
    A — Não traga o Jorge. Ele é um chato!

2.

    A — Veja! A Luisa está trazendo uma pizza!
    B — Puxa! Que bom. Estou morrendo de fome.
    A — Amanhã é a minha vez. Eu vou trazer sanduiches.

3.

    A — O jornal traz a notícia do casamento do Manuel.
    B — Ah, é? Traz o jornal aqui. Eu quero ver.
    A — Aqui está. Olha só. A noiva está bonita!
    B — E olha o Manuel. Está feliz da vida!

J. Conversinhas. Complete os diálogos.

1.
    A — Que tipo de comida você vai trazer?
    B —

2.
    A — O que o Jorge está trazendo para o
        almoço?
    B —

3.
    A — Você traz as frutas para a salada?
    B —

III. MESES E DATAS

The months of the year are these, written without capital:

janeiro	maio	setembro
fevereiro	junho	outubro
março	julho	novembro
abril	agosto	dezembro

There are several ways of expressing dates, all of which state the day, month, year in that order. In dates expressed as numerals, the day and month are reversed from their usual position in English.

a) abbreviated form:

2-12-88 or *2/12/88*   'December 2, 1988'

b) longer form:

2 de dezembro de 1988

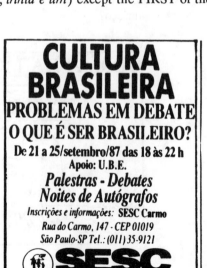

c) within a sentence:

Meu aniversário é no dia 2 de dezembro.
Eu nasci no dia 2 de dezembro de 1969.
O dia de São João é dia 24 de junho.

d) period of time:

Milton Nascimento vai dar um show de 15 a 20 de março.
Vamos estar em São Paulo de 5 a 7 de novembro.

e) All dates are cardinal numbers (*dois, dez, vinte, trinta e um*) except the FIRST of the month, which is *primeiro* (1º):

1º de dezembro
no dia primeiro de abril
de 1º a 10 de agosto

VAMOS NOS COMUNICAR

A. Palavra-Puxa-Palavra

o aniversário
o aniversário de casamento
as férias
os feriados
o dia feriado

o fim de semana
o fim de ano

de manhã — pela manhã
de noite -- à noite
de tarde -- à tarde

hoje de manhã
amanhã à tarde
ontem à noite

celebrar -[1]
comemorar -[1]
passar

antes de
depois de
todos os dias

ontem
 hoje
amanhã
anteontem
depois de amanhã

B. O Aniversário. Em que mês é o aniversário dessas pessoas?

1. Carlos — julho   *O aniversário do Carlos é em julho.*
2. meu pai — fevereiro
3. o professor — janeiro
4. o meu — maio
5. Carmem — março
6. meu primo — dezembro
7. minha irmã — outubro

8. Roberto — abril
9. Jorge — junho
10. Ana Maria — setembro
11. minha avó — agosto
12. meu avô — novembro

C. Quando é o...?

1. Dia dos Namorados ?— 12 de junho
2. Dia de Natal? — 25 de dezembro
3. Dia do Trabalho? — 1º de maio
4. Dia da Independência do Brasil? — 7 de setembro
5. Dia de Santo Antônio? — 13 de junho
6. Dia da Mentira? — 1º de abril
7. Dia do Descobrimento do Brasil? — 21 de abril

O dia dos Namorados é dia 12 de junho.

D. **Pessoas e datas.** Use o calendário para descobrir a data exata do aniversário de cada uma das 12 pessoas:

C ALENDÁRIO

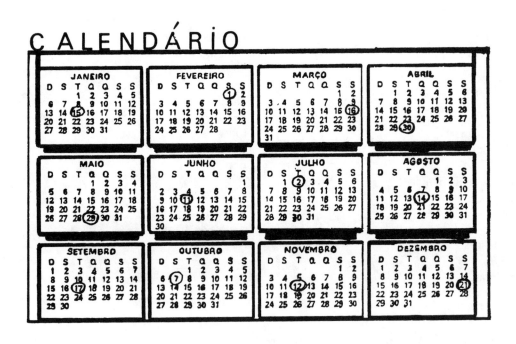

1. janeiro — Carlos   *O aniversário do Carlos é no dia quinze de janeiro.*

2. fevereiro — Marisa
3. março — meu pai
4. abril — o professor
5. maio — eu
6. junho — Jorge
7. julho — minha mãe

8. agosto — José Maria
9. setembro — Tânia
10. outubro — Dr. Albuquerque
11. novembro — Dona Elisa
12. dezembro — meu cunhado

E. **Quando?** Pense nas atividades abaixo. Faça frases com as expressões de tempo sugeridas: *hoje à tarde, todos os dias, amanhã de manhã, antes do jantar, depois de tomar o café da manhã, à noite, todas as semanas,* etc.

1. Eu jogo futebol... *Eu jogo futebol todos os dias.*
2. Eu telefono para a minha (o meu) namorada(o)
3. Eu vou fazer compras
4. Eu vou visitar os meus pais
5. Minha mãe assiste televisão...
6. Eu e meus amigos corremos
7. Nós comemos pizza..

8. A minha família escreve para mim...
9. Eu acordo...
10. Eu bebo com meus colegas...
11. Eu tomo banho...
12. Eu vou para o cinema...

F. Diálogo

Feriados

A — Amanhã não tem aula.
B — Por quê? O professor está doente?
A — Não. Amanhã é feriado.
B — Ah, eu sei! É o dia da Independência do Brasil.

G. Os Signos Zodiacais. Quais as datas para cada signo?

1. Aquário: de 21 de janeiro a 19 de fevereiro
2. Peixes:
3. Áries:
4. Touro:
5. Gêmeos:
6. Câncer:
7. Leão:
8. Virgem:
9. Libra:
10. Sagitário
11. Escorpião:
12. Capricórnio:

 TOURO   21/4 a 20/5

 GÊMEOS
21/5 a 20/6    CÂNCER
21/6 a 21/7    LEÃO
22/7 a 22/8

 VIRGEM
23/8 a 22/9    LIBRA
23/9 a 22/10   ESCORPIÃO
23/10 a 21/11

 SAGITÁRIO
22/11 a 21/12   CAPRICÓRNIO
22/12 a 20/1    PEIXES
20/2 a 20/3   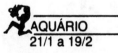 AQUÁRIO
21/1 a 19/2   ÁRIES
21/3 a 20/4

PONTO DE ENCONTRO

Entrevista. Troque informações com um colega sobre as questões abaixo.

1. O mês do aniversário?
2. A data do aniversário?
3. O signo zodiacal?
4. Onde vai passar as férias?
5. O mês favorito?
6. O feriado favorito?
7. O dia favorito da semana?
8. A data da formatura?

Você conhece estas datas?

14 de Setembro: Dia da Cruz
17 de Setembro: Dia da Compreensão Mundial
18 de Setembro: Dia dos Símbolos
19 de Setembro: Dia de São Genaro
Dia do Teatro

(Fonte: Anuário Brasileiro de Propaganda 86/87; Ed. Meio & Mensagem)

IV. NO CORREIO

— VÍDEO —

Homem —— Por favor, eu gostaria de mandar esta carta para o Rio de Janeiro. O que *tenho* de fazer?

Funcionário —— É comum ou registrada?

Homem —— *Tem* diferença?

Funcionário —— A simples é mais barata. A registrada custa mais mas é mais segura.

Homem —— Qual demora menos para chegar?

Funcionário —— A simples.

Homem —— Onde eu compro selo?

Funcionário —— Aqui ao lado. Depois você coloca a carta naquela caixa.

Homem —— Tá legal. Obrigado. Tchau.

Man: *I would like to send this letter to Rio de Janeiro. What do I have to do?*

Clerk: *Is it regular or registered?*

Man: *Is there a difference?*

Clerk: *Regular is cheaper. Registered costs more but it is safer.*

Man: *Which takes less time to get there?*

Clerk: *Regular.*

Man: *Where do I buy stamps?*

Clerk: *At the next window. Then you put the letter in that box.*

Man: *Great. Thanks. See you later.*

(BIS)

— PARE —

OBSERVE E RESPONDA

1. Com quem o homem está falando?
2. O que ele tem na mão?
3. O funcionário está de pé ou sentado?
4. Ele está atrás do balcão ou na frente do balcão?
5. Descreva o homem.
6. Descreva o funcionário.

VAMOS NOS COMUNICAR

A. Palavra-Puxa-Palavra

Substantivos

o correio	a carta	o remetente	a data
o funcionário	o selo /ê/	o destinatário	a assinatura
o carteiro	o envelope /ó/	o endereço	o telegrama

Verbos

colocar _[1]	entrar	pagar (-gue)	mandar
pesar _[1]			enviar

Expressões

Carta simples	a caixa postal	o cartão-postal
registrada		/de Natal
CEP (Código de Endereçamento Postal)		/de aniversário

B. Quem? Onde? O quê?

1. Quem entrega a correspondência?
2. A pessoa que escreve a carta é o --
3. O que é preciso pôr no envelope?
4. O que é o CEP?
5. Onde você coloca a carta?
6. Você vai ao correio para:
   a. — b. — c. —
7. Que informações o endereço precisa ter?

C. Diálogo. Eu não tenho o CEP!

Vanda — Vou escrever uma carta para o Roberto.
Marcelo — Você tem o endereço dele?
Vanda — Tenho, mas não tenho o CEP.
Marcelo — Procure o CEP no correio.
Vanda — Tem caixa de correio perto daqui?
Marcelo — Tem uma na esquina.
Vanda — A carta registrada é cara?
Marcelo — Não sei. A simples é Cz$ 30,00.

D. Procurando um Amigo. Leia a carta e responda.

> Recife, 21 de maio de 1988
>
> Cara Ana Maria,
>
> Meu nome é Alberto. Eu tenho 19 anos e sou solteiro. Sou de Recife. Eu estudo engenharia na Universidade Federal de Pernambuco. Recife é uma cidade bonita, com muitas praias. Gosto de cinema e música romântica. Quero receber carta sua.
>
> Abraços do Alberto

1. Quem escreve a carta (*remetente*)?
2. Para quem é a carta (*destinatário*)?
3. Qual é a data da carta?
4. De onde é Alberto?

5. Quantos anos ele tem?
6. Onde é que ele estuda?
7. De que Alberto gosta?
8. Como Alberto termina a carta?

E. O Envelope. Observe o envelope e responda às perguntas:

1. Para quem é a carta?
2. O que tem no canto direito do envelope?
3. Qual é o endereço do José Júlio?
4. Em que bairro ele mora?
5. Em que cidade e estado ele mora?

6. Qual é o CEP de Recife, Pernambuco?
7. Quem é o remetente?
8. Onde mora o remetente?
9. Qual é o CEP de Fortaleza, Ceará?

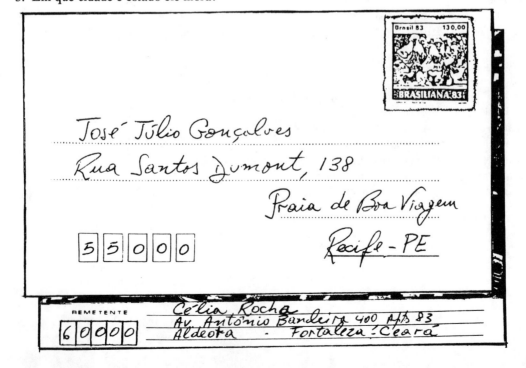

EMPRESA BRASILEIRA DE CORREIOS E TELÉGRAFOS

RECIBO DO TELEGRAMA ABAIXO DISCRIMINADO

D E S T I N O	Espaço reservado a autenticação mecânica
Será preenchida pelo expedidor	

E C T HORA DA TRANSMISSÃO INICIAIS DO OPERADOR	Espaço reservado a autenticação mecânica

INDICAÇÕES DE SERVIÇOS TAXADOS	

TEXTO E ASSINATURA — ENDEREÇO

DESTINATÁRIO: _José Carneiro_

Av. Tocantins 1835   Apto. 807   _Setor Oeste_
(Rua, Av., etc.)   (Bairro)

CIDADE: _Goiânia_   ESTADO: _GO_
(ou nome da estação móvel, no radiograma)   (ou nome da estação terrestre, no radiograma)

Parabéns aniversário

muitas felicidades

Abraços

Tio Celso

Celso Martins   _238-5469_
NOME DO EXPEDIDOR   TELEFONE

Rua 1 de Setembro   Paranaguá   Curitiba
Rua   Bairro   Cidade

7530 - 007 - 0051   162 x 229 mm

F. **Os Carteiros.** Leia o texto sobre os carteiros e responda às perguntas abaixo.

1. O que os carteiros encurtam?
2. Quem eles aproximam?
3. O que eles provocam?
4. De quem eles matam as saudades?
5. De quem eles anunciam a chegada?

6. O que mais os carteiros fazem?
7. Para onde eles levam mensagens o ano inteiro?
8. O que eles merecem receber no dia 25 de janeiro?
9. Qual é o dia nacional dos carteiros?

Aos homens que realmente dão as cartas neste país:

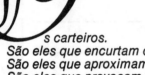

s carteiros.
São eles que encurtam distâncias.
São eles que aproximam as pessoas.
São eles que provocam reencontros de namorados.
São eles que matam saudades de quem está longe.
São eles que anunciam a chegada do herdeiro..
São eles que levam a convocação para o novo emprego.
São eles que trazem os telegramas de parabéns.
São eles que entregam a correspondência das empresas, bancos e órgãos oficiais, movimentando todo um país.
São eles que dão as cartas.
E não só cartas: também revistas, produtos, serviços e tudo o que a Editora Abril oferece de bom a milhares de pessoas pelo Correio.
O ano inteiro eles levam mensagens, para cima e para baixo, por esse Brasil afora.
No dia 25 de janeiro são eles que merecem receber a nossa mensagem: parabéns e muito obrigado.

25 de janeiro
Dia Nacional
do Carteiro
Homenagem
da Editora Abril

Nota cultural:

"Dar as cartas" is an expression used in card playing for dealing the cards. Metaphorically, the dealer determines the fate of the players in a game. The word play in this announcment implies that the mailman determines the fate of the country because he puts the people in touch with one another.

V. CONSOANTES LATERAIS

---VÍDEO---

Veja quais são, em português, as consoantes laterais, e como elas são pronunciadas.

See which are the lateral consonants in Portuguese, and how they are pronounced.

L	LUA LI LÊ ALI FULÓ
L pós-vocálico	FALTA FILME DELTA ALTO MALVADO MIL MAL TAL PAPEL FÁCIL BARRIL
LH	LHE LHES LHO ALHO BUGALHO FILHO MULHER COLHER FALHAR MILHÕES BILHÕES TRILHÕES

---PARE---

Lateral Consonants

/l/   /l/ before a vowel is pronounced much as in English and other languages.

/-l/   At the end of a word or before a consonant, it sounds like a /u/ or /w/ sound, so that most Brazilians do not distinguish clearly between pairs of words like these:

alto	~	auto
mal	~	mau

/lh/   This sound is similar to the "ly" sound of English words like *William* or *failure*. It is distinct from /i/. Compare:

pilha	pia
malha	maia
filho	fio
calho	caio

BOA PRONÚNCIA É ESSENCIAL

1. /l/   A *l*ua está *l*inda.
   A *L*úcia *l*ê o *l*ivro.
   A*l*i está a Maria Fu*l*ô.

2. /-l/   Eu vi o fi*l*me do A*l*berto Limonta.
   Almir é ca*l*vo e a*l*to.
   É agradáve*l* ver o carnava*l* do Brasi*l*.

3. /lh/   Eu *lh*e dou um beijo na I*lh*a de Paquetá.
   A mu*lh*er do meu fi*lh*o não traba*lh*a.
   A blusa de ma*lh*a custa mi*lh*ões.
   Entre marido e mu*lh*er ninguém mete a co*lh*er.
   Não confunda a*lh*o com buga*lh*os.

VI. "CONVERSA DE BOTEQUIM", MOREIRA DA SILVA,

——————————————— VÍDEO ———————————————

Seu garçom, faça o favor de me trazer *depressa*	*quickly*
Uma *boa média* que não seja *requentada*	*coffee with milk, bread, butter;*
Um pão bem quente com manteiga *à beça*	*reheated; a lot of*
Um guardanapo e um copo d'água *bem gelada*	*very cold*
Feche a porta da direita com *muito cuidado*	*very carefully*
Que *não estou disposto a* ficar exposto ao sol	*I don't feel like, not in the mood*
Vá perguntar ao *freguês* do lado	*customer*
Qual foi o resultado do futebol	
Se você ficar limpando a mesa	
Não me levanto nem pago a *despesa*	*expense (bill)*
Vá pedir ao seu *patrão*	*boss*
Uma caneta, um *tinteiro*, um envelope e um cartão.	*inkwell*
Não se *esqueça* de me dar *palito*	*forget; toothpick*
E um *cigarro* pra *espantar* mosquito	*cigarette; frighten*
Vá dizer ao *charuteiro*	*cigarman*
Que me *empreste* uma *revista*,	*lend; magazine*
Um *cinzeiro* e um *isqueiro*.	*ashtray; lighter*
	once

Telefone ao menos *uma vez*	
Para 3-4-4-3-3-3,	
E ordene ao seu Osório	*once*
Que *mande* um *guarda-chuva*	*send; umbrella*
Aqui pro nosso escritório.	
Seu garçom, me empreste algum dinheiro,	
Que *deixei* o meu com o *bicheiro*	*left; bookie, "numbers" dealer*
Vá dizer ao seu *gerente*	*manager*
Que *pendure* esta despesa	*hang, stick, suspend*
No *cabide* ali em frente.	*coathanger*

—————— *PARE* ——————

The Samba-Canção

Noel Rosa and Vadico, two of the best-known composers of sambas, published this *samba-canção* in 1935. Many of their songs have passed into the general repertoire of the best-loved Brazilian popular music.

"Conversa de Botequim" is one of their classic sambas. The samba developed out of the slums of Rio and São Paulo and usually has as its protagonist the *malandro*, a person who lives at the edges of big city society, not by working, but by using his wits and charm. The songs vividly depict a life of adventure, passion, bemused or cynical disbelief in the values of society, and make liberal use of slang.

"Conversa de Botequim" depicts and mildly satirizes the lifestyle of the typical *malandro* of the 1930s. His "office" is a *barzinho*, and he behaves and dresses like a dandy, demanding the finest service because he is a "gentleman." He converts the waiter into his personal secretary, banker and confidant. Since all his ready cash has been lost with the bookie, he is experiencing a temporary cash flow problem, and it would be ungentlemanly to require that he pay his bills.

The *bar*, or *botequim* is a Brazilian institution. Often well lit and open to the street, the *botequim* bears little resemblence to the typical American bar, usually dark and closed and with a menu limited mostly to drinks and with access prohibited to minors.[4] Other types of Brazilian bars include the *botequim*, *boteco*, and *barzinho*, which serve as meetnig points where one can enjoy a wide range of food or drink or a simple *bate-papo* (conversation) with friends. Most *bares* serve at least snacks, coffee, soft drinks, beer and the traditional *caipirinha*, a mixed drink of *cachaça* (rum) and lime juice. Some have fresh fruit, and make *vitaminas*, a combination of fruit, milk, oatmeal, and sugar mixed in a blender.

---

[4] The *bar* depicted in the video is an elegant one, not a place likely to be frequented by the kind of *malandro* described in the song.

OBSERVE E RESPONDA

1. Onde estão as pessoas?
2. É de noite ou dia?
3. Que tipo de pessoas estão no bar?
4. Sim ou não? Tem...
    a) música; b) dança; c) quadros na parede
5. O que as pessoas estão bebendo?
6. Os músicos estão tocando:
    a) acordeon (sanfona); b) ——; c) ——

VOCÊ ENTENDEU?

1. O que o malandro pede ao garçom?
    a) uma boa média; b) ——; c) ——
2. Uma *média* significa:
    a) café; b) café com leite; c) leite
3. *Bem quente* é:
    a) muito quente; b) pouco quente
4. *à bessa* é:
    a) muito; b) pouco

5. Que ordens o malandro dá ao garçom? Complete
    a) perguntar ao freguês...
    b) vá pedir ao seu patrão...
    c) vá dizer ao charuteiro...
    d) não se esqueça de...
    e) telefone...
    f) ordene ao seu Osório...
    g) vá dizer ao seu gerente...

VII. IR COM PREPOSIÇÕES A E PARA

VÍDEO

Uma das muitas maneiras de se usar o verbo *ir* é com preposições para indicar que uma pessoa vai em direção a um objetivo, por exemplo:

Este homem vai para seu carro.
A mulher vai para o hotel.
A pessoa vai ao correio.
Eles vão ao aeroporto.

One of the many ways of using the verb ir is with prepositions to indicate that a person is going in the direction of a goal, for example:

This man is going to his car.
The woman is going to the hotel.
The person is going to the post office
They are going to the airport.

PARE

TURMA DA MÔNICA/Maurício de Sousa

Prepositions with Verbs of Movement

After the verb *ir* (and other verbs of movement), either *a* or *para* may be used before the destination. Both of these prepositions have the sense of 'to' as in the sentences given in the video. The two prepositions are often used interchangeably, but where they are distinguished, *para* may indicate that the traveler intends to stay for a longer time than with *a*.

> *Eu vou* para *o Brasil trabalhar.*
> *Eu vou* ao *Brasil passar o carnaval.*

Nowadays, Brazilians may not observe this distinction consistently, but the use of *para* is quite consistent in the expression *para casa* ('home' --one's own home)

> *Eu vou para casa.*   'I'm going home.'

Compare:

> *Eu vou para a casa do João*
>   or   'I'm going to John's house.'
> *Eu vou à casa do João*

Besides *a* and *para*, the verb *ir* is often used with the preposition *por*, meaning 'by' or 'through':

> *Por onde você vai?*   'Which way (=through where) are you going?'
> *Eu vou pela cidade.*   'I'm going through the city.'

Contractions with a, por *and* para

Both *a* and *por* obligatorily contract with a following definite article (just like *de* and *em*):

a + o = ao	por + o =	p**e**lo /ê/
a + os = aos	por + os =	p**e**los
a + a = à	por + a =	p**e**la
a + as = às	por + as =	p**e**las

In popular speech, and often in casual writing, the forms

> *pra, pro, pras, pros*

are used as contractions of *para* and of *para* + articles. (*Pra* stands for either *para* or *para a*.)

VAMOS PRATICAR

A. **Aonde estas pessoas vão?**

Júlia

Sr e Sr ª Barros

Ex.: *Júlia vai ao museu.*   *Sr. e Sr ª Barros vão à padaria*

1. o cinema	1. o teatro
2. a festa	2. a igreja
3. o parque	3. o centro da cidade
4. a Praia de Ipanema	4. a lavanderia
5. o jogo de futebol	5. o supermercado
6. o médico	6. a biblioteca
7. o concerto	7. o dentista
8. a aula de português	8. a farmácia

B. **Por onde vamos passar?** Complete as frases usando *por*:

1. eu — o centro da cidade   *Eu vou pelo centro da cidade.*
2. Carlos — a casa do professor
3. nós — a universidade   6. você — consultório do Dr. Fonseca
4. Lourenço e Susana — a Praia de Copacabana   7. eles — oficina mecânica do Guilherme
5. o meu pai — escritório do Dr. Cavalcanti   8. ela — as ruas da cidade

C. **Pra onde?** Para onde essas pessoas vão? Use as formas *pro* and *pra*:

1. Jorge — o Bar Carioca   *Jorge vai pro Bar Carioca.*
2. meus amigos — o teatro
3. Renata — o supermercado   5. vocês — O Iate Clube
4. minha avó — a igreja   6. nós — a ópera

D. **A Vida Social**. Você é repórter social do jornal da universidade. Como o principal *fofo-queiro* do jornal, você tem que saber aonde as pessoas vão. Você tem que fazer as seguintes perguntas, usando *para*, *por*, *a* e as informações dadas.

Maria Santos	a Praia de Ipanema
Pedro Mattos	a festa do Dr. Lemos
Joana e Arnaldo	o Jardim Botânico
a família Gonçalves	o Parque Zoológico
Susana	a reunião da família
as moças	o desfile de modas
os rapazes da turma	o jogo de futebol
todo o mundo	o carnaval de rua
a Alice	o aniversário do Carlos

1. Para onde o Pedro Mattos vai amanhã?   *O Pedro vai pra festa do Dr. Lemos.*
2. Por onde Maria Santos passa todos os dias?
3. Aonde as moças vão?   6. Aonde a Alice vai?
4. Por onde Joana e Arnaldo vão passar?   7. Aonde a Susana vai?
5. Aonde a família Gonçalves vai com as crianças?   8. Para onde os rapazes vão?

PONTO DE ENCONTRO

Planeje um fim de semana com um colega·

1. Para onde vocês vão?   5. Com quem vocês vão?
2. De que vocês vão?   6. Onde vocês vão ficar?
3. Por onde vocês vão?   7. O que vocês vão fazer lá?
4. Quando vocês vão?   8. Quanto vocês vão gastar?

VIII. "A MULHER LEÃO/O HOMEM LEÃO"

A MULHER
DE LEÃO

Desde criança, a verdadeira leonina demonstra suas reais qualidades de mando. Cresce assim, simpática, extrovertida e tomando para si responsabilidades que os outros rejeitaram. É fiel, generosa, corajosa e firme. Sua personalidade, sempre muito forte, atrai e torna-a invariavelmente a líder do grupo, como é o caso de Bruna Lombardi (1/8). As nativas deste signo lutam para fazer sucesso mas jamais se deixam escravizar por ele.

O HOMEM DE LEÃO

O verdadeiro leonino olha nos olhos e José Wilker (20/8) é o melhor exemplo disso. Apaixonado por tudo que faz, às vezes chega a exagerar em suas atitudes. Encara o trabalho não apenas como um meio de ganhar dinheiro mas principalmente como lazer. Luta sempre para progredir e é difícil encontrar alguém deste signo que tenha apenas um emprego ou profissão. O homem de Leão passa a vida se apaixonando como se fosse um adolescente. Busca a perfeição em tudo o que realiza e, por isso, desperta sempre a inveja nas pessoas inferiores.

A.

1. O que a mulher leão mostra desde criança?
2. A mulher do signo de leão é uma ——
3. Adjetivos que caracterizam a leonina:
   a)——　　b)——　　c)——
4. Descreva a personalidade dela.
5. As nativas deste signo lutam para ——
6. Como é o verdadeiro leonino?
7. Como ele encara o trabalho?
8. Para que ele luta sempre?
9. Por que o homem de leão é como um adolescente?
10. O que ele desperta?

B. Você sabe quais são as características do seu signo? Se você não sabe, procure saber e nos informar.

"Vamos jogar bola?"

IX. VERBOS IRREGULARES EM -IR

─── *VÍDEO* ───

No primeiro grupo de verbos, o "E" muda para "I" e o "O" muda para "U" na primeira pessoa do singular:

In the first group of verbs, the "E" changes to "I" and the "O" changes to "U" in the first person singular.

REPETIR, 'to repeat'

REP_ITO	REP_E_TIMOS
REP_E_TE /é/	REP_E_TEM /é/

DORMIR, 'to sleep'

D_U_RMO	D_O_RMIMOS
D_O_RME /ó/	D_O_RMEM /ó/

Outros verbos deste grupo são *servir, tossir, cobrir, mentir, seguir,* e *ferir.*

Other verbs in this group are servir, *'serve';* tossir, *'cough';* cobrir, *'cover';* mentir, *'lie';* seguir, *'follow'; and* ferir, *'wound'.*

No segundo grupo de verbos em *-ir,* a vogal "U" na raíz muda para "O" na terceira pessoa.

In the second group of -ir verbs, the stem vowel "U" changes to "O" in the third person.

SUBIR, 'to climb'

S_U_BO	S_U_BIMOS
S_O_BE /ó/	S_O_BEM /ó/

─── *PARE* ───

Some Irregularities in -ir Verbs

The patterns of vowel changes shown above affect many verbs of the -ir conjugation:

repetir type

e	
i	e
é	é

dormir type

o	
u	o
ó	ó

subir type

u	
u	u
ó	ó

Verbs of these groups will be indicated in the vocabularies with the symbol $\_^3$.

Some -ir verbs have irregular first person singular forms, such as *pedir* and *ouvir*.

PEDIR, 'to ask for, request'

PEÇO /é/	PEDIMOS
PEDE /é/	PEDEM /é/

OUVIR, 'to hear'

OUÇO	OUVIMOS
OUVE	OUVEM

VAMOS PRATICAR

A. **Palavra-Puxa-Palavra**

(u~ó)
dormir $\_^3$
descobrir $\_^3$
subir $\_^3$
tossir $\_^3$
cobrir $\_^3$

(i~é)
repetir $\_^3$
ferir $\_^3$
servir $\_^3$
seguir $\_^3$
conseguir $\_^3$
preferir $\_^3$

pedir
ouvir

(u~ô)
sumir $\_^3$

(i~ê)
sentir $\_^3$
mentir $\_^3$

B. O que você faz?

eu sirvo café com leite	eu durmo bem	eu ouço música brasileira
eu prefiro ir a pé	eu repito o diálogo	eu sinto saudades
eu subo a escada	eu nunca minto	eu peço dinheiro

1. Você dorme bem ou mal?
2. Você prefere ir de ônibus ou a pé?
3. Você mente?
4. O que você pede ao seu pai?
5. O que você sente quando você pensa na sua família?
6. Você sobe a escada para o primeiro andar.
7. Que tipo de música você ouve em casa?
8. O que você serve no café da manhã?
9. Na sala de aula, você repete o diálogo?

C. Consulta Médica. O médico pede as seguintes informações sobre a sua saúde:

1. Quantas horas você dorme por dia?
2. Você ouve bem?
3. Você consegue trabalhar bem ou tem dificuldade?
4. Você prefere comida enlatada ou fresca?
5. Você tosse muito?
6. Você sente muitas dores de cabeça?
7. Você sobe pelas escadas ou pelo elevador?
8. No restaurante, você pede leite ou café?
9. Você sempre segue as instruções do médico?
10. Você mente para o seu médico?

D. **Diálogos.**

1.

A — O que você está ouvindo?
B — Estou ouvindo som.

A — Que tipo de música você prefere?
B — Eu prefiro música popular.

2.

A — O que você pede ao seu pai no Natal?
B — Todos os anos eu peço um carro esporte.
A — Você está mentindo!
B — Não. Eu nunca minto.
A — É por isso que você não ganha nada.

3.

A — Esse elevador sobe ou desce?
B — Sobe. Mas está lotado.
A — Ai, meu Deus! O que é que vou fazer?
B — A senhora sobe a escada, ali em frente.
A — Não subo, não. Prefiro ficar esperando aqui. E não demore, 'viu?

4.

A — Não gosto dessa música. Fere o meu ouvido.
B — Ela fere mesmo? Por que você não ouve outra?
A — Porque o compositor é um amigo do meu filho. Ele insiste em tocar o tempo todo.
B — Mas você prefere o silêncio?
A — Prefiro!

E. **Conversinhas.** Complete os diálogos.

1.

A — Quantas horas você dorme por dia?
B —
A — E você segue as instruções do médico?
B —

2.

A — O que a sua mãe serve no jantar?
B —
A — Você prefere suco de laranja ou de tomate?
B —

F. **Quem você conhece que:**

1. ... ouve música brasileira? *Tânia ouve música brasileira.*
2. ... dorme oito horas por dia?
3. ... mente muito?
4. ... segue as instruções do professor?
5. ... sente saudades da família?
6. ... serve arroz e feijão todos os dias?
7. ... repete todos os diálogos na classe?
8. ... prefere ficar em casa nos fins de semana?
9. ... pede dinheiro aos outros?
10. ... consegue tudo o que quer na vida?

X. "COMO É BOM DORMIR!" — Verbos irregulares em -ir

─────VÍDEO─────

Agora vamos ver que dormir é realmente muito bom. Preste atenção para os verbos.

Now we are going to see that sleeping is very good. Pay attention to the verbs.

Mãe — Todo mundo junto, pra frente Brasil. Deus salve a Seleção. Levanta seu moleque! Meio-dia e o senhor ainda na cama.

Mother. All together, onward Brazil. God Bless the All Stars. Get up, you bum! It's noon and you are still in bed.

Filho — Uuuuummmmmm!

Son: Ummmmmmmmmmmmmmmmm!

Mãe — Você dorme o dia todo?

Mother. Are you going to sleep all day long?

Filho — Durmo. E daí?

Son: Yes, I am. So what?

Mãe — Daí? Que faz mal.

Mother. So what? So it's bad for you.

Filho — Não faz mal, não, mãe. Se a senhora dorme, fecha os olhos, deita, pede pra vir um sono legal, e aí acontece um sonho. Então eu sonho que estou em Nova Iorque, no Havaí, que eu não vou à faculdade, que eu não minto dizendo que fui, que não preciso agir. Que eu não preciso de nada. Só ficar assim.

Son: It's not bad, ma. If you sleep, close your eyes, lie down, ask for a terrific sleep to come, then a dream comes. I dream I'm in New York, in Hawaii, that I don't go to school, that I don't lie saying I went, that I don't have to do anything. That I don't need anything. Just to lie here like this.

Mãe — Pra mim, você está querendo é me engrupir.

Mother. As far as I'm concerned, you're just trying to get around me.

Filho —— Engrupir não, mãe! Porque a senhora não tenta sentir isso? É só dormir!

Mãe —— Será?

Filho —— Não se aflija! Cai de uma vez na cama, sente o sono vindo e finge para a senhora mesma que isto aqui não existe.

Mãe —— Aí vou eu!

Son: *I'm not fooling, ma! Why don't you try to feel it? All you have to do is go to sleep!*
Mother. *Really?*
Son: *Don't worry! Just fall into bed, feel sleep coming on, and pretend to yourself that all this here doesn't exist.*

Mother. *Here I come!*

—————— *PARE* ——————

OBSERVE E RESPONDA

1. Onde a mãe está?
2. O que ela está fazendo?
3. Onde está o filho?
4. O que há no quarto?
5. Ele está feliz?
6. Por que ele está feliz?
7. Descreva a mãe.
8. Descreva o filho.

VOCÊ ENTENDEU?

1. Que horas são?
2. O filho dorme o dia todo?
3. Dormir o dia todo faz bem ou faz mal?
4. O filho diz para a mãe: A senhora ——
   a. *dorme* b. —— c. —— d. —— e. ——
5. O filho diz: Eu sonho que
   a. *estou em Nova Iorque* b. —— c. —— d. —— e. ——
6. O que mais o filho diz para a mãe?
   a. Não se aflija b. —— c. —— d. ——
7. O que a mãe responde?

AGORA É A MINHA VEZ.

Resuma a história combinando as colunas A e B.

A	B
1. A mãe diz para o filho...	a. deve dormir como ele.
2. A mãe diz para o filho que	b. que o filho está brincando.
3. O filho diz que a mãe...	c. para ela cair na cama e dormir.
4. O filho diz que dorme...	d. faz mal dormir o dia todo.
5. A mãe pensa...	e. levanta, seu moleque. É meio-dia.
6. O filho convida a mãe...	f. e sonha várias coisas.

VOCABULÁRIO

Substantivos

botequim, *m.*	*bar, snack bar*	faculdade, *f.*	*college*
caixa postal, *f.*	*post office box*	favor, *m.*	*favor*
carta, *f.*	*letter*	feriados, *m. pl.*	*days off, holidays*
carteiro /-a	*letter carrier*	fofoca, f. /ó/	*gossip (talk)*
CEP (Código de Endereçamento Postal), *m.*	*ZIP code*	fofoqueiro /-a	*gossip (person)*
		freguês /-esa	*customer*
		funcionário /-a	*employee, worker*
cigarro, *m.*	*cigarette*	guarda-chuva, *m.*	*umbrella*
cinzeiro, *m.*	*ashtray*	lado, *m.*	*side*
despesa, f. /ê/	*expense, expenditure*	limpeza, f. /ê/	*cleaning, cleanliness*
destinatário /-a	*addressee*	mentira, *f.*	*lie, untruth*
elevador, *m.* /ô/	*elevator*	remetente, *m. or f.*	*sender*
envelope, *m.* /ó/	*envelope*	revista, *f.*	*magazine, review*
escada, *f.*	*stairs, stairway*	sonho, *m.*	*dream*
estado, *m.*	*state*	sono, *m.*	*sleep, sleepiness*

Verbos

cobrir -[3]	*cover*	ouvir (irreg.)	*hear*
colocar -[1]	*place, put*	passar	*pass*
conseguir -[3]	*succeed in, manage to (+verb); obtain, get (+noun)*	pedir (irreg.)	*ask for, request*
		pesar -[1]	*weigh*
demorar -[1]	*delay*	repetir -[3]	*repeat*
dizer (irreg.)	*say*	seguir -[3]	*follow*
dormir -[3]	*sleep*	sentir -[3]	*feel, be sorry, sense*
emprestar -[1]	*lend, loan*	servir -[3]	*serve*
fazer (irreg.)	*do, make*	preferir -[3]	*prefer*
ferir -[3]	*hurt, wound*	subir -[3]	*climb, go up*
mandar	*order, send*	sumir -[3]	*flee, go away, disappear*
mentir -[3]	*lie, tell untruths*	tossir -[3]	*cough*
		trazer (irreg.)	*bring*

Adjetivos

errado	*wrong, incorrect*
legal	*legal; wonderful (slang)*
registrado	*registered*

Outras Palavras

antes de	*before (prep.)*
à bessa	*in great quantity*
depois de	*after (prep.)*
de pressa /é/	*quickly, in a hurry*
hoje /ô/	*today*

UNIDADE 4

A ÁFRICA DE EXPRESSÃO PORTUGUESA

Parte I

Parte II

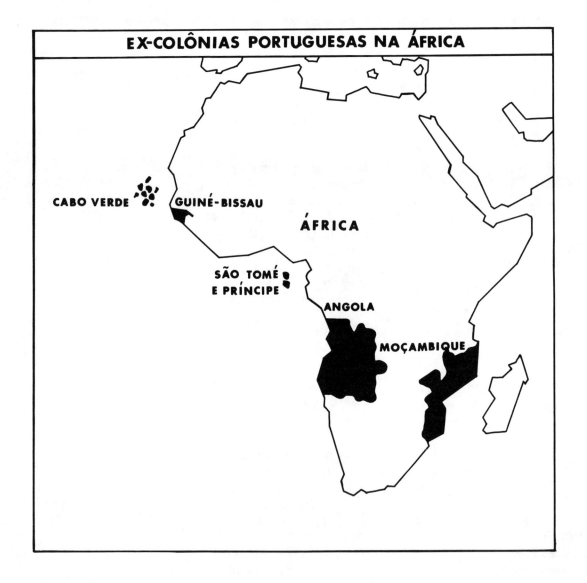

EX-COLÔNIAS PORTUGUESAS NA ÁFRICA

CABO VERDE

GUINÉ-BISSAU

ÁFRICA

SÃO TOMÉ
E PRÍNCIPE

ANGOLA

MOÇAMBIQUE

A ÁFRICA DE EXPRESSÃO PORTUGUESA
PARTE I

I. "MORENA DE ANGOLA", CLARA NUNES

---VÍDEO---

Coro:
Morena de Angola que leva *o chocalho*
Amarrado na *canela*
Será que ela *mexe* o chocalho ou o chocalho
É que mexe com ela?
(*Bis*)

Será que a morena *cochila* escutando o
Cochicho do chocalho?
Será que desperta *gingando* e já sai
Chocalhando pro trabalho?

(*Coro*)

Será que ela tá na cozinha *guisando* a
Galinha à cabidela?
Será que esqueceu da galinha e ficou
Batucando na panela?

Será que no meio da *mata*, na *moita*,
A morena *inda* chocalha?
Será que ela não fica *afoita* pra dançar
Na *chama* da *batalha*?

chorus
dark-skinned woman; rattle
tied; leg
shake

repeat
doze
whisper
walking sensuously

cooking

chicken stew
hitting (as a drum or tambourine)

jungle; bush
still
anxious;
flame; battle

Morena de Angola que leva o chocalho	
Amarrado na canela	
Passando pelo *regimento* ela faz	*regiment*
Requebrar a sentinela.	*make his heart skip*

(*Coro*)

(*Bis*)

Será que quando vai pra cama a morena	
Se *esquece* dos chocalhos?	*forget*
Será que namora fazendo bochicho com	
Seus *penduricalhos*?	*ornaments*

(Coro)

Será que ela tá *caprichando* no peixe	*taking special care in preparing*
Que eu trouxe de *Benguela*?	*(place name)*
Será que tá no *remelexo* e abandonou	*dancing, having fun*
Meu peixe na *tigela*?	*bowl*

Será que quando fica choca põe de	
Quarentena o seu chocalho?	*quarantine*
Será que depois ela *bota* a canela no	*put*
Nicho do *pirralho*?	*kid*

Morena de Angola que leva o chocalho	
Amarrado na canela	
Eu acho que *deixei* um cacho do meu	*I left*
Coração na *Catumbela*.	*(place name)*

(*Coro*)

Morena *bichinha danada*,	*mischievous girl*
Minha camarada do *MPLA*.	*Movimento Para a Liberação da Angola*

──────── *PARE* ────────

"*Morena de Angola*"

"Morena de Angola" foi composta por Chico Buarque de Holanda e interpretada por Clara Nunes. Palavras e sons como *cacho, choca, bochicho, cochicho, chocalho, mexe, remelexo* são empregados pelo compositor para criar efeitos fonéticos em jogos de palavras.

II. APRESENTAÇÃO

─────VÍDEO─────

Angola *se situa* na *costa oeste* da África e Moçambique no lado *leste*. Durante muitos anos, esses países *lutaram* pela liberdade política e se *tornaram* independentes na *década* de 70.

is located; west coast
east
fought; became
decade

A população de Moçambique, como a de Angola, é *composta* de nativos das tribos *bantos*. Moçambique é mais *povoado* do que Angola, mas os habitantes *originais* de Angola já foram também mais *numerosos*. A *escravatura diminuiu largamente* a população do país e a *doença do sono completou* o desastre.

composed; Bantus
populated
original
numerous; slavery; diminished
sleeping sickness
completed

─────── PARE ───────

OBSERVE E RESPONDA

Responda de acordo com o texto da Apresentação.

1. Onde se situa Angola?
2. Onde fica Moçambique?
3. De que tribos são os nativos de Angola e Moçambique?
4. Que país é mais povoado, Angola ou Moçambique?
5. Quais as duas causas que motivaram a diminuição da população de Angola?

A África de expressão portuguesa

A *expansão marítima* portuguesa iniciada no século XV estabelece o *domínio* português em vários territórios da África. Desde o século XIV, milhares de imigrantes portugueses deixam Portugal para colonizar Angola, Moçambique, Cabo Verde, Guiné-Bissau e as ilhas de São Tomé e Príncipe. Até a década de 1970, as *"províncias ultramarinas" foram* governadas por uma pequena minoria branca, sob a direção de Lisboa.

naval expansion
dominion

overseas provinces; were

Estas províncias *começaram* a se rebelar contra o domínio português na *década* de 1960 e logo iniciam os movimentos de *guerrilha* pela independência política. Os portugueses *lutaram* para manter as colônias, mas com a revolução portuguesa de abril de 1974 começa o declínio do império português. Portugal não *pôde* mais continuar a guerra para manter os territórios africanos e concede a independência às suas províncias ultramarinas.

began
decade; guerilla; fought

was unable

Depois da independência, os novos países africanos de língua portuguesa *enfrentaram* grandes dificuldades econômicas e políticas. Em Angola e Moçambique começa a *guerra civil* entre os grupos que *disputavam* o poder político. Com a vitória de grupos marxistas, estes países foram envolvidos na política internacional e nos problemas de relações com a África do Sul. Além disso, o *desenvolvimento econômico* se *atrasou* muito com a saída dos portugueses, que *formavam* a classe técnica e profissional, e com a falta de *exploração* de *recursos naturais*. A partir de 1980 as suas economias sofrem um novo *abalo* com os efeitos de uma *seca* de *proporções catastróficas*, que afeta quase todo o subcontinente africano.

confronted
civil war; were fighting for

economic development; fell behind
made up
exploitation; natural resources
blow; drought
catastrophic proportions

A população dos países africanos de língua portuguesa é *predominantemente* negra, composta de vários grupos étnicos com suas próprias línguas, tradições e *crenças*. Dentro dessa diversidade, a língua portuguesa tem servido como importante meio de comunicação e unidade nacional.

predominantly

beliefs

VOCÊ ENTENDEU?

1. Quando começa a expansão marítima portuguesa?
2. Como foram governadas as "províncias ultramarinas" até a independência?
3. O que aconteceu na década de 1960?
4. O que aconteceu em Portugal em 1974?
5. Quando começam as grandes dificuldades econômicas e políticas destes novos países?
6. Com a vitória dos partidos marxistas, o que acontece em Angola e Moçambique?
7. Por que o desenvolvimento econômico se atrasou depois da independência?
8. Como é a população dos países africanos de língua portuguesa?
9. Qual a importância da língua portuguesa nestes países?

III. "MANICO E MANA FEFA", Lídio Marques da Cunha (Angola)

—VÍDEO—

Mana Fefa é uma *Kilumba* de vinte e cinco anos. Alta, *cobra mamba bamboleante*, *olhos rasgados* e linda como as coisas lindas. Já *atrapalhou* o coração de muitos rapazes. Seu pai, velho *maninho, pescador, leão do mar*, dono daquela ilha. Seu pai e seu avô também foram pescadores. *Morreram* no mar, por vontade de *Kalunga*.

Sister; girl; walking like a mam
almond-shaped eyes
confused
brother; fisherman;
sea lion
died
spirit of the sea

Manico -- *Sabes*, Mana Fefa, eu te quero. E vais viver comigo. Já *não posso agüentar* mais. Eu te quero mesmo muito. És a mulher da minha *muxima*. Vais ser minha *companheira*, minha mulher.

(Tu form)
I can't bear it

love; companion

— PARE —

OBSERVE E RESPONDA

1. Quantos anos tem Mana Fefa?
2. Descreva Mana Fefa.
3. Como é o pai de Mana Fefa?
4. Qual é a profissão do pai e do avô?
5. Como o pai e o avô morreram?
6. Manico ama Mana Fefa?
7. O que ele diz para ela?

Manico e Mana Fefa

Esta narrativa é parte de uma história *intitulada* "Manico e Mana Fefa", escrita pelo angolano Lídio Marques da Cunha. A literatura oral é importante na cultura africana pela sua função de transmitir as *lendas*, crenças, valores, *ensinamentos* morais e *costumes* tradicionais, de geração a geração. Através de suas histórias, Lídio Marques da Cunha procura preservar a *língua popular* africana (como nas palavras *muxima*, *kilumba*, *mamba*) e mostrar a vida da população negra de Angola. Nesta história de amor entre Manico e Mana Fefa aparecem vários aspectos da vida angolana: a descrição de pescadores, os hábitos e relações entre jovens (Manico e Mana Fefa), e a atitude deles em relação à vida e ao amor. Manico e Fefa são *diminutivos* de Manuel e Josefa, respectivamente, como *mana* é outra forma de irmã.

entitled

legends
teachings; customs

colloquial speech

diminutive

IV. HOTEL

─VÍDEO─

Agora vamos ver mais algumas formas de comunicação entre os brasileiros.

Viajar para um país *estrangeiro* pode muitas vezes *trazer* problemas de comunicação se você não sabe, como, por exemplo, se *registrar* num hotel. Observe o *comportamento* das pessoas nas cenas que se seguem e vamos pensar sobre o que eles estão falando.

foreign
bring
register
behavior

Agora observe esta cena depois que estas duas pessoas se *registraram* no hotel.

have registered

Argemiro —— Tudo *pronto*. Quarto 15. Ele disse que tem vista pro mar. Ótimo. Vamos?

ready

Regina —— É. Eu quero mesmo tomar um bom banho e dormir. A minha *vontade* era tomar um calmante e dormir por uns dois dias....

wish

———————————————————— *PARE* ————————————————————

VAMOS NOS COMUNICAR

A. Palavra-Puxa-Palavra

Substantivos

a recepção	a mala	o andar
a portaria	a bagagem	o/a camareiro/a
a conta	a gorjeta	o serviço
o banheiro	o hóspede	a vaga
o quarto	o banho	a hospedagem
o apartamento		

Verbos

registrar   viajar   pagar   reservar   hospedar

Adjetivos

lotado   limpo   moderno

Expressões

a cama de casal	o ar condicionado	a ficha de registro
de solteiro	(fazer) a reserva	a diária completa/simples

B. No Hotel. Que palavras são definidas pelas seguintes frases?

1. lugar onde você se registra no hotel   *a recepção*
2. o que se diz quando o hotel não tem mais vagas ——
3. uma cama para duas pessoas ——
4. aparelho para esfriar o quarto ——
5. pessoa que limpa o quarto ——
6. pessoa que se hospeda no hotel ——
7. o que se faz para garantir um quarto ——
8. quanto você paga por dia ——

C. Diálogos

1. Fazendo uma reserva por telefone.

—— É do Hotel Beira-Mar?
—— É, sim. Deseja informação?
—— Sim. Quanto é a diária?
—— Depende! Nos fins de semana temos preços especiais.
—— Preciso fazer reservas?
—— Sim. Há muitos turistas agora.

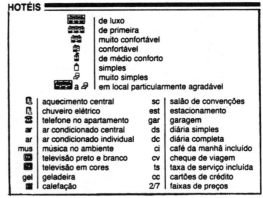

2. Que tipo de quarto o senhor quer?

—— Quero um quarto com cama de casal.
—— O senhor tem reserva?
—— Não. Tem algum problema?
—— Sinto Muito. O hotel está lotado.
—— A senhorita pode recomendar um outro hotel no centro da cidade?
—— O senhor pode tentar o Hotel Glória.

D. Conversinha. Falando com a recepcionista. Complete o diálogo.

Dr. Correia	—— Aqui está a ficha de registro. O café da manhã está incluído na diária?
Recepcionista	——
Dr. Correia	—— E o restaurante fica aberto até tarde?
Recepcionista	——
Dr. Correia	—— Tem geladeira no quarto?
Recepcionista	——
Dr. Correia	—— E onde fica a piscina?
Recepcionista	——

E. Guia de Hotéis. Observe o guia que se segue e responda às perguntas.

GUIAS QUATRO
Indispensáveis na sua bagagem.

HOTÉIS

	de luxo
	de primeira
	muito confortável
	confortável
	de médio conforto
	simples
	muito simples
a	em local particularmente agradável

	aquecimento central	sc	salão de convenções
	chuveiro elétrico	est	estacionamento
	telefone no apartamento	gar	garagem
ar	ar condicionado central	ds	diária simples
ar	ar condicionado individual	dc	diária completa
mus	música no ambiente	ci	café da manhã incluído
	televisão preto e branco	cv	cheque de viagem
	televisão em cores	ts	taxa de serviço incluída
gel	geladeira	cc	cartões de crédito
	calefação	2/7	faixas de preços

1. Quanto ao conforto, que tipo de hotel você quer?
2. O que é "dc"?
3. O que é "ci"?
4. O contrário de televisão em preto e branco é ...
5. Quais são duas expressões que significam os meios de pagar a conta?
6. Segundo a lista, que coisas são indispensáveis para você?
7. Onde você deixa ou guarda o carro?
8. Onde se realizam reuniões, congressos, conferências?

F. **Albergues da Juventude.** Observe o anúncio que se segue e responda às perguntas:

1. Que tipo de pessoas que se hospeda nos albergues da juventude?
2. O que significa "APAJ"?
3. Em que estados do Brasil há albergues?
4. Na sua cidade há albergues?
5. Quantos milhões de jovens americanos e europeus se hospedam em albergues?
6. Quanto é a diária num albergue?
7. Cite duas cidades do Brasil onde há albergues.
8. Você prefere um hotel ou um albergue?

ALBERGUES DA JUVENTUDE

UMA NOVA MANEIRA DE FAZER TURISMO

NA EUROPA E NOS EUA CERCA DE 5 MILHÕES DE JOVENS VIAJAM PELO MUNDO TODO ATRAVÉS DOS ALBERGUES DA JUVENTUDE.

APAJ
ASSOCIAÇÃO PAULISTA DE ALBERGUES DA JUVENTUDE
Sociedade Civil sem fins lucrativos

Informações:
R. XV DE NOVEMBRO, 347 · Tel. (011) 229-3787
São Paulo

Agora você poderá viajar pagando por dia de hospedagem o preço de 3 maços de cigarro.

No BRASIL já existem Albergues em: São Paulo, Campos do Jordão, Ubatuba, Pindamonhangaba, Brotas, Socorro, Caverna do Diabo, Florianópolis, Rio de Janeiro, Angra dos Reis, Recife, Olinda e São Luis.

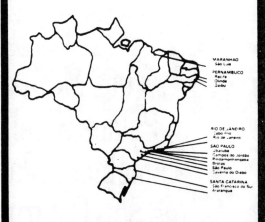

Tornando-se sócio da APAJ você pode se hospedar nestas cidades e em mais 5000 Albergues espalhados pelo mundo todo.

PONTO DE ENCONTRO

Planeje suas férias com um colega em um dos hotéis anunciados abaixo. Justifique a sua escolha.

V. PRESENTE DO INDICATIVO DOS VERBOS PÔR, DAR E VIR

PÔR, 'put'

EU PONHO	NÓS POMOS
VOCÊ O SENHOR A SENHORA PÕE ELE ELA	VOCÊS OS SENHORES AS SENHORAS PÕEM ELES ELAS

VIR, 'come'

EU VENHO	NÓS VIMOS
VOCÊ O SENHOR A SENHORA VEM ELE ELA	VOCÊS OS SENHORES AS SENHORAS VÊM ELES ELAS

DAR 'give'

EU DOU	NÓS DAMOS
VOCÊ O SENHOR A SENHORA DÁ ELE ELA	VOCÊS OS SENHORES AS SENHORAS DÃO ELES ELA

The Verbs Pôr, 'Put,' Dar, 'Give' and Vir, 'Come'

PÔR. Several important verbs are made up of *pôr* plus various prefixes. All are conjugated the same way: *impor*, 'impose,' *compor*, 'compose,' *supor*, 'suppose' and others ending in -*pose* in English.

Eu suponho que sim.	*I suppose so.*
Ele compõe música.	*He composes music.*

VIR. The verb *vir* usually means 'come,' indicating movement of the listener towards the speaker. *Vir* contrasts with *ir*, 'go,' which usually indicates movement away from the speaker. Study the following examples:

1) A and B are at A's home (office, or other destination):

> A — *Você vem a minha casa amanhã?*
> B — *Sim, venho.*

2) A is at home (or other destination) and B is someplace else:

> A — *Você vem a minha casa amanhã?*
> B — *Sim, vou.*

3) Neither A nor B are at A's home (or other destination):

A —— *Você vai a minha casa amanhã?*
B —— *Sim, eu vou.*

VAMOS PRATICAR

A. **Onde essas pessoas geralmente põem seus objetos pessoais?**

Carlos

Professor Coelho e Márcia

Ex: *Carlos põe os seus livros no armário. O professor Coelho e Márcia põem o carro na garagem.*

1.	o anel —— a gaveta	1.	a chave —— o bolso
2.	os sapatos —— o armário	2.	o retrato —— a parede
3.	a televisão —— a sala	3.	o dicionário —— a mesa
4.	a caneta —— a bolsa	4.	o dinheiro —— a carteira
5.	a roupa —— o armário	5.	o disco —— a gaveta
6.	os livros —— a mochila	6.	o passaporte —— a pasta

B. **Onde pomos as coisas?**

1. O garçom *põe* a comida na mesa.
2. Eu — o dinheiro no Banco.
3. Nós — o carro na garagem.
4. Minha esposa — o anel no dedo.
5. Eu — as chaves no bolso.
6. Nós — as jóias no cofre.
7. A secretária — os recados na mesa.
8. Eu — o chapéu na cabeça.

C. **Como estas pessoas vêm para a faculdade?**

1. Carlos e Renata — a pé   *Carlos e Renata vêm a pé.*
2. O professor — de carro
3. Marta e eu — de ônibus
4. Luisa e Rosa — de bicicleta
5. Meu vizinho — de táxi
6. Eu — de moto
7. Você — de carona
8. O Dr. Martins — de metrô

D. **O que estas pessoas dão?**

Hugo	Eu	José e eu	Meus pais
presentes de aniversário	férias aos empregados	dinheiro aos pobres	uma recepção de casamento
aula de português	festa aos jogadores	um concerto de piano	uma lição aos meninos
um recado ao irmão dele	um telefonema ao professor	um cartão de aniversário	conselhos aos filhos

1. A quem José e eu damos dinheiro? *Nós damos dinheiro aos pobres.*

2. Quem dá presentes de aniversário?
3. Quem dá festa aos jogadores?
4. O que você dá aos empregados?
5. A quem meus pais dão conselhos?

6. O que o Hugo dá ao irmão dele?
7. Quem dá um concerto de piano?
8. Quem dá uma recepção de casamento?
9. O que você dá ao professor?

E. **Convite por telefone:**

Sérgio	— Paulo, vou dar um jantar aqui na minha casa amanhã. Você pode vir?
Paulo	— Eu vou com todo o prazer. A minha namorada pode ir também?
Sérgio	— Claro que sim! A minha namorada também vem. Elas poderão se conhecer. A que horas vocês podem vir?
Paulo	— Podemos ir a qualquer hora. Posso levar alguma coisa para beber?
Sérgio	— Não, não precisa trazer nada. Venham às sete, tá bem?
Paulo	— Tá bem, tchau!

Você entendeu?

1. Quem vai dar o jantar no sábado?
2. De onde ele está telefonando?
3. Onde vai ser o jantar?
4. Onde o Paulo está quando ele recebe o telefonema?
5. A namorada do Paulo vai ao jantar?
6. A que horas o Paulo e a namorada dele vão?
7. O Paulo vai levar alguma coisa para beber?

F. **Uma festa!** Oscar, um estudante de português, vai dar uma festa no Iate Clube. Ele quer saber o seguinte:

1. Você vai para a festa?
2. De que você vai?
3. Com quem você vai?

4. Você vai cedo ou tarde?
5. A turma de português vai também?
6. Com que tipo de roupa você vai?

G. **Outra festa!** Eu vou dar uma festa na minha casa. Quero saber o seguinte:

1. Quem vem para a minha festa?
2. De que eles vêm?
3. E você vem também?
4. Com quem você vem?
5. A que horas você vem?
6. Você vem de carro?

VI. CONSOANTES VIBRANTES

---------- *VÍDEO* ----------

Há dois "*RR*" em português, um erre simples e outro complexo, cuja pronúncia varia muito de região a região. Observe a pronúncia que se segue:

the letter "R"

CARO	ERA
TRÊS	DRAMA

CARRO	ERRA
RIO	ROSA

Agora observe o contraste na pronúncia dos "*RR*" nas seguintes palavras:

CARO	CARRO
ERA	ERRA
*MORO	MORRO
*CORO	CORRO
FORO	FORRO
FERA	FERRA[1]

---------- *PARE* ----------

BOA PRONÚNCIA É ESSENCIAL

A. **Repita:**

/r/

1. A bolsa de couro é barata.
2. O trem chega de madrugada.
3. Três crianças brasileiras.
4. Teresa trabalha trinta horas.
5. Eu quero outro livro.

/rr/

1. O carro marrom corre muito.
2. O Roberto encontra a Rosa no Rio.
3. O baralho tem cartas marcadas.
4. O rato morreu na ratoeira.
5. Carlos dança forró no morro.

---

[1]Starred items are not minimal pairs but were chosen for general similarity.

B. **Repita:**

1. A fera fugiu do circo e todos correram atrás dela.
2. Ari partiu no trem das três.
3. Este carro custou muito caro.
4. Ele corre na areia da praia.
5. Vamos subir o morro Terra Bruta.

VII. PRONOMES DEMONSTRATIVOS

MASCULINO	FEMININO	NEUTRO
/ê/ ESTE /-S	/é/ ESTA /-S	ISTO
/ê/ ESSE	/é/ ESSA	ISSO
/ê/ AQUELE	/é/ AQUELA	AQUILO

A. In formal Brazilian Portuguese the pronouns/adjectives

1. **ESTE, ESTES, ESTA, ESTAS** (this, these) refer to things that are close to the speaker:

   Ex: *Esta casa (aqui) é bonita.*
   Estes rapazes são simpáticos.

2. **ESSE, ESSES, ESSA, ESSAS** (that, those) refer to things that are close to the listener:

   Ex: *Esse (aí) é o diretor da escola.*
   Essas são as professoras.

3. **AQUELE, AQUELES, AQUELA, AQUELAS** (that, those) refer to things that are far from the speaker and the listener:

   Ex: *Aquele (lá) é o aluno brasileiro.*
   Aquelas são as moças americanas.

4. **ISTO** (this) , **ISSO** (that), **AQUILO** (that) [neuter pronouns only] refer to general or unspecific things:

   Ex: *O que é isso?*
   Não sei o que vem a ser isto.

B. In colloquial spoken usage, most Brazilians do not distinguish between *este* and *esse*.

VAMOS PRATICAR

A. Diálogos

1. Quem é seu irmão?

—— Este é o seu irmão?
—— Não, o meu é aquele ali.
—— Ah! É isso mesmo. Desculpe.
—— Não se importe com isso.
    Estes enganos são comuns.

2. Amizade

—— Estas cartas são da minha
    melhor amiga, a Emília.
—— Aquela que mora em Paris?
—— É. Ela escreve todo mês e também
    me manda estes cartões postais.
—— Puxa! Isso é que é amizade.

3. Informações. Complete os diálogos com os pronomes demonstrativos:

A. —— Este é o ônibus para o Pão de Açúcar?
—— É sim. —— vai para lá mas —— ali é mais rápido.
—— Você vai ao Pão de Açúcar —— tarde?
—— Vou sim.

B. —— Você quer esta camisa azul ou aquela verde?
—— —— —— verde. É muito mais bonita. Também quero ver —— calças jeans.
—— Pois não. Um momento.
—— Muito bem. Eu quero —— vestido verde e —— calças jeans.

B. Fazendo Compras. Indique o que você quer comprar. Use os demonstrativos: *este, esse, aquele*, etc.

1. Eu quero —— camisas. *Eu quero essas camisas.*
   Ele quer ——   *Ele quer aquelas.*

2. Nós queremos —— dicionário.
   Eles querem ——

3. Eu quero —— caneta.
   Ela quer ——

4. Nós queremos —— sapatos.
   Eles querem ——

5. Você quer —— lápis.
   Vocês querem ——

C. Qual é o seu? Combine a coluna A com a B:

Ex: *A bolsa da professora* **é esta pequena.**

A
1. Qual é a bolsa da professora?
2. Qual é o seu carro?
3. Quais são as suas blusas?
4. Quais são os sapatos do Carlos?
5. Qual é o seu apartamento?
6. Quais são os seus dicionários?
7. Qual é o violão da Maria?
8. Quais são as suas canetas?

B
a. É este aqui.
b. São estas azuis.
c. É aquele lá.
d. São estas aqui.
e. É esse.
f. É esta pequena.
g. São esses pretos.
h. São aqueles grandes.

VIII. "GERAÇÃO BELICHE"

Geração beliche

Albergues da Juventude crescem no Brasil

"Bunkbed Generation"

Os turistas brasileiros que se acostumaram a reconhecer no camping a forma mais barata de viajar pelo país têm agora uma nova opção. Este ano, um contingente de 20 000 jovens turistas, com idade entre 18 e 23 anos, aposentou suas barracas e adotou um modo de fazer turismo mais confortável que os acampamentos, mas nem por isso mais caro — os Albergues da Juventude, que em três anos saltaram de nove para 47 unidades. Essas hospedarias, em geral despojadas mas aconchegantes, surgiram originalmente na Europa e se espalharam pelo mundo depois da II Guerra Mundial. São como um hotel desprovido de qualquer luxo onde os alberguistas passam férias e finais de semana dormindo em modestos beliches, com direito a apenas um café da manhã simples. A ausência de mordomias é compensada pelo preço das diárias. Na rede de albergues do Brasil, um pernoite custa entre 150 e 250 cruzados — dez vezes menos que a diária de um hotel cinco estrelas.

Os Albergues da Juventude no Brasil guardam alguns dos critérios rígidos das hospedarias européias. Cada alberguista deve, por exemplo, levar sua própria roupa de cama e limpar os talheres e panelas que sujar. À noite homens e mulheres dormem em alas separadas. Em contrapartida, enquanto na Europa os albergues são mesmo destinados aos jovens — a idade máxima para se hospedar num deles é 26 anos —, no Brasil esta preocupação não existe: há casos de alberguistas qüinquagenários. O clima de descontração também distingue os albergues brasileiros dos europeus. ['Além do clima ser mais gostoso, a relação entre as pessoas é mais humana que nos outros lugares do mundo'', afirma o espanhol Javier Lopes Legido, que se hospedou em um albergue de Olinda, em Pernambuco. ''Temos um relacionamento aberto, de amigo mesmo, com os albergados'', afirma o baiano Henrique José Guimarães, um ''pai alberguista'' — uma espécie de gerente que cuida desde a limpeza até a comida de uma hospedaria.

contingent

spartan but cozy
spread

absolutely without luxury

refinements
network of hostels
overnight stay

rigid regulations

wings
on the other hand

fifty years old
relaxing atmosphere

VOCÊ ENTENDEU? ─────────────────────────────────────

1. Que nova opção tem o jovem turista brasileiro para viajar?
2. "Aposentar" significa não trabalhar mais, ou não usar alguma coisa mais. O que significa "aposentar as barracas"?
3. Como são os Albergues da Juventude brasileiros?
4. Compare a diária de um albergue com a de um hotel.
5. Onde os albergues surgiram originalmente?
6. O que guardam os albergues de sua origem européia?
7. Como são diferentes os albergues brasileiros dos europeus?
8. Quais são as responsabilidades de cada alberguista?
9. Qual é o critério brasileiro quanto à idade dos alberguistas?
10. Como é o clima social dos albergues brasileiros?

IX. CONTRAÇÕES DE PREPOSIÇÕES E PRONOMES DEMONSTRATIVOS

The prepositions *EM*, *DE* and *A* combine with the demonstratives as follows:

EM + ESTE, ESTA, ESTES, ESTAS, ISTO =
   NESTE, NESTA, NESTES, NESTAS, NISTO

   + ESSE, ESSA, ESSES, ESSAS, ISSO =
   NESSE, NESSA, NESSES, NESSAS, NISSO

   + AQUELE, AQUELA, AQUELES, AQUELAS, AQUILO =
   NAQUELE, NAQUELA, NAQUELES, NAQUELAS, NAQUILO

DE + ESTE, ESTA, ESTES, ESTAS, ISTO =
   DESTE, DESTA, DESTES, DESTAS, DISTO

   + ESSE, ESSA, ESSES, ESSAS, ISSO =
   DESSE, DESSA, DESSES, DESSAS, DISSO

   + AQUELE, AQUELA, AQUELES, AQUELAS, AQUILO =
   DAQUELE, DAQUELA, DAQUELES, DAQUELAS, DAQUILO

A + AQUELE, AQUELA, AQUELES, AQUELAS, AQUILO =
   ÀQUELE, ÀQUELA, ÀQUELES, ÀQUELAS, ÀQUILO[2]

1. Esta casa é feia e velha. Eu não quero morar **nisso**.
2. Teresa mora **neste** apartamento.
3. Eu estudo **naquela** faculdade.
4. Eu gosto **deste** filme.
5. Eu não preciso **dessa** caneta.
6. Eu não me lembro **daquela** garota.
7. Eu não vou **àquela** praia.

─────────────

[2]A does not contract with other demonstratives.

VAMOS PRATICAR ——————————————————————————

A. **Os Gostos São Diferentes!** Estas pessoas estão na Loja de Variedades.
Quais são as preferências de cada um?

1. Meu pai — aquele perfume. *Meu pai gosta daquele perfume.*

2. Eu — estas camisas.
3. Meus amigos — isto.
4. Rosa — blusas brancas.
5. Eu e minha mãe — vestidos.

6. Meu irmão — sapatos pretos.
7. Renato — aquilo ali.
8. Meus avós — televisão
9. Roberto — caneta.

B. **Onde estas pessoas estão morando?**

1. Jorge — edifício moderno. *Jorge está morando naquele edifício moderno.*

2. Meus tios — apartamento aqui.
3. Eu e meus pais — casa grande.
4. Cecília — apartamento lá.

5. César e Cecília — casa verde.
6. Eu — casa da praia.

X. NÚMEROS ORDINAIS

Ordinal numbers:

primeiro	sexto
segundo	sétimo
terceiro	oitavo
quarto	nono
quinto	décimo

décimo primeiro	a quinta janela
décimo segundo, etc.	o sexto andar
	o sétimo céu
vigésimo	a oitava pessoa
vigésimo primeiro, etc.	a nona bicicleta
	o décimo livro

trigésimo	
trigésimo primeiro, etc.	a décima segunda viagem
	o décimo quinto andar
o primeiro amigo	a vigésima primeira aluna
o segundo dia	
o terceiro homem	
a quarta cama	

The abbreviation for ordinal numbers, that is, the way they can be written using digits, is with the numeral followed by a small raised º or ª, depending on the gender of the associated noun:

Primeiro - 1º
Terceira - 3ª
Vigésima - 20ª

VAMOS PRATICAR

A. **Os Dias da Semana.**   Complete as frases abaixo:

Segunda-feira *é o primeiro dia da semana.*

terça-feira	sexta-feira
quarta-feira	sábado
quinta-feira	domingo

B. **Os Meses do Ano.** Complete as frases abaixo:

Abril *é o quarto mês do ano.*

maio	setembro
julho	outubro
agosto	dezembro

C. **Edifício Bossa Nova.** Este edifício de apartamentos tem 25 andares. Em que andar moram estas pessoas?

1. Dr. Calmante - 12º andar   *O Dr. Calmante mora no décimo segundo andar.*

2. A minha família - 9º andar   7. Regina - 6º andar
3. Júlio e Roberto -20º andar   8. Meu cunhado - 18º andar
4. Meus avós - 24º andar   9. Minha dentista - 25º andar
5. Dª Laura - 15º andar   10. A noiva do meu irmão -1º andar
6. Drª. Pinheiro - 11º andar

"Um dia eu pego aquele jornaleiro!"

XI. "SÓ QUERO MEIO QUILO"

─────────────────VÍDEO─────────────────

Veja, nesta cena, como são usados em português, os pronomes demonstrativos e os números ordinais.

Freguesa — Boa tarde...

Vendedor — Boa tarde, em que eu posso servi-la?

Freguesa — Apenas umas *comprinhas* rápidas, nada de especial.   *little purchases*

Vendedor — Ah, sim, senhora, por onde começamos?

Freguesa — Bem, vou querer **aquele** pote de *pêssegos*.   *peaches*

Vendedor — Qual?

Freguesa — O da *prateleira* da esquerda...   *shelf*

Vendedor — Da esquerda?... **Esse?**

Freguesa — Não, o de cima.

Vendedor — O de cima... **Esse?**   *have it delivered; bottle*

Freguesa — É, **esse aí.** Por favor, o senhor pode *mandar entregar*? Agora vou querer uma *garrafa* de vinho.

Vendedor — Qual delas?

Freguesa — A **quinta.**

Vendedor — A **quinta? Primeira, segunda, terceira, quarta, quinta. Essa!**

Freguesa — **Essa!** Por favor, o senhor também pode mandar entregar? Bem, agora vou querer, ah, sim, um pouco de *pó de café*.   *ground coffee*

Vendedor —— Um pouco de pó de café?

Freguesa —— Só que **esse** eu vou levar agora. *Dobra*!

Vendedor —— Quer um *laço de fita*?

double it (dobrar also = fold)
ribbon

Freguesa — Dobra, quer dizer, o *dobro*, o senhor me perdoe, nada disso. Dobra é duas vezes isso. Se eu *quisesse* o triplo, *seria* três vezes isso.

twice the amount

if I wanted; would be

Vendedor — Desculpe, o calor...

Freguesa — Bem, agora eu vou querer meio quilo de açúcar.

Vendedor — Meio quilo de açúcar...

Freguesa — E o senhor não entendeu de novo. Eu *disse* meio quilo de açúcar e o senhor *colocou* um quilo. Meio quilo, metade. Não entendeu? Olha aqui, está vendo **esta** laranja, inteira? Metade!

said; put

Vendedor — *Prontinho*!

There you go!

———————————— PARE ————————————

OBSERVE E RESPONDA

1. Onde o vendedor e a freguesa estão?
2. O que há na prateleira?
3. No balcão há
   a) uma balança
   b)
   c)
   d)
   e)

4. Descreva o vendedor.
5. Descreva a freguesa.

VOCÊ ENTENDEU?

1. A freguesa quer comprar apenas...
2. Qual é a primeira coisa que ela quer comprar?
3. Onde está o pote de pêssegos?
4. O vendedor vai mandar entregar as compras ou a freguesa vai levar agora?
5. Qual é a segunda coisa que ela quer?
6. Qual é a terceira coisa que ela quer?
7. O vendedor vai mandar entregar o pó de café também?
8. O que é um laço de fita?
   a) enfeite para embrulho
   b) açúcar
   c) pêssego
9. O que significa dobro?
10. A freguesa quer um quilo, ou meio quilo de açúcar?

XII. PRETÉRITO IMPERFEITO DOS VERBOS REGULARES

---*VÍDEO*---

Veja como é conjugado o pretérito imperfeito de
verbos regulares:

FALAR, 'to speak'

EU		NÓS FALÁVAMOS	
VOCÊ		VOCÊS	
O SENHOR		OS SENHORES	
A SENHORA	FALAVA	AS SENHORAS	FALAVAM
ELE		ELES	
ELA		ELAS	

Agora, aprenda como se conjuga o pretérito
imperfeito do verbo andar. Preste atenção:

ANDAR, 'to walk'

EU		NÓS ANDÁVAMOS	
VOCÊ		VOCÊS	
O SENHOR		OS SENHORES	
A SENHORA	ANDAVA	AS SENHORAS	ANDAVAM
ELE		ELES	
ELA		ELAS	

Os verbos em *-er* e *-ir* também são fáceis no pretérito imperfeito. Veja.

COMER, 'to eat'

	NÓS COMÍAMOS	
EU		
VOCÊ	VOCÊS	
O SENHOR	OS SENHORES	
A SENHORA COMIA	AS SENHORAS COMIAM	
ELE	ELES	
ELA	ELAS	

EU COMPRAVA
ELE VENDIA
ELAS SERVIAM

———————————— PARE ————————————

The Imperfect Tense

The imperfect past of regular verbs is formed with the following endings:

Verbs in *-ar*   Verbs in *-er, -ir*

-AVA	-ÁVAMOS
	-AVAM

-IA	-ÍAMOS
	-IAM

Eu falava muito.   Eu bebia demais.
Ele chegava atrasado.   Ela não lia muito.
Nós estudávamos juntos.   Nós servíamos café.
Eles usavam roupa velha.   Vocês pediam ajuda.[3]

The imperfect is used for description in the past and is not used for specific events or occurrences.

1. **Conditions:**

Eles estavam doentes.   *They were sick.*
Ela parecia bem.   *She looked well.*

2. **Description:**

O céu estava azul.   *The sky was blue.*
O João tinha cinco anos.   *John was five years old.*

———————————

[3]In the *nós* form all verbs have a written accent on the antepenultimate syllable: *estudávamos, servíamos, comíamos.*

3. Recurring events or habits:

Maria fumava demais.	*Maria smoked too much.*
O filme sempre começava às nove.	*The movie always started at nine.*

To give the idea of the Portuguese imperfect English often uses such terms as used to, would (as in *would always*, for example) or the past progressive, *was — ing*. Notice that the sentences above can be translated as follows, depending on context:

They used to work late.	*Eles trabalhavam até tarde.*
She was looking well.	*Ela parecia bem.*
Maria used to smoke too much.	*Maria fumava demais.*
The movie would always start at nine.	*O filme sempre começava às nove.*

The Past Progressive

The verb *estar* in the imperfect (*estava*, etc.) is combined with the *-ndo* form of the verb to express the past progressive. It is used just as the present progressive is, with any verb, to emphasize the on-going nature of an action or condition:

Ele estava trabalhando demais.	*He was working too much.*
Nós estávamos assistindo televisão.	*We were watching TV.*
Eles estavam gostando muito da festa.	*They were enjoying the party a lot.*

VAMOS PRATICAR

A. Diálogo. Antigamente!

— Antigamente eu jogava futebol todos os dias e assistia jogos na televisão.
— Quando você morava no Brasil?
— É. Todo mundo adorava esse esporte.
— Os brasileiros gostavam só de futebol, é?
— Não, mas eles preferiam o futebol.

B. Conversinha. Ah! Que saudades! Complete o diálogo.

Cláudio — Onde você estudava?
Beatriz —
Cláudio — Você gostava dos seus colegas?
Beatriz —
Cláudio — O que você e os seus colegas faziam?
Beatriz —
Cláudio — Os seus pais trabalhavam?
Beatriz —
Cláudio — Você tem saudades daquele tempo?
Beatriz —

C. **O que estas pessoas faziam quando eram crianças?**

Sérgio

Rachel e Laura

Ex: *Sérgio jogava futebol.   Rachel e Laura praticavam voleibol.*

1. falar muito	1. visitar os parentes
2. passar as férias na praia	2. brincar com os amigos
3. brigar com os irmãos	3. dormir cedo
4. comer muita pizza	4. tomar muito leite
5. assistir televisão	5. correr na rua
6. telefonar muito	6. ouvir som

D. **Quais as suas atividades favoritas quando você tinha 15 anos?**

1. jogar tênis com os meus amigos *Eu jogava tênis com os meus amigos.*
2. dançar no clube da cidade
3. paquerar na praia
4. escrever para meus parentes
5. conversar com meus amigos
6. visitar meus avós
7. ler revistas
8. dormir muito

E. **Reunião de Família.** O que vocês estavam fazendo na reunião da sua família?

1. Papai (beber cerveja) *Papai estava bebendo cerveja.*

2. Mamãe (servir a comida)
3. Meus primos (paquerar as garotas)
4. João (ler uma revista)
5. Eu (ouvir som)
6. Vovô (dormir no sofá)
7. Vovó (contar uma história)
8. Tia Luiza (assistir televisão)
9. Eu (dançar)

F. **Como Era Bom!** O que você e a sua família faziam durante as férias?

1. fazer piqueniques *Nós fazíamos piqueniques.*

2. viajar muito
3. dar festas
4. dormir até tarde
5. comer fora
6. gostar de pescar
7. ver filmes
8. passear na praia
9. visitar os parentes

G. **Ações simultâneas.** Use o imperfeito dos verbos em parênteses.

    1. Maria (dançar) enquanto eu (estudar).   *Maria dançava enquanto eu estudava.*
    2. O professor (dormir) enquanto os alunos (ler).
    3. Papai (cochilar) enquanto a mamãe (assistir) televisão.
    4. Enquanto nós (comer) João (fofocar) no telefone.
    5. Você (ouvir) som enquanto ela (cantar).
    6. Enquanto os vizinhos (gritar) eu (correr).
    7. João (falar) enquanto eu (preparar) a comida.

PONTO DE ENCONTRO

A. **Entrevista** A infância de um colega.

Sugestões: onde ele/ela morava   onde passava as férias
            onde estudava   o que gostava de comer
            que esportes praticava   o que fazia nos fins de semana
            quando visitava os parentes   como celebrava o aniversário
            o que não gostava de fazer

B. **A adolescência.** Fale para um colega sobre a sua adolescência.

Sugestões: o que você fazia   praticava esportes
            como se sentia   o que podia ou não fazer
            quem namorava   que tipo de roupa usava
            se gostava dos professores onde ia nos fins de semana
            onde morava   o que fazia nas férias

XIII. ANGOLA

Angola é o sétimo maior país da África, e mais de duas vezes a França e a Holanda juntas. É um país rico em recursos minerais, mas as suas terras podem ser usadas para a agricultura somente em 1%. As principais exportações do país consistem de petróleo, café e diamantes. A população é 90% negra, com muitos grupos tribais, principalmente o bantu.

Angola foi descoberta em 1483 pelo português, Diogo Cão, mas os colonizadores portugueses só se estabeleceram aí em meados do século seguinte. A partir desta época e até a segunda metade do século XIX, o comércio de escravos foi o prinicipal interesse de Portugal em Angola. Em 1861 começaram os movimentos de guerrilha contra o domínio português. Depois de uma prolongada guerra de resistência, Portugal concedeu a independência a Angola em 1971. O sistema de governo formado pela constituição de 1975 é marxista e dominado por um só partido político, o MPLA-PT (Movimento Popular de Libertação de Angola — Partido do Trabalho).

Você entendeu?

1. Qual é o tamanho de Angola?
2. A agricultura ocupa grande parte das terras de Angola?
3. Quais são as principais exportações de Angola?
4. Em que ano Angola foi descoberta?
5. Quando os colonizadores portugueses se estabeleceram em Angola?
6. Qual foi o principal interesse de Portugal em Ángola?
7. O que aconteceu em 1961?
8. Quando Angola se tornou independente?
9. Como é o sistema de governo dos angolanos?

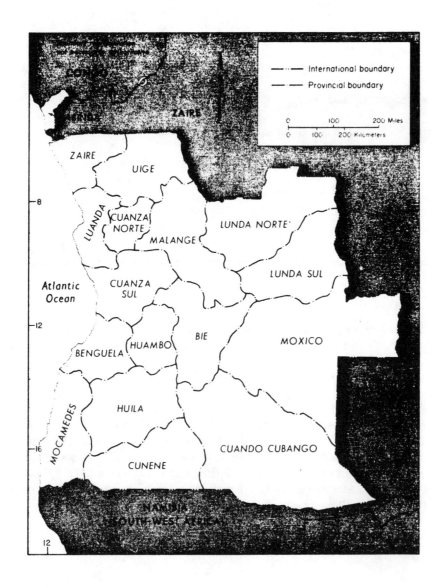

VOCABULÁRIO

Substantivos

armário, *m.*	*wardrobe*	gaveta, *f.* /ê/	*drawer*
bagagem, *f.*	*baggage, luggage*	gorjeta, /ê/	*tip*
bagunça, *f.*	*mess (slang)*	mala, *f.*	*suitcase*
balcão, *m.*	*counter*	olho, *m.* /ô~ó/	*eye*
conta, *f.*	*bill*	prateleira, *f.*	*shelf*
doença, *f.*	*disease*	preço, *m.* /ê/	*price*
fita, *f.*	*ribbon, tape*	serviço, *m.*	*service*
garrafa, *f.*	*bottle*	vaga, *f.*	*vacancy*

Verbos

acreditar	*believe*	esquecer (-ço) [2]	*forget*
brigar (-gue)	*fight*	hospedar [1]	*put up (for the night), stay*
casar	*marry*		
dar (irreg.)	*give*	lembrar	*remember, remind*
deixar	*let, allow, leave*	olhar [1]	*look (at)*
encontrar	*find, meet, encounter*	pôr (irreg.)	*put, lay*
entregar (-gue) [1]	*deliver, hand in*	vir (irreg.)	*come*

Adjetivos

estrangeiro	*foreign*
barato	*cheap*
limpo	*clean*

Outras Palavras

cedo /ê/	*early*
então	*then*
enquanto	*while*
logo /ó/	*soon*
nunca	*never*

PARTE II

I. MOÇAMBIQUE

Moçambique fica na costa leste da África. O país é rico em recursos minerais como carvão e minério de ferro. Como em Angola, apenas 1% das terras de Moçambique são cultivadas. A fauna é muito diversificada e animais como a zebra, o rinoceronte, a girafa, o leão e o elefante são encontrados em abundância.

O primeiro português a visitar Moçambique foi Vasco da Gama, em 1498. A partir daí um pequeno grupo de portugueses reside no país até a independência em 1975. A população é predominantemente negra e constituída de 10 grupos étnicos maiores. Muitos destes grupos falam o bantu, mas a língua oficial do país é o português. A maioria da população segue as crenças tradicionais, mas há também católicos e muçulmanos.

O governo de Moçambique é marxista, dirigido por um só partido, o FRELIMO (Frente de Libertação de Moçambique).

VOCÊ ENTENDEU?

1. Onde fica Moçambique?
2. O país tem recursos minerais?
3. Quais são os animais abundantes em Moçambique?
4. Quem foi Vasco da Gama?
5. Como é a população de Moçambique?
6. Qual é a religião dos moçambicanos?

II. PRETÉRITO IMPERFEITO DOS VERBOS **SER**, **TER**, **VIR**, **PÔR** E **IR**

There are four irregular verbs in the imperfect tense: *ser*, *ter*, *vir* and *pôr*. *Ir* simply has a zero stem, and consists only of the regular *-ir* endings:

IR 'go'

EU		NÓS	ÍAMOS
VOCÊ		VOCÊS	
O SENHOR	IA	OS SENHORES	IAM
A SENHORA		AS SENHORAS	
ELE		ELES	
ELA		ELAS	

TER 'have'

EU		NÓS TÍNHAMOS
VOCÊ		VOCÊS
O SENHOR		OS SENHORES
A SENHORA TINHA		AS SENHORAS TINHAM
ELE		ELES
ELA		ELA

SER 'be'

EU		NÓS ÉRAMOS
VOCÊ		VOCÊS
O SENHOR		OS SENHORES
A SENHORA ERA		AS SENHORAS ERAM
ELE		ELES
ELA		ELAS

PÔR 'put'

EU		NÓS PÚNHAMOS
VOCÊ		VOCÊS
O SENHOR		OS SENHORES
A SENHORA PUNHA		AS SENHORAS PUNHAM
ELE		ELES
ELA		ELAS

VIR 'come'

EU		NÓS VÍNHAMOS
VOCÊ		VOCÊS
O SENHOR		OS SENHORES
A SENHORA VINHA		AS SENHORAS VINHAM
ELE		ELES
ELA		ELAS

Eles iam amanhã mas agora vão depois de amanhã.
They were going tomorrow, but now they are going day-after-tomorrow.

Quando eu tinha 12 anos eu passava as férias com meus avós.
When I was 12 years old, I spent vacations with my Grandparents.

Quando eu era presidente do Clube Luso-Brasileiro eu fazia uma feijoada todo ano.
When I was president of the Luso-Brazilian Club I would put on a feijoada every year.

Todas as manhãs ele punha o chapéu e saía correndo.
Every morning he would put on his hat and leave running.

Nós vínhamos de carro para a universidade. *We used to come to the university in a car.*

VAMOS PRATICAR

A. **Diálogos**

1. Bons tempos aqueles!

— Ah! Bons tempos aqueles!
— De que é que você está falando?
— Do tempo quando eu era criança e não tinha muitos problemas.
— Concordo com você. Naquela época nós não tínhamos grandes responsabilidades.
— A vida era boa! Meus pais eram bons comigo e eu tinha tudo o que precisava.
— Lembro que o meu avô vinha me ver todos os domingos e nós íamos ao jardim zoológico.
— Puxa! Que saudade.

2. Meu primeiro professor

— Você se lembra do professor Dirceu?
— Claro! Quem não se lembra? Ele era gordo, feio, mas era muito engraçado.
— Ele tinha muita paciência conosco, mesmo quando nós brincávamos na aula, não era?
— Ele entrava na classe e dizia "Bom dia, meninos". Então ele punha os livros na mesa e tirava o velho paletó azul.
— E ele tinha a mania de botar apelidos engraçados na gente. Você era "o sapo". Lembra?
— Ah! Você pensa que eu vou dizer? Eu só sei que eu sempre tirava nota boa!

3. Complete com o imperfeito dos verbos *ser, ter, vir, ir*

— Como —— a sua vida quando você —— 15 anos?
— —— boa. Eu —— muitos amigos, morava numa cidade pequena com meus pais e dois irmãos.
— O que você fazia nos fins de semana?
— Às vezes eu —— ao cinema com os amigos ou eles —— para a minha casa escutar música.
— E como —— a sua escola?
— Eu estudava no Colégio Santo Inácio. —— um bom colégio e os professores —— bonzinhos.
— E nas férias, para onde você ——?
— Eu e a minha família —— todos os anos passar um mês na Praia de Búzios, em Cabo Frio.

B. **Tempos passados!** O que fazíamos quando éramos mais jovens?

1. Luísa não —— vir para escola sozinha. *Luísa não vinha para a escola sozinha*
2. Rogério e Rui —— ter muitas namoradas.
2. Eu e Jorge —— vir de carro para a escola.
4. Gilberto não —— ter muito dinheiro.
5. Tomás —— fazer exercícios.
6. Pedro -- ser bom jogador de futebol
7. Isabel —— ir ao cinema nos domingos.
8. Teresa e Márcia não —— falar bem inglês.
9. Eu -- ser muito engraçado.

C. **Um pouco da minha vida passada!** Responda às perguntas:

1. Onde você morava quando era criança?
2. Você tinha apelido?
3. Os seus pais trabalhavam?
4. Você praticava algum esporte?
5. Você punha a mesa para a sua mãe?
6. Você tinha muitos amigos?
7. Onde você estudava?
8. Você ia para a escola todos os dias?
9. Você tinha bicicleta?
10. Como era a sua escola?

D. **É a minha vez de contar.**

1. Um sonho. Conte um sonho que você teve, começando com: Eu sonhei que... (sugestão: eu era, eu tinha um cachorro, etc.)

2. Invente uma história, começando com: Era uma vez um homem muito rico que... (sugestão: morava, tinha, gostava, passava, etc.)

III."RUAS DA INFÂNCIA", DE ELIAS JOSÉ — Revisão do Pretérito Imperfeito

— VÍDEO —

Há só cinco verbos irregulares no imperfeito: *ser, ter, ir, vir e pôr.*
Vamos ver como se usam os verbos *ser e ter.* Preste atenção, na narração, aos outros verbos regulares no imperfeito.

A professora **dizia** que a rua **tinha** aquele nome em *homenagem* a um grande homem, digno de ser imitado. Nós a **ouvíamos** *meio duvidosos.* Para nós, a rua **era** do *pipoqueiro*, do *sorveteiro*, do vendedor de *algodão doce*, do velho *contador de histórias*. De alguém que nos *significasse* muito, **era** o nome da rua. A praça não **tinha** nome, **era** da *molecada* toda. No futebol a coisa **mudava**: Rua de *Baixo* versus Rua de *Cima.* As *peladas* **eram** na praça atrás da igreja velha. Quando uma das turmas **perdia** na bola, *tinha de ganhar no braço.* Nossas ruas se **movimentavam.** Pais **corriam** atrás de filhos, irmãos mais velhos se *doíam* pelos menores e *compravam a briga*, uma *bagunça*! Minha rua **era** a de baixo. Casas velhas, sem pintura, algumas sem *reboco.* Cidadezinha que *não coube no mapa*, mas que *transborda* no meu coração.

honor
rather doubtfully
popcorn man; the ice cream ma candy

story-teller
would mean much;
gang of boys; (upper street vs. lo games
had to win wrestling
felt sorry for; bought into the fig

plaster
didn't fit on the map; overflows

— PARE —

VOCÊ ENTENDEU?

1. Por que a rua tinha aquele nome?
2. Qual era o nome da praça?
3. O vendedor de leite é o leiteiro.
   - O vendedor de pão é o padeiro.
   - O vendedor de pipoca é o ——?
   - O vendedor de sorvete é o ——?
4. De quem era a praça?
5. Que nome davam às ruas quando os meninos jogavam futebol?
6. Procure no texto o seguinte:
   - a. palavra que significa um jogo de futebol na rua
   - b. expressão que significa um doce gostoso
   - c. palavra que significa confusão, muito movimento, desorganização
7. Como as ruas se movimentavam?
8. Onde fica a cidadezinha do autor?

É A MINHA VEZ DE CONTAR

Fale sobre a rua da sua infância. Sugestão: A rua da minha infância —— (se chamava, tinha, eu morava, etc.)

IV. PRESENTE DO INDICATIVO DOS VERBOS SAIR, CAIR, SORRIR, RIR, PERDER, LER

The verbs that follow have irregularities in their present tense forms[4]:

SAIR 'leave'

SAIO	SAÍMOS
SAI	SAEM

CAIR 'fall'

CAIO	CAÍMOS
CAI	CAEM

SORRIR 'smile'

SORRIO	SORRIMOS
SORRI	SORRIEM

RIR 'laugh'

RIO	RIMOS
RI	RIEM

PERDER 'lose'

PERCO	PERDEMOS
PERDE	PERDEM

LER 'read'

LEIO	LEMOS
LÊ	LÊEM

---

[4]Some of these verbs have accented forms: *saímos, caímos, lê, lêem.*

VAMOS PRATICAR ————————————————————————

A. Diálogos.

1.   — Porque você sempre perde a paciência?
      — Eu perco a paciência porque você ri de tudo o que eu falo.
      — Não fique com raiva. Você é uma pessoa muito engraçada. É por isso que eu rio.
      — Está legal. Você pode rir, mas quem ri por último ri melhor! Ha! Ha! Ha!

2.   — Você lê o jornal todos os dias?
      — Sim! Eu leio todas as manhãs. E você?
      — Eu não. Não perco o meu tempo. Levanto e saio para o trabalho.
      — Não é perder tempo. A gente precisa saber o que está acontecendo no mundo.
      — Eu não. Só quero saber do que acontece comigo!

3.   — Puxa! Eu caio de amor por aquele garoto!
      — Por que? Ele nunca sai com você!
      — Mas ele sempre sorri para mim e quando ele sorri, eu perco a cabeça.
      — Por que você não sai com ele? É só convidar!
      — Eu, hein?

B. Situações. Complete as frases com *sair, cair, sorrir, rir, perder* ou *ler*.

1. Quando eu vejo um filme engraçado eu ——.
2. Quando está frio minha mãe não —— de casa.
3. Quando eu vou para a cama eu sempre —— um livro.
4. Quando eu levanto tarde eu —— o ônibus.
5. Quando o papai chega em casa ele —— o jornal.
6. O Joãozinho —— quando corre nas escadas.

C. Perguntas abelhudas. Responda às perguntas usando o verbo da frase.

1. Com quem você sai nos fins de semana? *Eu saio com o meu namorado.*

2. Você perde a paciência por pouca coisa?
3. Os seus amigos riem de você?
4. O que você lê antes de dormir?
5. Você perde dinheiro no jogo?
6. Você sai sozinho?
7. Quem sorri para você nesta aula?
8. Você perde aulas de português?
9. Você cai quando anda a cavalo?
10. Os seus pais lêem as suas cartas?

V. ADVÉRBIOS

Adverbs provide vital information on **time, place, manner,** and **quantity.** They modify verbs or adjectives or whole sentences. Adverbs never show agreement, keeping the same form at all times. Study the following simple adverbs. The translations shown represent one "central" meaning for each; they often have other meanings in different contexts:

times. Study the following simple adverbs. The translations shown represent one "central" meaning for each; they often have other meanings in different contexts:

TIME

já	*already,*	Eu **já** sei falar português.
agora	*now*	**Agora** nós vamos para casa.
logo	*soon*	Você vem **logo**?
cedo	*early*	Tenho uma aula amanhã **cedo** .
tarde	*late*	Ele chega **tarde**.
ontem	*yesterday*	**Ontem** fazia muito frio.
antes	*before,*	**Antes** ele comia mais.
depois	*afterwards*	**Depois** ele vai saber tudo.
sempre	*always*	A gente **sempre** estuda aqui.
nunca	*never*	Eu **nunca** tenho dinheiro.

PLACE

aqui	*here*	**Aqui** não faz calor.
aí	*there*	Você não conhece ninguém **aí**.
ali	*there*	**Ali** em frente você encontra a casa.
lá	*there*	**Lá** na França falam francês.
perto	*near*	Você mora muito **perto**?
longe	*far*	Esse menino mora **longe**.
atrás	*back*	O João ficou lá **atrás**.
dentro	*inside*	A mulher está aqui **dentro**.
fora	*outside*	O cachorro está lá **fora**.

MANNER

bem	*well*	Puxa, como você fala **bem**!
mal	*badly*	Eu vou muito **mal** de matemática.
assim	*thus*	**Assim** você vai ganhar tudo.
só	*only*	Ele **só** tem um amigo.
devagar	*slow*	Meu Deus, como ele anda **devagar**!
depressa	*fast*	Fala **depressa**, meu filho!

QUANTITY

muito	*a lot*	Ela anda **muito** de bicicleta.
pouco	*little*	Meu pai fala **pouco**.
demais	*too much*	Você estuda **demais**, sabia?
quase	*almost*	Tenho **quase** um milhão de dólares.
mais	*more*	Você quer comer **mais**?
menos	*less*	Hoje vou beber **menos**.

Adverbials as Adjectives and Prepositions

Some of these forms can function as adjectives, showing agreement of number and gender. The most common are *muito* and *pouco*.

muito	Tenho **muitos** amigos.

pouco   Eles têm **pouca** paciência.

Other common adverb/adjectives do not show agreement:

só   Ela está **só**.
mais   Não temos **mais** tempo.
menos   Você agora tem **menos** aulas.

Many adverbials may be used in prepositional phrases with the addition of *de*:

antes de   Ela chegou **antes d**a festa.
depois de   Ele vai para casa **depois d**a conferência.
perto de   Eu moro **perto d**a faculdade.
longe de   Maria está **longe d**aqui.
atrás de   Ele jogava futebol **atrás d**a casa.
dentro de   Nós estamos **dentro de** um grande auditório.
fora de   Elas trabalham **fora de** casa.

Words for 'here' and 'there'

The adverbs of place *aqui, cá, aí, ali, lá*, form a special set of words meaning 'here' and 'there'.

AQUI *here*   (location of the speaker)
CÁ   *here*   (used in expressions such as **vem cá, para cá**)
AÍ   *there* (location of hearer)
ALI   *there* (third-person location, relatively nearby)
LÁ   *there* (third-person location, relatively far)

The difference between *ali* and *lá* is mostly one of perceived distance: *Lá* is further away.

The difference between *aí* and the other terms is important in communication because it is the only form for 'there' which can be used to refer to the hearer's location. It must be distinguished from *lá* and *ali* when speaking on the telephone to indicate reference to the hearer's place rather than some third location:

Como vão as coisas **aí**?   *How are things going there?*
Você vai para **lá** amanhã?   *Are you going there tomorrow?*

Use of *lá* for *aí* on the telephone or in correspondence will lead to misunderstanding or confusion. Some other examples of the use of *aí*:

Segura aí.   *Hold on there.*
Vou para aí amanhã.   *I'm going there (where you are) tomorrow.*
O que você tem aí?   *What have you got there?*

VAMOS PRATICAR————————————————————

A. **Diálogos**

1. É tarde para telefonar?

   João   — Oi, Carlos, o seu irmão está aí?
   Carlos — Não, ele está lá na casa dele.
   João   — É tarde para telefonar para ele?
   Carlos — Não. Ele nunca vai pra cama cedo.

2. Estou muito só!

   Maria   — Beatriz, você está bem?
   Beatriz — Mais ou menos. Onde você está?
   Maria   — Aqui na casa do Arnaldo.
   Beatriz — Ele está aí?
   Maria   — Não. Eu estou muito só. Vem pra cá.
   Beatriz — Estou quase terminando meu trabalho. Logo vou para aí, tá bem?

B. **Quando você fazia isso?** Responda às perguntas usando os advérbios *sempre, nunca, cedo, agora,* *tarde.*

   1. Quando você jantava? *Eu sempre jantava às oito.*
   2. ...viajava?
   3. ...acordava?
   4. ...tinha aulas?
   5. ...lavava a roupa?
   6. ...comia fora?
   7. ...assistia televisão?
   8. ...visitava a sua família?
   9. ...estudava na biblioteca?
   10. ...saía com os amigos?
   11. ...fazia exercícios?
   12. ...cortava o cabelo?

C. **Onde é mesmo?** Use a sua experiência pessoal para completar as frases usando os advérbios de lugar *aqui, ali, lá, cá, perto de, longe, atrás, antes de.*

   1. Eu moro... *Eu moro perto daqui.*
   2. A minha faculdade fica...
   3. A minha casa é...
   4. Meus pais compraram uma casa...
   5. Eu gosto daquela loja...
   6. Faz muito frio...
   7. Há muita gente...
   8. Eu tenho um apartamento...

D. **Como estão as coisas?** Complete as frases escolhendo os advérbios *demais, pouco, muito, depressa,* *devagar, só, mal e bem.*

   1. Pedro come... *Pedro come demais.*
   2. Os estudantes falam português...
   3. Teresa quer morar...
   4. Tia Graça comia...
   5. Eu tenho ... dinheiro.
   6. José está ... em casa.
   7. Paciência! Não fale...
   8. Você sabe que eu quero ... você.

E. **Entrevista**. Responda às perguntas usando as expressões *atrás de, em frente de, antes de, depois de, longe de, perto de, dentro de, fora de.*

1. Onde você mora? *Eu moro perto do centro.*
2. Onde você está?
3. Onde fica o museu da cidade?
4. Quando você vai para casa?
5. Onde está o seu carro?
6. Onde o seu cachorro dorme?

7. Onde era a sua escola?
8. Onde você morava quando era criança?
9. Quando você vem para a minha casa?
10. Onde é a casa dos seus pais?

VI. *O CASAL EXAGERADO* — Advérbios

── VÍDEO ──

As palavras "bem", "logo", "assim", etc. são advérbios. Vejam os advérbios que aparecem na cena que se segue.

Marido — Alô? É você, meu filho?

Mulher — O Robertinho?

Marido — Você está **bem**, meu filho?

Mulher — Ah, deixa eu falar com ele, deixa!

Marido — Olha, tem uma *porção* de coisas pra te contar.   *bunch*

Mulher — Ele está **bem**? Ele está **bem**?

Marido — Olha, o Hipólito viajou.

Mulher — Olha, pra Pirapora, meu filho, é! Olha, foi **logo** de manhã **cedo**, 'viu? Foi **mais ou menos** umas sete horas da manhã. Foi com a *filharada* toda, cachorro, papagaio, galinha. Levou o Zezinho, imagina, o Zezinho, meu filho, o filho da empregada, aquela que tem um olho **assim** e outro **assim**.   *all the kids*

Marido — Espera, que é isso? Ora, francamente, você está dizendo uma porção de *bobagens*, coisas supérfluas. Não precisa entrar em todos esses detalhes. O Robertinho entendeu tudo só com uma *oração*: O Hipólito viajou.   *nonsense*   *sentence*
    Alô, Robertinho, ah, você se lembra da Lucinha, filha do padeiro? Aquele padeiro **aqui** da esquina? É. *Fugiu.*   *ran off*

Mulher — Pela *madrugada*, meu filho, é, **logo** de madrugada, é. E *carregou* tudo que tinham em casa, e olha que andam dizendo que foi com um negrão de **quase** dois metros de altura, que morava...   *dawn*   *carried away*

Marido — Pára aí. Pra que esses detalhes todos? *Basta o verbo.*   *The verb is enough.*

Mulher — Só o verbo?
Marido — Só o verbo.

Mulher — Ah!

Marido — Alô, Robertinho, olha. A Suzaninha, tua esposa está ótima. Está com saudades. Ah, *mudou* pro apartamento ao lado do teu, um *vizinho*, sabe? É. Olha, não gostei **muito** desse vizinho, não. Parece meio cafajeste. É. Tem um gatinho. Não gostei **nada** dele.   *moved*   *neighbor*
Mulher — Mas a Susaninha gostou.

Marido — Que é isso? Você está louca?

Mulher — Eu disse que a Susaninha gostou.

Mulher — Ora, você vai dizer uma coisa dessas. **Então** a Susaninha vai gostar de um vizinho!

Mulher — Mas eu não *disse* nada, eu só disse que a Susaninha gostou, e **muito**!   *didn't say*

Marido —— Alô, Robertinho. Não, sabe como é a tua mãe. É exagerada. É. O que? Você ouviu tudo? Eu sei. Não, não, não. É exagero, exagero. É. O que? Robertinho, não faça isso, pelo amor de Deus, Robertinho! Pronto. *Desligou.* E *ficou preocupado* e disse que está vindo de volta.

Mulher —— Mas que exagerado. Até parece você.

hung up
got worried

Marido —— Ficou preocupado com o que você disse, que a mulher dele está gostando do tal vizinho.

Mulher —— Eu? Mas eu não disse do quê, né? Mas não foi você mesmo quem disse que só bastava o verbo? Pois, **então**, eu disse que a Susaninha gostou do gato do vizinho!

—————— *PARE* ——————

VOCÊ ENTENDEU?

1. Quem está falando no telefone?
2. Para onde o Hipólito viajou?
3. Quando ele viajou?
4. Com quem ele foi?
5. Quem é Zezinho?
6. O que aconteceu com Lucinha?
7. Quando isso aconteceu?
8. Quem mudou para o apartamento ao lado?
9. O que o vizinho tem?
10. Do que a Susaninha gostou?
11. Por que o Robertinho desligou o telefone?

VAMOS PRATICAR

A. **É minha vez de contar.** Faça um resumo de "O casal exagerado", combinando as colunas A e B.

A	B
1. Os pais de Robertinho	a. viajou com toda a filharada para Pirapora
2. O pai diz que tem	b. Lucinha, a filha do padeiro, fugiu de casa
3. Os pais dizem que o Hipólito	c. telefonam para ele
4. O pai acha que	d. um vizinho mudou para um apartamento ao lado do Robertinho
5. A mãe fala que	e. uma porção de coisas para contar
6. O marido diz para a mulher	f. a esposa não precisa contar tantos detalhes
7. O pai fala que	g. gostou do vizinho em vez do gatinho
8. O vizinho	h. que basta o verbo e não tanta bobagem
9. Robertinho pensa que a esposa	i. voltar para casa para saber o que está passando
10. Preocupado, Robertinho resolve	j. tem um gatinho

PONTO DE ENCONTRO ══════════════════════════════════════

Imagine que você é o Robertinho, está de volta a sua casa, e quer saber o que está acontecendo.
Prepare uma conversa com três colegas: seu pai, sua mãe e sua esposa.

VII. GÊNERO: CASOS ESPECIAIS

1. Some nouns have only one form for both genders. In these nouns only the article and accompanying adjectives show gender:

o carioca	a carioca
o colega	a colega
o cliente	a cliente
o estudante	a estudante
o gerente	a gerente
o imigrante	a imigrante
o jovem	a jovem
o paciente	a paciente

   Note: All nouns ending in **-ista** follow this rule:

o jornalista	a jornalista
o dentista	a dentista
o artista	a artista
o motorista	a motorista
o pianista	a pianista

2. Several words ending in **-a** are masculine. For example:

o clima	o sistema	o pijama
o dia	o telefonema	o programa
o mapa	o cinema	o problema
o telegrama	o tema	o drama

3. A few words ending in **-o** are feminine. For example:

a tribo	a moto	a foto

4. Some nouns have only one gender to indicate persons of both sexes. For example:

o indivíduo	a vítima	a pessoa	a criança

   Examples of usage:

   O Antônio é uma pessoa simpática.
   O Paulo e o José são ótimas crianças.

VAMOS PRATICAR

A. **Masculino ou feminino?** Complete os espaços com os artigos *um, uma*.

1. O Sérgio era —— colega do Paulo. *O Sérgio era um colega do Paulo.*
2. O Dr. Castro é —— cientista.
3. A Laura tinha —— mapa.
4. Vamos criar —— sistema.
5. Há —— foto na parede.
6. Ele tinha —— problema.
7. O Maurício é —— bolsista.
8. O Walter e o Hugo são —— pessoas inteligentes.
9. Eu ia comprar —— pijama azul.
10. O Mário é —— jovem triste mas a Cristina é —— jovem alegre.
11. A universidade tem —— programa interessante.
12. Parece que o Celso tinha —— problema difícil para resolver.
13. Mariana é —— colega leal.
14. Os Kamaiurá são —— tribo do Alto Xingu.

B. **Feminino ou masculino?** Faça uma frase com as seguintes palavras.

1. O Alfredo /pianista bom. *O Alfredo é um pianista bom.*
2. O Burle Marx /paisagista brasileiro
3. O Francisco /pessoa feliz
4. O Otávio /artista
5. O Flávio /vítima da sociedade
6. A Isabel /indivíduo que sabe o que quer
7. Luiza/ jornalista famosa
8. Jorginho/criança feliz
9. Helena/gerente de banco
10. Patrícia/ cliente do Dr. Calmante

VIII. CONSOANTES OCLUSIVAS SURDAS
──────VÍDEO──────

As consoantes oclusivas surdas em português não têm aspiração. O
"T" pode ser palatalizado quando vem seguido de 'I' ou 'E'.

P
PÃO PAU CAPIM
COPO JIPE ROUPA

T
TEU TOM TÚNEL
LUTA PRETO

T (PALATALIZADO)
TIO TEATRO ÚLTIMO
SETE NOITE PARTE

K (C, QU)
COR QUER CÃO
LEQUE SACO AQUARELA

———— *PARE* ————

BOA PRONÚNCIA É ESSENCIAL

1. Paulo e Pedro são do Pará.
   Quero apenas um copo d'água.

2. Todos os dias Tereza chega tarde.
   Alberto tem um gato preto.

3. Ele dançou sete noites na boate.
   Tia Edite não quer abacate.

4. Carlos não **quer** morar **aqui**.
   Aquela casa amarela é da Carmem.

IX. PRETÉRITO PERFEITO DOS VERBOS EM -AR

———— *VÍDEO* ————

Agora, aprenda como se forma, em português, o pretérito perfeito
dos verbos terminados em "ar".

ANDAR

ANDEI	ANDAMOS
ANDOU	ANDARAM

Eu estudei.
Ela estudou.
Nós estudamos.
Vocês estudaram.

———— *PARE* ————

The Preterite

The preterite (*pretérito perfeito*), like the imperfect, is a simple past tense. For *-ar* verbs the endings are these:

-EI	-AMOS
-OU	-ARAM

Eu fal**ei** com ela.	*I spoke with her.*
Você cheg**ou** cedo.	*You arrived early.*
Eu e a Marília brin**camos** muito.	*Marília and I played a lot.*
Elas não olh**aram** para mim.	*They didn't look at me.*

As in the imperative forms, when verb ends in *-car, -çar, -gar*, spelling changes are necessary in the first-person singular of the preterite:

jogar — jo**guei**	ficar — fi**quei**
chegar — che**guei**	dançar — dan**cei**

Uses of the Preterite

The preterite is used for changes, events or situations that are not part of the background description, but that involve beginnings and/or ends, things that happened or had a specific duration.

1. **Specific events of momentary duration:**

Eu **olhei** para a moça.	*I looked at the girl.*
Ele **perguntou** a hora.	*He asked the time.*

2. **Occurrences repeated a definite number of times:**

Ela **falou** comigo duas vezes ontem.	*She spoke to me twice yesterday.*
Eu **fui** à Europa muitas vezes o ano passado.	*I went to Europe many times last year.*

3. **Long-term situations within a defined time period:**

Eu **esperei** quatro horas.	*I waited for four hours.*
Ela **alugou** a casa por dois anos.	*She rented the house for two years.*

4. **Situations seen to begin or end, but not necessarily both:**

A festa **começou** tarde.	*The party started late.*
Eu **fumei** até o ano passado.	*I smoked until last year.*

5. **Preterite with *já* and *ainda*.** The preterite often expresses the meaning of the English present perfect, frequently with the adverbs *já* or *ainda não*:

— Você já **fechou** a porta?	*Have you closed the door?*
— Ainda não.	*Not yet.*

— Você já **foi** ao Brasil?	*Have you been to Brasil?*
— Já.	*Yes, I have.*

— Ele ainda não **chegou**.	*He hasn't arrived yet.*
— Eu já sei.	*I already know it.*

The Preterite and the Imperfect

The preterite and imperfect are often used together: the imperfect to set the scene and the preterite to tell what happened. Stories usually begin with descriptions in the imperfect and then the action starts in the preterite. Only the preterite, tied to specific time and events, can express events in order of occurrence; the imperfect is used for simultaneous background:

Chovia quando ele **chegou**.	*It was raining when he arrived.*
Olhei para a moça que **cantava**.	*I looked at the girl who was singing.*

Era de dia e o sol **brilhava**. O telefone **tocou** e eu **atendi**. **Era** a Cristina.
It was daytime and the sun was shining. The telephone rang and I answered it. It was Christina.

Some Past Time Expressions:

ontem	anteontem	ontem de manhã	no ano passado
pela manhã	na semana passada	ontem à noite	o verão (outono,
inverno, primavera) passado			

VAMOS PRATICAR

A. **Minha Agenda.** O que você fez ontem de tarde?

Ex: 12:00 hs -- falar com o professor Às doze eu falei com o professor.

1:00h	almoçar com o Raul	6:00hs	jantar em casa
2:00hs	lavar a roupa	8:00hs	encontrar os amigos
3:00hs	telefonar para o médico	9:00hs	voltar para casa
4:00hs	tocar piano		
5:00hs	jogar voleibol		

B. O que estas pessoas fizeram ontem?

Sérgio

Amélia e Jorge

Ex: Sérgio lavou a roupa.   Amélia e Jorge tomaram café.

1. jogar pinguepongue	1. dançar até tarde
2. almoçar fora	2. telefonar para os pais
3. tocar piano	3. acordar cedo
4. nadar na piscina	4. comprar uma casa
5. cantar na igreja	5. ficar em casa

C. Nós já fizemos... Responda às perguntas abaixo, usando a palavra *já* e o pretérito.

1. Vocês vão comprar um carro? *Não, nós já compramos.*

2. Vocês vão ao Brasil este ano?
3. Os seus pais vão chegar hoje?
4. Você vai viajar no fim do ano?
5. A sua mãe vai limpar a casa?

6. Vocês vão tomar café?
7. Você vai cortar os cabelos?
8. Vocês vão casar?
9. Você vai passar um telegrama para o seu pai?

D. Que Ano Bom! Este foi um ano muito bom para você e a sua família. Diga o que aconteceu:

1. O meu pai (ganhar na loteria) *O meu pai ganhou na loteria.*

2. O meu irmão (passar no exame)
3. Eu (ficar noivo/a)
4. Os meus avós (comprar uma casa na praia)

5. Eu e meus pais (viajar para Portugal)
6. A minha irmã (casar com o Raul)

E. O Dia de Ontem. O que aconteceu a você ontem?

1. uma coisa positiva:
2. uma coisa negativa:
3. um telefonema:

4. uma visita:
5. uma notícia interessante:

PONTO DE ENCONTRO

A. O que você fez? Entreviste um colega e fale para a classe sobre o que ele fez:

1. ontem de manha
2. ontem à tarde
3. ontem à noite
4. na semana passada

5. no ano passado
6. no verão passado
7. anteontem
8. no mês passado

B. Entrevista. Entreviste um colega e procure as informações abaixo:

1. Você acordou cedo hoje?
2. O que você tomou no café da manhã?
3. Você estudou ontem?
4. Onde você almoçou hoje?
5. Com quem você jantou ontem?

6. Você trabalhou ontem?
7. Onde você estudou no ano passado?
8. O que você comprou na semana passada?
9. Quando você limpou o seu quarto?

C. Diálogos Situacionais. Desenvolva um diálogo com um colega a partir das seguintes situações.

1. Colega — Você gostou do fim de semana?
   Você   — ...
   Colega — ... (continue)

2. Você   — Porque você estava triste ontem?
   Colega — ...
   Você   — ... (continue)

3. Você   — Quando você chegou aqui?
   Colega — ...
   Você   — ... (continue)

X. "ENQUANTO AS NUVENS PASSAM..."

As nuvens brancas se *destacavam* no azul do céu e iam passando, *empurradas* por um vento leve. No parquinho da praça, a *criançada* brincava na *areia*, no *escorregador*, na *cadeira de balanço*. Era gostoso ouvir a *algazarra* daquela gente *miúda*, que *desfrutava* das horas felizes da infância inocente. Num *banco*, uma senhora estava fazendo *tricô*. *De vez em quando*, ela vigiava dois garotinhos que brincavam na areia ou escorregavam no *tobogã*. Então, ela olhava para o céu *como se quisesse* descobrir alguma coisa, lá em cima. Depois, retomava seu tricô.

stood out
pushed; bunch of kids
sand; slide; swing
noise; tiny; enjoy
bench
knitting; every so often
slide
as if she wanted

Era uma senhora de meia-idade. *Seria* a *babá*, a avó dos meninos? *could she be; nanny*
Logo fiquei sabendo que era a avó dos dois *guris* — 5 e 7 —, que *boys*
chegaram correndo, as *faces rubras* de animação. Um deles *afundou* *faces red; buried*
o rosto no *colo* da senhora. O outro *subiu* no banco e *rodeou* o pes- *lap; climbed; circled*
coço dela com os bracinhos. Ela *deixou cair* o tricô e *beijou* os *dropped; kissed*
garotos.

—*Vovó* — disse o menor —, estou cansado... *Gramma*

—Eu também — *reforçou* o outro. — Vamos embora? *added*

—É cedo ainda... — *respondeu* a avó. — Depois ficam lá, *fechados* no *answered; shut in*
apartamento...

— Mas então o que é que a gente pode fazer, vó?

Ela levantou os olhos para o céu e, sem dúvida, foi naquele instante
que ficou inspirada:

— Que tal brincar com as nuvens? Olhe para o céu — disse ela,
apontando com o índice — não acha que aquela nuvem... aquela *pointing with her finger*
grossa aí, se parece com um cachorro bem *peludo*, com as orelhas *fat one; hairy*
grandes, que caem... Oh, e aquela outra...

O menino olhou para cima e o outro, logo, apontando com o
dedinho *sujo* de areia, exclamou: *dirty*

—Olha aí... Aquela é uma casa! Uma casa *grandona... Xi*, agora está *great big; wow*
virando barco...

O vento *empurrava* as nuvens de *algodão*, que, *aos poucos*, mudavam *pushed; cotton; little by little*
de forma. Os garotos estavam atentos, cheios de entusiasmo.

Em alguns minutos, toda a criançada do parquinho estava olhando
para cima e todos achavam maravilhosa a transformação das nuvens
que *enfeitavam* o céu azul. *decorated*

E *foi assim que*, a partir daquele dia, a *garotada* do parquinho *so it happened; all the kids*
aprendeu a brincar com as nuvens. Uma *brincadeira* linda, que a *learned; amusement*
gente grande também aprecia...

Micheline Gaggio Frank, *Revista Capricho*

VOCÊ ENTENDEU?

A. **É minha vez de contar.** Faça um resumo de "Enquanto as nuvens passam" combinando as colunas A e B.

A	B
1. As nuvens brancas no céu	a. fazia tricô
2. A criançada no parquinho da praça	b. queriam ir embora porque estavam cansados
3. Num banco, a avó das crianças	c. o que as nuvens formavam: um cachorro, etc.
4. Os guris chegaram correndo e	d. brincavam na areia, no escorregador
5. A avó disse que	e. estavam brincando com as nuvens
6. A avó sugere	f. empurrava as nuvens que mudavam de forma
7. As crianças procuravam ver	g. que a garotada do parquinho aprendeu a brincar com as nuvens
8. E o vento	h. brincar com as nuvens
9. Em alguns minutos toda a criançada	i. iam passando empurradas pelo vento
10. E foi assim	j. era cedo

B. **Responda às perguntas sobre o texto.**

1. Como as nuvens iam passando?
2. Procure no texto as cores:
   a) as nuvens eram —
   b) o céu era —
   c) as faces das crianças estavam —
3. Onde a criançada brincava?
4. O que a senhora que estava no banco fazia?
5. A senhora era avó ou babá das duas crianças?
6. O que as crianças faziam?
7. O que a senhora sugere aos garotos para brincar?
8. Com que se parece a primeira nuvem?
9. A segunda nuvem se parece com o quê?
10. Que palavras indicam que os meninos estavam felizes com a brincadeira?
11. O que a criançada do parquinho estava fazendo em alguns minutos?

XI. "A PRETA DO ACARAJÉ" — *Cultura afro-brasileira*

───────────────── VÍDEO ─────────────────

A música e a dança negras influenciaram muito a música brasileira, principalmente aquela cantada e dançada na Bahia. Vamos aprender um pouco desse ritmo maravilhoso.

Dez horas da noite	
Na rua *deserta*,	*deserted*
a preta *mercando*	*selling*
Parece um lamento...	
Iê abará.	
Na sua *gamela*	*wooden bowl*
Tem *milho* cheiroso,	*roasting ear* (*corn*)
Pimenta da costa	*hot pepper*
Tem acarajé.	
O acarajé ecô olalá i ô	
Vem bezê-ê-em, tá quentinho.	

Todo mundo gosta de acarajé,
O trabalho que dá pra fazer é que é.
Todo mundo gosta de acarajé.
Todo mundo gosta de acarajé.

O maculelê é uma *luta* que virou dança. Os movimentos são bonitos	*fight*
e o *conjunto* harmonioso.	*arrangement*

───────────────── PARE ─────────────────

OBSERVE E RESPONDA

1. Responda com 'sim' ou 'não'. Na praia se vê:

jangadas   ondas
bicicletas   mar
pessoas andando   carros
burros   areia
palmeiras   pessoas jogando futebol
pássaros   céu
pedras   motos

PANDEIRO

2. O que você vê nas ruas?
3. Que tipos de edifícios você vê?
4. O que as baianas estão fazendo?
5. O que os homens estão fazendo?
6. Descreva as pessoas na rua.

"A Preta do Acarajé"

A música que acabamos de ouvir é "A Preta do Acarajé", cantada pelo seu compositor, Dorival Caymmi, um dos mais populares da Bahia. Sem conhecimento formal de música, mas profundamente *imerso* na cultura popular da Bahia, Dorival Caymmi compõe sambas de temas regionais desde 1930. A característica principal de sua música é a expressão da cultura baiana. "A Preta do Acarajé" fala das "baianas" levando *tabuleiros* de comida para vender nas ruas de Salvador, como o milho, a pimenta e o acarajé. Como a canção diz, todo mundo gosta de acarajé, mas dá muito trabalho para preparar. Nas cenas do vídeo as baianas aparecem com seus vestidos longos e brancos, os tradicionais colares chamados balangandãs e tabuleiros na cabeça. Um outro elemento que distingue a música de Caymmi é o emprego de palavras trazidas para o Brasil pelos negros escravos e ainda usados na Bahia. Nesta canção ele usa expressões e *pregões* como "iê abará" e "ecô olalá i ô", de origem yoruba, um grupo étnico da Nigéria. Em outras seqüências de rua, para ilustrar elementos da cultura africana presentes na Bahia, aparecem cenas de capoeira, um jogo atlético do tempo da colônia, que os escravos desenvolveram como sistema de defesa pessoal. A capoeira, que reúne elementos de dança e música, é sempre acompanhada pelo berimbau, um instrumento também de origem africana. Na última seqüência do vídeo, a apresentadora introduz o maculelê, outra dança folclórica de origem africana, representação de uma luta simbólica.

immersed

trays
see below

ATABAQUE

street vendor's cry

BERIMBAU

BAQUETA   CAXIXI

CUÍCA

AGOGÔ

Comidas afro-brasileiras

Acarajé: Uma mistura de *feijão fradinho*, camarão seco em pó, cebola *picadinha*, sal e pimenta é preparada e frita em *azeite de dendê* em forma de *bolinhos arredondados*. Na hora de servir, o acarajé é aberto e *recheado* com um molho feito com pimenta, camarão seco, cebola picadinha e azeite de dendê.

*a kind of pinto bean
chopped; heavy, orange-colored
round, small cakes*

Caruru: Camarões frescos e secos, peixe, *refogados* com azeite de dendê, alho, cebola, *coentro*, pimenta, adicionados a uma boa quantidade de *quiabos* cortados em *rodelas*.

*sautéed
fresh coriander
sliced crosswise*

Efó: Folhas de *taioba* ou *língua de vaca aferventadas*, refogada com *temperos*, como coentro e *gengibre*, camarão seco e azeite de dendê.

*kinds of leafy vegetables (substi
  leaves); parboiled; spices; gi*

Moqueca: Podem ser várias: de peixe, de camarão, de *siri mole*, mista, etc. Os ingredientes são postos em uma *frigideira*, de preferência, de barro, com tampa: cebola picadinha, coentro, tomate, pimenta, azeite de dendê, leite de coco, sal, e finalmente, o peixe ou o camarão, dependendo do tipo da moqueca.

*stew; soft-shelled crab
frying pan*

Vatapá: *Miolo* de *pão amanhecido* cozido com leite de coco, azeite de dendê, *cheiro-verde* (coentro, *salsinha*, *cebolinha*) cebola *ralada*, tomade, camarão fresco, *garoupa* ou outro tipo de peixe. Ponha tudo numa panela e mexa sempre até ficar pronto. Na hora de servir, adicione mais um pouco de azeite de dendê.

*day-old bread crumbs
cooking herbs (parsley, scallion
grouper*

Bom apetite!

VOCÊ ENTENDEU?

1. Quem é Dorival Caymmi?
2. Qual é a característica da música de Dorival Caymmi?
3. Desde quando ele compõe sambas?
4. Do que fala a canção "A Preta do Acarajé"?
5. Qual é a origem da expressão "Iê abará"?
6. Como é o traje das baianas?
7. O que é o acarajé?
8. O que é o balangandã?
9. O que é a capoeira?
10. O que é o berimbau?
11. O que é o maculelê?
12. O que é o caruru?

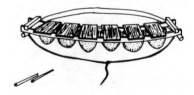

MARIMBA

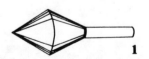

CHOCALHO

XII. VERBOS COM PREPOSIÇÕES E PRONOMES

Pronouns Used after Prepositions

The table below gives the personal pronouns used after prepositions:

(EU)	MIM	(NÓS)	NÓS
(VOCÊ)	VOCÊ	(VOCÊS)	VOCÊS
(O SR)	O SENHOR	(OS SRS)	OS SENHORES
(A SRA)	A SENHORA	(AS SRAS)	AS SENHORAS
(ELE)	ELE	(ELES)	ELES
(ELA)	ELA	(ELAS)	ELAS

As the chart shows, all prepositional forms are the same as the corresponding subjects except for *mim*.

A professora falou **para mim**.
Eu tenho um presente **para você**.
Eu gosto muito **do senhor**.
Eu trabalhei muito **por ele**.

Ele votou **em nós**.
Eu cheguei **antes de vocês**.
Nós vamos **com os senhores**
Eu viajei **sem elas**.

With the preposition *com*, there are special forms for *eu and nós*:

COMIGO	CONOSCO

Ele vai **comigo**.

Elas cantam **conosco**.

Verbs with Prepositions

Specific verbs often 'take' certain prepositions before a pronoun. Because the dictionary meaning of the preposition may not help you tell which one to use, it is a good idea to learn the preposition that normally occurs with common verbs.

LEMBRAR DE	PENSAR EM
ESQUECER DE	ACREDITAR EM
GOSTAR DE	
PRECISAR DE	SONHAR COM
	CASAR COM
ESPERAR POR	IR COM
PASSAR POR	FALAR COM
TELEFONAR PARA	
OLHAR PARA	
DAR PARA/A	

Eu **lembrei de** você.
Ele precisa **dela**.
Eu dei tudo **para** vocês.
Eu sempre penso **nele**.

Ela gosta **de** mim.
Eu passei **por** ela.
Ele sonhou **comigo**.

VAMOS PRATICAR

A. Diálogos

1. Vamos para o cinema?

— Vocês vão comigo para o cinema?
— Vamos, mas primeiro queremos falar com o professor Osvaldo.
— Então vocês telefonam para mim mais tarde, tá?
— Tá legal. A Raquel pode ir conosco também?
— Claro! Para mim não faz diferença.

2. Terminando o namoro.

Juliana — Pedro, você quer falar comigo?
Pedro — Sim, Juliana. Preciso conversar com você. É assunto sério.
Juliana — O que você quer dizer para mim?
Pedro — Calma. Agora não posso falar. Estou sem tempo. Por que você não encontra comigo mais tarde? Espere por mim em frente da Farmácia Santa Clara.
Juliana — Não, Pedro. Olhe para mim. Quero saber de tudo agora. Você não gosta mais de mim?
Pedro — Juliana, não é bem isso. O problema é que você não quer casar comigo e eu não quero mais perder o meu tempo.
Juliana — Pedro, eu não posso casar agora. Se você acreditar em mim eu sei que você vai esperar por mim. Se você achar que estou sendo injusta, esqueça de mim!

B. **Que namorado chato!** O namorado da Maria diz para ela todos os dias:

1. (lembrar) *Lembre-se de mim, meu bem!*
2. (sonhar)
3. (gostar)   6. (telefonar)
4. (pensar)   7. (acreditar)
5. (casar)   8. (esperar)

"As chaves! As chaves!
Você ficou com as chaves do carro!"

C. **Minha agenda: Coisas para não esquecer.** Complete usando as formas apropriadas do pronome:

1. Teresa e Cláudio vão para o piquenique com (nós).
   Teresa e Cláudio vão para o piquenique conosco.
2. Amanhã Pedro vem falar com (eu).
3. Os meus pais vão encontrar com (eu) no banco.
4. O Roberto vai telefonar para (nós) amanhã.
5. O dentista vai falar com (eu) no sábado.
6. Lourenço vai esperar por (eu) no aeroporto.

D. **Perguntas e mais perguntas!** Responda às seguintes perguntas usando os pronomes necessários.

1. Você acredita em mim?
2. Onde você vai esperar por mim?
3. O que você vai dar para mim no Natal?
4. Você vai sempre se lembrar de mim?
5. Você promete não esquecer de nós?
6. De quem você gosta?
7. Você sonha comigo?
8. Em quem você está pensando?
9. Para quem você está olhando?
10. Você vai à praia comigo?
11. Quem vai ao cinema conosco?

XIII. EXPRESSÕES INTERROGATIVAS —"Tags"

---VÍDEO---

São diferentes as entonações que usamos para as afirmações e para as expressões interrogativas. Veja estes exemplos:

José: Eu moro em São Paulo, mas estou saindo de *férias. Pelo jeito,* você vai para a praia, **não vai**?   *vacation; from the looks of things*

Milton: **Vou.** E você, também **vai**?

José: Eu vou para Belo Horizonte.

Milton: Está viajando sozinho?

José: É. Eu ia com uns amigos, mas depois, *resolvi* ir sozinho. Sabe como é, **né**?   *I decided to*

Milton: Mas tenha muito cuidado, **'viu**? Viajar sozinho é perigoso.

José: Não há problema. Não tenho nada para ser roubado.

Milton: *Juízo*, **hein**?   *be sensible*

PARE

Intonation of Questions and Statements

Intonation is the melody of speech, the ups and downs in pitch. All languages use intonation as a way of making speech more expressive, of helping to distinguish the functions of questions, statements, and commands, as well as serving to express feelings of the speaker.

While intonation varies a great deal from speaker to speaker and from time to time, there are certain basic patterns that characterize Brazilian Portuguese intonation.

Affirmations (Statements). Like English, Portuguese statements show a rising pitch toward the end of the sentence, and an abrupt fall at the end. Because the rise is higher and the fall lower than is usual in English, Portuguese sounds more emphatic. Portuguese also tends to hit the high pitch **before reaching the last stress**, while in English the **highest pitch and the last accented syllable usually coincide**. The intonation of affirmations is also used for questions that begin with interrogative words like *que*, *quando*, *como*, *onde*. The following illustrations are from the video:

Eu vou para Belo Horizonte.   *I'm going to Belo Horizonte.*

Eu moro em São Paulo.   *I live in São Paulo.*

Não há problema.   *There's no problem.*

O que você quer comer?   *What do you want to eat?*

Interrogatives (Questions). So-called "yes-no" questions, those not beginning with interrogative words, depend in Portuguese entirely on the intonation, since they are usually given the same word order as equivalent statements. The intonation usually stays low until the very end. Then it goes quickly up on the last word, and if possible, (that is, if the last word has enough syllables) back down again. This quick rise-and-fall gives Portuguese questions a very definite "hook."

E você também vai?	*Are you going too?*
Está viajando sozinho?	*Are you traveling alone?*
O senhor quer isto para hoje?	*Do you want it today?*

Tag Questions

A statement may often be turned into a question by adding a few words, called a *tag question* at the end. Portuguese uses several kinds of tags:

Você vai para a praia, **não vai**?	*You're going to the beach, **aren't you**?*
Sabe como é, **né**?	*You know how it is, don't you?*
Mas tenha muito cuidado, **'viu**?	*Be careful, okay?*
Juízo, **hein**?	*Be sensible, okay?*

In the first example, the verb of the main sentence is negated, much as we create tags in English. In the second example, the words *não é* have been added, here contracted to *né*, probably the most common tag. The last two, *'viu* (from *ouviu?*, 'did you hear?') and *hein* are used to reinforce commands, but *hein* can also be used as a normal but reinforcing tag:

Você pensa que é bom, **hein**?	*You think it's good, do you?*

The intonation of sentences with tags is in two parts. The first part is like any affirmation and the second part like a yes-no question:

Você vai para a praia, não vai?

Tag questions have many subtle uses in Portuguese. Below is a list of some common ones:

1. For exhortation or warning:	*Juízo, hein?*
	Estou saindo agora, 'viu?
2. To reinforce a question:	*Pra onde vai, hein?*
3. To request validation:	*Você sabe como é, né?*
	Você sabe como é, não sabe?
4. To express admiration:	*Puxa, você é grande, hein!*
5. To request agreement:	*Vamos agora, tá?*

VAMOS PRATICAR

A. **Diálogos: Vamos conversar, tá?**

1. — Eu vou passar o dia todo na praia.
   — Não tome muito sol, hein! É perigoso.

2. — Onde o seu irmão está estudando, hein?
   — Na PUC do Rio. Chic, né?

3. — Puxa, você está ganhando muito dinheiro, hein!
   — Você sabe como é, né? Tenho muita sorte.

4. — Eu vou dizer tudo que sei, 'viu?
   — Mas você não vai falar nada de mim, né?

5. — Amanhã nós vamos ao cinema, tá?
   — Não sei, 'viu. Amanhã eu trabalho o dia todo.

6. — Você estudou para o exame, não estudou?
   — Claro, estudei tudo.

B. **Tantas Perguntas, né?** Use *hein, né, não..., tá, 'viu* nas frases abaixo:

1. Você vai para São Paulo. *Você vai para São Paulo, não vai?*
2. Você está saindo de férias.
3. Você sabe como é.
4. Você gosta do Brasil.
5. O senhor está doente.
6. Juízo.
7. A senhora entendeu tudo.

PONTO DE ENCONTRO

Desenvolva um diálogo com um colega a partir das situações abaixo. Procure usar as expressões interrogativas: *hein, né, 'viu, tá, não vai*, etc.

1. Planos de fim de semana.

   Colega — A Marta vai conosco para a praia, não vai?
   Você — ...
   Colega — ... (continue)

2. Assim não é possível!

   Pai — Você não pode falar comigo assim, tá?
   Filha — ...
   Pai — ...

XIV. FIM DE SEMANA NA FAZENDA PALMITAL

Você vai passar o fim de semana na Fazenda Palmital. Conte para a classe como vai ser o seu fim de semana, respondendo às perguntas de acordo com o texto.

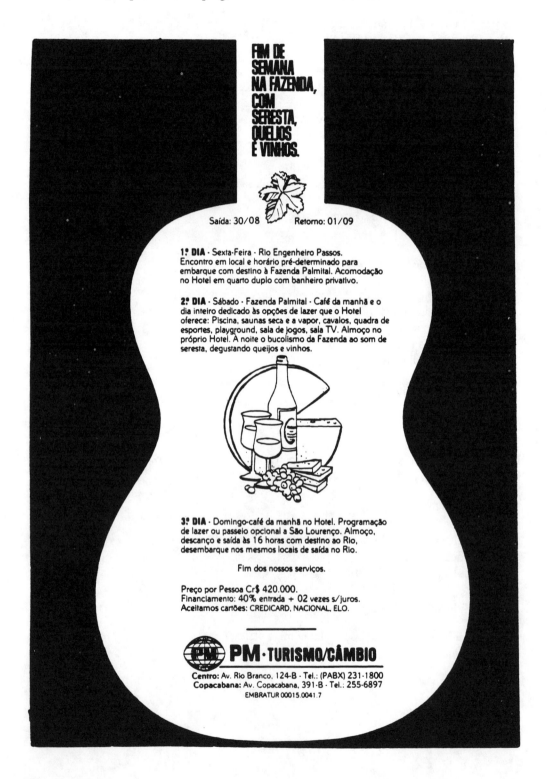

1. Para onde você vai?
2. Quando você vai?
3. Quantos dias você vai passar lá?
4. Como é o Hotel Fazenda Palmital?
5. O que você vai fazer no 2º dia à noite?
6. O que você vai fazer no 3º dia?
7. Quando você vai pagar?
8. Como é o financiamento da P.M. Turismo?
9. Que cartões de crédito a Fazenda Palmital aceita?
10. A que horas você vai voltar para o Rio?

XV. ENCERRAMENTO

VÍDEO

Hoje, ficamos por aqui. Na próxima unidade, vamos continuar a nossa Travessia pelo mundo da Língua Portuguesa.

PARE

VOCABULÁRIO

Substantivos

briga, *f.*	*fight*	bolo, *m.* /ô/	*cake*
brincadeira, *f.*	*play, game, kidding*	porta, *f.* /ó/	*door*
gato, gatinho, /-a	*cat*	tricô, *m.*	*knitting*
apelido, *m.*	*nickname*	areia, *f.*	*sand*
praça, *f.*	*city square*	nuvem, *f.*	*cloud*
sorvete, *m.*	*sherbet, ice cream*	céu, *m.*	*sky, heaven*
cachorro /-a /ô/	*dog*	aeroporto, *m.* /ô˜ó/	*airport*

Verbos

resolver ∎2	*decide*	sair (irreg.)	*leave, go out*
mudar	*change, move*	cair (irreg.)	*fall*
parar	*stop*	sorrir (irreg.)	*smile*
rir (irreg.)	*laugh*	empurrar	*push*
perder (irreg.)	*lose*		

Adjetivos

engraçado	*funny, amusing*	preocupado	*worried*
frio	*cold*	interessante	*interesting*

Outras Palavras

aí	*there*	assim	*thus, in this/that way*
ali	*there*	devagar	*slow*
perto /é/	*near*	quase	*almost, nearly*
longe	*far*	menos	*less, fewer*
dentro	*inside*	demais	*too much, too many*
fora /ó/	*outside, out*		

UNIDADE 5

TODOS SOMOS BRASILEIROS

Parte I

Parte II

BRASIL

TODOS SOMOS BRASILEIROS

PARTE I

I. APRESENTAÇÃO

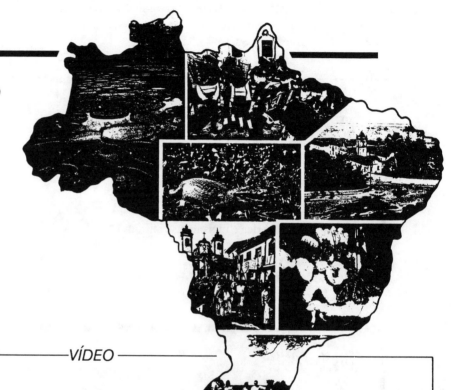

VÍDEO

O Brasil é um país enorme, maior do que os Estados Unidos em área continental. Ocupa mais da *metade* da América do Sul e sua população também representa mais da metade desse continente. O Brasil tradicionalmente se divide em várias regiões com suas *particularidades* lingüísticas, culturais, econômicas, históricas e sociais.

half

differences

Os estados do Amazonas, Pará, Acre e Rondônia, e os territórios formam a região norte. É uma região de *selvas*, de grandes *rios*, habitada por índios mas também com novas e modernas indústrias tecnológicas.

jungles; rivers

A região *nordeste*, rica em tradições, mas com graves problemas de *desenvolvimento*, é formada pelo Maranhão, Piauí, Ceará, Rio Grande do Norte, Alagoas, Paraíba, Pernambuco, Bahia e Sergipe.

northeast
development

A região sudeste é *a mais rica* e *mais bem industrializada* do País.

richest; most highly industrialized

Ficam nela os estados de Minas Gerais, Espírito Santo, Rio de Janeiro e São Paulo.

Brasília, a capital do Brasil, fica na região *centro-oeste*, que possui uma vegetação *toda* especial, e é formada pelos Estados de Goiás, Mato Grosso, Mato Grosso do Sul e o Distrito Federal.

Central-west;
very

O *sul* do País *destaca-se* por seu grande dinamismo *agropecuário* devido às suas terras vastas e férteis e à modernidade de suas técnicas de *lavoura*. A região é constituída pelos Estados do Paraná, Santa Catarina e Rio Grande do Sul.

south; stands out; cattle and agricultural
cultivation

——————— PARE ———————

VOCÊ ENTENDEU?

1. O que o apresentador fala sobre o tamanho e a população do Brasil?
2. Tradicionalmente, como o Brasil se divide?
3. O que caracteriza a região norte?
4. Quais são os Estados da região norte?
5. Que região é a mais rica e mais industrializada?
6. Qual a capital do Brasil e onde fica?
7. O que destaca a região sul?
8. Como é a região nordeste?

II. PSIU! TÁXI!

——————— VÍDEO ———————

O *ambiente* urbano brasileiro é *tão movimentado quanto* o de qualquer grande cidade. Por isso, é importante saber se comunicar.

environment; as busy as

Motorista: O senhor vai para onde, hein? Se for para *o centro da cidade*, vou pedir ao senhor para pedir outro carro, que *não vai dar* para eu ficar naqueles *engarrafamentos*.

downtown; it won't work
traffic jams

Raul: Não, não, vamos para Copacabana.

Motorista: Copacabana? Ah, bom, sempre que eu vejo homem de *paletó* e *gravata* eu acho que vai para o centro.

coat and tie

——————— PARE ———————

VOCÊ ENTENDEU?

1. Como é o ambiente urbano do brasileiro?
2. Onde o Raul pega o táxi?
3. Para onde o Raul vai?
4. Por que o motorista do táxi não quer ir para o centro?
5. Por que o motorista pensa que Raul vai para o centro?

VAMOS NOS COMUNICAR

A. Palavra-Puxa-Palavra

Substantivos

o táxi	o ônibus	o metrô	o motorista/chofer
a passagem	o bilhete	o engarrafamento	o taxímetro
o passageiro	o trânsito	a corrida	a bandeira um/dois

Expressões

ponto do ônibus/táxi	parada de ônibus	estação do metrô
a hora do rush	o sinal de trânsito	(vermelho, amarelo, verde)
à esquerda	à direita	direto
em frente de	ao lado de	atrás de
seguir ■³ em frente	pagar a passagem	atravessar ■¹ a rua

pegar/tomar/apanhar//		o ônibus/o metrô/o táxi
descer ■²/saltar//	do	//ônibus/metrô/táxi
subir ■³/entrar//	no	//ônibus/metrô/táxi
virar/dobrar//	à	//esquerda/direita

B. Diálogos

1. Psiu! Está livre?

Raul	— Psiu! Está livre?
Motorista	— Pois não.
Raul	— Para o centro da cidade, por favor.

* * *

Motorista	— Onde o senhor quer saltar?
Raul	— Aqui está bem. Quanto é?
Motorista	— Cz$300,00

2. Por onde passa o ônibus?

Nair	— Moço, este ônibus passa por Ipanema?
Motorista	— Não. A senhora apanha o 280.
Nair	— Aqui mesmo?
Motorista	— Não. O ponto do ônibus é ali na esquina, em frente da farmácia.

3. Você pode me informar?

Rita	— Por favor, pode me informar onde fica a estação do metrô?
Guarda	— Fica no Largo do Machado. Não é longe.
Rita	— Eu sigo em frente?
Guarda	— Sim. A senhora vai direto até à Rua do Catete. Então a senhora vira à esquerda e anda dois quarteirões.

C. Conversinhas

1. — Psiu! Táxi! Está livre?   2. —
    —
    — Para o aeroporto, por favor.   — Não. Não vai para Copacabana.
    —   —
        — O 315. O ponto é ali na esquina.

3. — Por favor, o senhor pode me dizer onde fica o Hotel Glória?
    —
    —
    —

D. Centro de Fortaleza. Estude o mapa do centro de Fortaleza e responda às perguntas abaixo:

1. Onde fica o Banco do Brasil?
2. Onde fica a Praça do Ferreira?
3. Onde fica a Cidade da Criança?
4. Você está nas esquinas da Rua Coronel Ferraz com a Av. Santos Dumont. Como você pode chegar até o Mercado Central?
5. Você está na Praça do Ferreira e quer ir à Cidade da Criança. Como você chega lá?
6. Você está na Praça Pedro II e precisa ir na Teleceará. Como você vai para lá?
7. Você está no Mercado Central e quer visitar um amigo que mora na Rua Franklin Távora. Como você vai até lá?

Centro de Fortaleza, CE

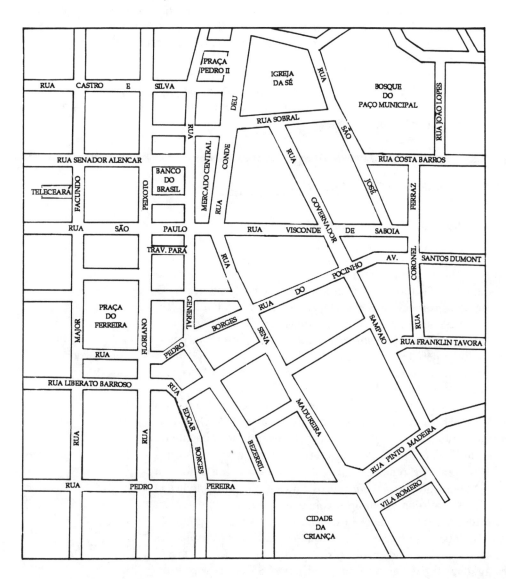

PONTO DE ENCONTRO

A. **Fazendo turismo no Rio**: Como turista no Rio de Janeiro você quer visitar o Museu Nacional no centro da cidade. Peça informações a uma pessoa que está passando por você na rua. Sugestões: *Onde fica o Museu, como chegar lá, que ônibus tomar, onde saltar, qual o preço da passagem e outras informações necessárias.*

B. **Para onde o senhor quer ir?** Prepare um diálogo com um/a colega. Você é o motorista de táxi e ele (ela) é o passageiro. Pergunte onde ele/ela quer ir, converse sobre a cidade, diga quanto é a corrida. Inclua outras   informações.

III. O TRANSPORTE URBANO NO BRASIL

Leia o texto abaixo e depois responda às perguntas.

O sistema de transporte nas cidades brasileiras de tamanho médio e grande é semelhante ao de outras cidades do mundo ocidental. O ônibus e o táxi são os meios mais comuns de locomoção para a maioria da população. O sistema de metrô, de construção mais recente, só existe em São Paulo e Rio de Janeiro. As estações do metrô servem as áreas de grande movimento, ligando o centro com a *periferia urbana*. O ônibus, o transporte mais popular, tem *redes* imensas e percorre todos os cantos da cidade. Em São Paulo e Rio de Janeiro, muitas linhas de ônibus fazem conexão com as estações do metrô, estendendo a capacidade deste. Estas são as chamadas linhas de integração. Desta forma, o passageiro pode se transferir do metrô para o ônibus, e vice-versa, com um bilhete próprio, chamado "integral". Os ônibus são relativamente baratos e estão quase sempre lotados, principalmente na hora do *rush*, quando os engarrafamentos do trânsito são comuns. O táxi tem duas tarifas. Uma para o dia, a "bandeira 1", e outra para a noite, a "bandeira 2". Naturalmente, esta última é mais cara. A bandeira é indicada por seu número, colocado em cima do taxímetro. O táxi pode estar em movimento contínuo ou ficar parado à espera do passageiro, no ponto de táxi. As cidades grandes têm o sistema de táxi controlado por transmissões de rádio. Este serviço, chamado rádio táxi, atende por telefone e aceita reservas para apanhar o passageiro a qualquer hora. São carros maiores, muito confortáveis e conseqüentemente, mais caros.

urban fringe (low income areas)
network

VOCÊ ENTENDEU?

1. Quais são os meios de locomoção mais comuns para a maioria da população brasileira?
2. Onde existe o sistema de metrô no Brasil?
3. Dê duas vantagens do metrô.
4. O que são as linhas de integração?
5. O que é o bilhete integral?
6. Os ônibus estão quase sempre lotados ou vazios?
7. Quando os engarrafamentos do trânsito são comuns?
8. A tarifa do táxi, para a noite, é chamada ...
9. Quais são as três modalidades de operação de táxi no Brasil?
10. Como funciona o sistema do rádio táxi?
11. Quais são as vantagens do rádio táxi?

IV. CONSOANTES SIBILANTES — No início de sílabas

VÍDEO

Veja agora como são pronunciadas as consoantes que se seguem.

/s/ SAL SIM TROUXE
MISSA MOÇA OSSO

/z/ ZERO ZELO EXAME
MESA CASO REZA

/ch/ CHÁ CHU-CHU XÍCARA
ACHO DEIXA ROXO

/j/ JÁ GÊ JURA
HAJA AGE HOJE

PARE

Syllable-Initial Sibilant Sounds

In syllable-initial position, there are four basic sibilants (s-like sounds) in Portuguese, plus two others that occur as variations of /t/ and /d/.

1. /s/ The s-sound in Portuguese is like the equivalent sound in English, as in *Sam* or *Lucy*. There are five ways to spell it:

    s   word initial or after a consonant: *só, observe*
    ss between vowels: *péssimo, isso*
    c   before e or i: *cidade, lance*
    ç   before a, o, or u: *braço, moça*
    x   between vowels in a few words: *próximo, trouxe*

2. /z/ The Portuguese /z/ is like the English /z/ in *zoo, zero, lazy,* etc., and may be spelled three ways:

    z   any position before a vowel: *zero, fizemos*
    s   between vowels: *casa, blusa*
    x   between vowels in a few words: *existe, exato, exemplo*

3. /ch/ The Portuguese /ch/ sounds like the English "sh" sound, as in *she, machine* or *fishing.* It may be spelled two different ways:

    ch any position before a vowel: *acho, chinês, chu-chu*
    x   initial, and sometimes between vowels: *xícara, puxa, lixo*[1]

4. /j/ The Portuguese /j/ sound is "soft" like the English "zh" in such words as *beige, garage, leisure.* It may be spelled either of two ways in Portuguese:

    j   in any position before a vowel: *João, jeito, júri, caju, beijo*
    g   before e or i: *geral, longe, gíria*

The two other sibilant sounds in Portuguese are variants of /t/ and /d/. Before an /i/ sound (which may be either spelled "i" or "e"), /t/ may be pronounced like an English "ch" as in *chunk* or *witch*: *tio, noite.*

And /d/ may sound like English "j" as in *joke* or *badge*: *dia, tarde.*

Do not confuse these /t/ and /d/ sounds with the softer Portuguese /ch/ or /j/.

jia, 'kind of frog'	*dia,* 'day'
chia, 'hisses'	*tia,* 'aunt'

---

[1]X has several pronunciations, and the name of the letter is *xis*, pronounced "shees". In some words, *x* sounds like /ks/: *fixo, sexo, táxi, anexo, tórax, complexo.*

BOA PRONÚNCIA É ESSENCIAL

Repita:

A. Sibilantes fricativas

/s/   Os *s*inos *s*oam no *s*ertão.
      Eu não po*ss*o ir à Mi*ss*a.
      *S*ara mora em *S*ergipe.
      *C*e*c*ília trou*x*e la*ç*os de fita.

/z/   Em ca*s*a eles não fa*z*em nada.
      O *Z*ico tirou *z*ero em sociologia.
      Eu u*s*o a*z*eite na salada.
      O e*x*ame é em de*z*embro.

/ch/ A*ch*o que a *X*u*x*a *ch*egou .
      *Ch*ove *ch*uva pra ca*ch*orro.
      Pu*x*a vida! Não en*ch*e!
      É *ch*ato comer *ch*u*ch*u todos os dias.

/j/   *J*á *j*orrou petróleo em Ca*j*ueiras.
      *J*osé *j*amais comeu feijão com quei*j*o.
      *J*oaquim *j*á comprou muitas *j*óias.
      O *g*igante tem pescoço de *g*irafa.

B. Sibilantes africadas

/t/   A Ti*t*ia vai pro Nor*t*e
      A noi*t*e é pros aman*t*es.

/d/   Todos os *d*ias escrevo no meu *d*iário.
      As gran*d*es cida*d*es têm *d*ificulda*d*es *d*emais.

C. Letra x

Pu*x*a, o pró*x*imo e*x*ame do lé*x*ico é e*x*atamente se*x*ta-feira.
/ch/ /s/   /z/   /ks/   /z/   /ch/
Ale*x*andre trou*x*e o aparelho de e*x*ercício para o tóra*x*.
/ch/   /s/   /z/   /ks/

V. PRETÉRITO PERFEITO: VERBOS EM -ER

É muito importante saber como se forma o pretérito dos verbos terminados em -er. Observe.

CORRER, 'to run'

EU	CORRI	NÓS	CORREMOS
VOCÊ O SENHOR A SENHORA ELE ELA	CORREU	VOCÊS OS SENHORES AS SENHORAS ELES ELAS	CORRERAM

ATENDER, 'to answer'

EU	ATENDI	NÓS	ATENDEMOS
ELA	ATENDEU	VOCÊS	ATENDERAM

BEBER, 'to drink'

EU	BEBI	NÓS	BEBEMOS
O SENHOR	BEBEU	ELES	BEBERAM

The Preterite of Verbs in -er

Regular verbs ending in -er have the following endings.

-I	-EMOS
-EU	-ERAM /ê/

Examples:

Eu **bebi** vinho	*I drank wine.*
Ela **correu** muito.	*She ran a lot.*
Nós **respondemos** às perguntas.	*We answered the questions.*
Eles **atenderam** o telefone.	*They answered the telephone.*

VAMOS PRATICAR

A. Que atividades estas pessoas fizeram ontem?

Roberto

Sinval e Dr. Alfredo

Ex.: *Roberto escreveu cartas*

Sinval e Dr. Alfredo trabalharam até tarde.

1. Beber muita cerveja	1. Responder cartas
2. Receber um telegrama	2. Receber um telefonema do Brasil
3. Correr duas horas	3. Bater fotografias
4. Conhecer uma garota brasileira	4. Comer pizza
5. Comer feijão e arroz	5. Escolher um carro esporte

B. **Quando você fez estas coisas**? Use nas suas respostas uma das seguintes expressões: *Ontem de manhã (de tarde, de noite); na semana passada, no mês passado, no ano passado, no domingo, nas férias no último verão.*

1. Quando você comeu pizza? *Eu comi pizza ontem de tarde.*
2. Quando você bebeu cerveja?
3. Quando você correu?
4. Quando você conheceu o seu melhor amigo?
5. Quando você escreveu para a sua família?
6. Quando você recebeu cartas da sua família?

C. **Que atividades você e seus amigos fizeram no fim de semana?**

1. Beber muito vinho.   *Nós bebemos muito vinho.*
2. Comer um churrasco brasileiro.
3. Receber um telefonema de Portugal.
4. Vender flores na praça.
5. Conhecer duas moças de Angola.
6. Escrever um poema.

D. **Eu já fiz!** Você vai...

1. beber muito chá?   *Eu já bebi*!
2. receber um telefonema de Cabo Verde?
3. comer uma feijoada brasileira?   5. conhecer a professora portuguesa?
4. vender bilhetes do metrô?   6. escrever uma canção?

E. **Falando de Improviso!** Fale sobre um dos tópicos abaixo.

1. O meu primeiro dia de aula   4. No verão passado
2. Ainda me lembro daquele jantar   5. No Natal passado
3. Minhas últimas férias

F. **Chico Buarque de Hollanda: Uma Biografia.** Com os dados abaixo, fale sobre a vida do famoso cantor e compositor brasileiro.

1. 1944 (nasce no Rio de Janeiro) *Chico Buarque nasceu no Rio de Janeiro em 1944.*
2. 1946 (muda para São Paulo)
3. 1963 (entra para a universidade)
4. 1965 (grava "Pedro Pedreiro" e escreve a música da peça "Morte e Vida Severina")
5. 1966 (ganha o primeiro lugar no II Festival de Música Popular Brasileira com a música "A Banda"; conhece Marieta Severo, sua esposa)
6. 1967 (escreve a peça "Roda Viva")
7. 1969 (viaja para a Itália onde permanece quinze meses)
8. 1970 (o governo censura algumas de suas músicas, como "Cálice", "Tanto Mar" e "Apesar de Você")
9. 1971 (participa do filme "Quando o Carnaval Chegar")
10. 1973 (escreve "Construção")
11. 1974 (escreve a novela *Fazenda Modelo*)
12. 1975 (monta no Rio a peça "Gota D'água")
13. 1978 (viaja para Cuba onde participa do júri do prêmio "Casa de las Américas")
14. 1979 (escreve a famosa peça musical "Ópera do Malandro")
15. 1980 (colabora na peça "Geni", baseada na música "Geni e o Zepelim")

G. **Compreensão de Leitura.**   Um Filme Inesquecível: *A Missão*

Imagine que você ontem foi ao cinema e responda às perguntas abaixo:

1. Que filme você assistiu?
2. Que prêmios o filme recebeu?
3. Quantas indicações o filme recebeu para o Oscar?
4. Quem dirigiu o filme?
5. Quem escreveu a música do filme?
6. Onde você assistiu o filme?
7. Quais eram os artistas?
8. Como os protagonistas defendiam o mesmo ideal?
9. Crianças de oito anos de idade podem assistir este filme?
10. Por que este filme é inesquecível?

H. Meu tipo inesquecível. Pesquise sobre alguém que você admira. Apresente para os colegas o resultado da sua pesquisa.

1. Quem? (o nome)
2. Quando nasceu?
3. Onde nasceu?
4. Onde viveu?
5. Como viveu?
6. Quando morreu?
7. Por que você admira esta pessoa?

VI. "UM PASSO À FRENTE, POR FAVOR"

Leia o anúncio e responda às perguntas.

1. Que quer dizer "um passo à frente"?
2. O que sabe quem anda de ônibus?
3. O que é uma fila?
4. Em que consiste o sufoco de quem entra no ônibus?
5. Quais são algumas conseqüências de usar o ônibus?
6. O que significa "todo santo dia"?
7. Quais as razões que você tem de reclamar?
8. Como uma pessoa pode evitar o sufoco de andar de ônibus?
9. Quais são as vantagens de uma Caloi Mobylette?
10. O que você não perde com a Caloi Mobylette?
11. O que sugere a lata de sardinhas?
12. O que você precisa para usar a Mobylette?
13. O que quer dizer "jeito"?

SALT
ADDED

L'APPETIT

BRAND

PORTUGUESE SARDINES IN PURE OLIVE OIL

Um passo à frente, por favor.

Só quem anda de ônibus sabe o aperto que passa. Começa na fila, sempre comprida.

Lá dentro, um grande sufoco.

Gente subindo, gente querendo descer, todo mundo passando do ponto. E é um tal de chegar tarde no trabalho, perder a primeira aula, levar bronca porque nunca dá para pegar o filme no começo.

Você tem toda razão de reclamar.

Afinal, prá que passar por tudo isso todo santo dia quando seria bem mais fácil

trabalhar, ir à escola, passear no bosque pilotando uma Caloi Mobylette?

Ela anda muito, e sempre com pouco combustível. Tem câmbio e embreagem automáticos, é rápida nas manobras e estaciona em qualquer cantinho.

Com a Caloi Mobylette ninguém perde a hora e muito menos a paciência.

É subir, ligar e chegar.

Numa boa.

E na frente.

CALOI

MOBYLETTE XR 50

O jeito inteligente de chegar.

VII. "A MAIOR CANTORA BRASILEIRA" — Pretérito Perfeito em -ar

---
VÍDEO

Repórter —— *E qual!* **Conseguimos** esse surpreendente *furo* de reportagem com a nossa *querida* Elizabeth Manuela, *a maior cantora* do país, que *acaba de voltar* da Europa em uma viagem espetacular. *Quais seriam* as suas primeiras palavras *ao pisar* de novo na *terrinha*?

> *Wow!; We obtained; scoop*
> *beloved; greatest singer*
> *has just returned*
> *What will be*
> *on setting foot; back home*

Cantora —— **Chegamos.**

Repórter —— O que vocês **fizeram** por lá?

Cantora —— **Tocamos.**

Repórter —— Como é que o público *reagiu* à música brasileira?

> *reacted*

Cantora —— **Gostaram.**

Repórter —— Como é que o público se *comportou* durante as suas *apresentações*?

> *behave*
> *shows*

Cantora —— Cantavam, dançavam, pulavam.

Repórter —— Muito bem. Agora... depois dessa viagem tão importante, dessa experiência tão rica para você, como cantora e como mulher, de ser a *divulgadora* da música popular brasileira, o que é que você pode falar para o nosso público, para o público brasileiro?

> *disseminator, presenter*

Cantora —— **Falei.**

PARE

VOCE ENTENDEU?

A. Perguntas

1. Como é o nome da cantora?
2. De onde ela acaba de voltar?
3. O público gostou da nossa cantora?
4. Como o público demonstrou que gostou dela?

B. **Você Responde!** Você é a cantora (o cantor) e está sendo entrevistada/o. Responda usando EU.

1. Como é o seu nome?
2. Qual é a sua profissão?
3. Que tipo de música você gosta de cantar?
4. Para onde você viajou?
5. Que cidades você visitou?
6. O povo gostou de você?
7. De que cidade você gostou mais?
8. Quais são os seus planos para o futuro?

VIII. TODO vs. TUDO

1. *Tudo* is a neuter pronoun that shows neither gender nor plurality. It always means 'everything':

Eu ouvi **tudo**.	*I heard everything.*
Tudo indica que vamos ganhar.	*Everything indicates we're going to win.*
Está **tudo** bem.	*Everything is o.k.*

   Tudo may be used in conjunction with the neuter demonstratives *isto, isso, aquilo*, to mean 'all this, all that':

Eu já sei **tudo aquilo**.	*I already know all that.*
Tudo isto vai acabar mal.	*All this is going to come out badly.*

2. *Todo, toda, todos, todas,* 'all, every, whole.' Like other adjectives, *todo* agrees with the noun it modifies. Its meaning depends on whether it is used with an article or another determiner, such as a possessive or a demonstrative:

   a) The singular **todo, toda**, used before a singular noun without an article implies plurality and usually means 'every' or 'all':

Eu trabalho **todo** dia.	*I work every day.*
Toda cidade tem escolas.	*Every city has schools.*
Meu pai me escreve **todo** mês.	*My father writes me every month.*
	(= todos os meses)
Ela estava **toda** vestida de azul.	*She was all (entirely) dressed in blue.*

   The expression *todo mundo*, with no article, means 'everyone, everybody.'

Todo mundo gosta de futebol!	*Everybody likes soccer!*

b) **Todo o, toda a** mean 'all = the whole or entire.' **Todo, toda** following the noun add emphasis.

Eu trabalhei **todo o** dia.	*I worked all day.*
Toda a cidade tem boas escolas.	*The whole city has good schools.*
A cidade **toda** tem boas escolas.	" " "
Ela disse **toda a** verdade.	*She spoke the whole truth.*

c) **Todos os, todas as** mean 'all the':

Eu sei **todas as** lições.	*I know all the lessons.*
Eu fui a **todos os** países europeus.	*I went to all the European countries.*

VAMOS PRATICAR

A. Diálogo

João	— Você estuda todos os dias?
Rosa	— Sim, eu estudo todos os dias exceto nos fins de semana.
João	— E o que você faz todos os fins de semana?
Rosa	— Todo sábado eu limpo a casa, lavo a roupa e vou ao supermercado. Todos os domingos eu vou à igreja.

B. Conversinhas. Complete os diálogos com **tudo, todo, todos, todas** usando ou não o artigo.

1.
 — Você já sabe —— para o exame?
 — Bem, eu estudei —— o material, mas não sei se vou me lembrar de —— as explicações do professor.

2.
 — O carnaval é celebrado em —— Brasil?
 — Ah, sim! —— cidade tem seu carnaval e —— quatro noites o povo —— dança. Mas —— acaba na quarta-feira de cinzas e —— mundo volta ao trabalho.

3.
 — Meu irmão estava —— nervoso na hora do casamento dele. Quando a noiva entrou —— de branco, ele quase não respirava e durante —— a cerimônia ele estava —— sério. —— que ele via na frente dele era o padre falando.

4.
 — —— vez que eu vou a um país que não conheço —— me parece estranho, mas logo me acostumo com —— coisas.

 — Bem, comigo não vai —— bem assim. —— dia eu vejo uma coisa nova e levo muito tempo para me acostumar com ——.

5.

Dr. Araújo	— Como vai? —— bem?
D. Marina	— Sim. —— ótimo. Aqui estão —— meus documentos.
Dr. Araújo	— A senhora tem —— cartas de recomendação?
D. Marina	— Sim. Aqui estão —— cartas que eu tenho.
Dr. Araújo	— Muito bem. —— está em ordem. A senhora começa amanhã.

C. **Coisas que a mamãe diz**! A sua mãe sempre fala estas coisas (use *todo, toda, -s, tudo*)

1. Eu trabalho o dia ——.
2. Eu sempre faço —— em casa.
3. Meu marido come ——.
4. O gato come —— a comida.
5. Meus filhos bebem o leite ——.

6. —— as noites eu cozinho arroz.
7. Meu esposo me dá —— que eu quero.
8. Meu filho chega tarde —— as noites.
9. —— as tardes eu assisto a novela.

IX. "CONVERSA DE NAMORADO" — *Saber vs. Conhecer*

VÍDEO

Você já sabe bem distinguir os verbos *saber* e *conhecer*? Na cena que se segue observe o uso destes dois verbos.

Ela — Meu amor, nós *nos conhecemos* há tanto tempo e você ainda não **conhece** meus pais.

we have known each other

Ele — Eu **sei**, meu bem, mas é que ainda não chegou o momento...

Ela — Ih, eu **conheço** essa história! **Sei** que não é coisa boa. Eu sempre **soube** que você queria casar comigo. Ou você *mudou de idéia*?

changed your mind

Ele — Você me **conhece**, Sônia. Você **sabe** que eu não ia mudar de idéia.

Ela — Pois é, amor. **Sabe**, ontem eu fui na casa da Laurinha e **conheci** o noivo dela. *Fiquei sabendo* que eles estão com o apartamento *montadinho*. E eles **se conhecem** *há* muito *menos tempo* que a gente, **sabia**?

I found out
all ready; for less time

Ele — É, cada um **sabe** onde *o calo aperta*.

what's best (where the shoe pinches)

Ela — Nossa, Reginaldo, você **conhece** cada frase tão filosófica! Como é que você **sabe** falar tão bonito assim?

Ele — Você acha mesmo, Sônia?

Ela — Acho. Pena que você não use essas frases bonitas que você **sabe** pra me pedir em casamento.

Ele — É...

————————— PARE—————————

OBSERVE E RESPONDA

1. Onde estão Sônia e Reginaldo?
2. Ela é uma moça loura?
3. De que cor são os olhos e os cabelos dele?
4. De que cor é a camisa dele?
5. Descreva a roupa da Sônia.

VOCÊ ENTENDEU?

1. Reginaldo conhece os pais da Sônia?
2. O que Reginaldo responde sobre isto?
3. O que Sônia pensa do fato do rapaz não conhecer os pais dela?
4. A expressão 'mudar de idéia' significa
   a. que uma pessoa tem sempre a mesma opinião.
   b. que uma pessoa tem uma opinião que não é a mesma de antes.
5. O Reginaldo mudou de idéia sobre o casamento?
6. Quem a Sônia conheceu na casa da Laurinha?
7. O que ela ficou sabendo durante a visita à casa da Laurinha?
8. Há quanto tempo Laurinha e os noivos se conhecem?
9. Interprete o ditado: "Cada um sabe onde o calo aperta".
10. O que Sônia diz quando Reginaldo fala este ditado?
11. O que Sônia diz que é uma pena?
12. O que você precisa para ter um apartamento montadinho?
    a. móveis
    b.
    c.
    d.

Saber and Conhecer, 'to know'

1. *Saber* is related to knowledge of information, awareness of factual matter. It also expresses mental ability.

Ela **sabe** falar bonito.	*She knows how to/can talk pretty*
Vocês **sabem** o nome daquela ilha?	*Do you know the name of that island?*

In the preterite perfect *saber* means 'found out, discovered, learned.'

Eu já **soube** a verdade.	*I have found out the truth.*
Nós nunca **soubemos** o nome da moça.	*We never learned the girl's name.*

2. *Conhecer*, on the other hand, is related to acquaintance, familiarity with someone or something.

Você **conhece** Nova Iorque?	*Are you familiar with New York?*
Eu **conheço** todos os professores.	*I know all the teachers.*

In the preterite perfect *conhecer* means 'met' and seldom makes sense understood as 'knew'.

Ontem à noite eu **conheci** um rapaz fantástico!	*Last night I met a fantastic guy!*
Nós **conhecemos** o engenheiro em São Paulo.	*We met the engineer in São Paulo.*

VAMOS PRATICAR

A. **Você conhece?** De acordo com o quadro responda às perguntas:

Eu	Fábio	Nós	Os estudantes	Camila
o Brasil	a Teresa	o diretor	os professores	os meus pais
alguns romances de Jorge Amado	a África	as músicas de Chico Buarque	várias cidades brasileiras	todo mundo
o Presidente do Brasil	todos os vizinhos	Lisboa	a Amazônia	o novo engenheiro

1. Você conhece o Brasil?
2. Quem conhece os seus pais?
3. Quem conhece as músicas de Chico Buarque?
4. Você conhece a Teresa?
5. Quem conhece a Teresa?
6. Quem conhece Lisboa?
7. Camila conhece a Amazônia?
8. Você conhece o Presidente do Brasil?
9. Fábio conhece várias cidades brasileiras?
10. Quem conhece todo mundo?
11. Quem conhece alguns romances de Jorge Amado?

B. Quem sabe? De acordo com o quadro abaixo responda às perguntas:

Eu	Tio Luís	Os estudantes	Eu e meus amigos
tênis	futebol	basquete	pingue-pongue
a resposta	o diálogo	os verbos	falar português
o endereço do professor	os segredos da família	onde o professor mora	quem telefonou

1. O que você sabe jogar?
2. Você sabe jogar futebol?
3. Quem sabe jogar basquete?
4. Você sabe a resposta?
5. Tio Luís sabe os segredos da família?

6. Quem sabe falar português?
7. Você sabe o diálogo?
8. Você e seus amigos sabem quem telefonou?
9. Quem sabe os verbos?
10. Tio Luís sabe onde o professor mora?

C. Nós sabemos ou conhecemos?

1. Mário — bem a namorada dele.
2. Eu — o que quero.
3. Alexandre — francês.
4. Ele — muitos franceses.
5. Minha avó — cozinhar muito bem.

6. Nós — bem esta cidade.
7. Eu — as regras do jogo.
8. Dalva — cuidar dos filhos.
9. Os meus irmãos — toda a América Latina?
10. Você — quem vem para o jantar?

D. A Minha Cidade. Responda às perguntas do professor sobre a sua cidade.

1. Você conhece bem a sua cidade?
2. Como é a sua cidade?
3. Você sabe quais são e onde estão os pontos turísticos?
4. Você sabe o nome das ruas principais?
5. Você conhece bem os bairros da sua cidade? Como são?
6. Você sabe que tipos de pessoas moram na sua cidade?
7. Você sabe quem é o prefeito da sua cidade?
8. Você conhece alguma coisa da história da sua cidade? Fale um pouco sobre ela.

X. "CAZUZA", DE VIRIATO CORREIA — Pretérito Imperfeito

VÍDEO

O *povoado* em que nasci, **era** um dos lugares mais pobres e mais humildes do mundo. **Ficava** à margem do Itapicuru, no Maranhão, no alto da *ribanceira* do rio. Uma ruazinha apenas, com vinte ou trinta casas, algumas *palhoças* espalhadas pelos arredores e nada mais. Vila *pacata* e simples, de gente simples e pacata. A melhor casa de *telha* **era** a da minha família, com muitos quartos e *largo avarandado* na frente e atrás. **Chamavam-lhe** a Casa Grande, por ser realmente a maior do povoado. Para aquela gente *paupérrima*, **éramos** ricos.

village
river bank

huts; *quiet*;
tile roof
wide porch

extremely poor

PARE

"Cazuza" de Viriato Correia

Este parágrafo vem de um conto de Viriato Correia (1884-1967), um escritor regionalista das primeiras décadas do século XX, no Brasil.

OBSERVE E RESPONDA

Viriato Correia, o autor de Cazuza, descreve o povoado pobre onde ele nasceu. Observe as cenas do vídeo e complete a lista abaixo:

No povoado há:
1. poucas casas   4. ——
2. ——   5. ——
3. ——   6. ——

VOCÊ ENTENDEU?

Você é o autor de "Cazuza". Responda às perguntas abaixo:

1. Como era o povoado onde você nasceu?
2. Onde ficava situado?
3. Quantas ruas tinha?
4. Descreva a ruazinha.
5. Como era a vila e a gente? Calma? Agitada?
6. Por que a casa da sua família era a melhor?
7. Como a sua casa era chamada e por quê?
8. Como você e sua família eram considerados pela gente do povoado? Por quê?
9. O que é Itapicuru?
10. O que é uma palhoça?

VAMOS PRATICAR

Assim como Viriato Correia, fale sobre o lugar onde você nasceu. Use o pretérito imperfeito:

1. O lugar em que nasci era ...
2. Ficava ...
3. A minha casa era ...
4. O povo gostava ...
5. A minha família morava ...
6. A minha cidade tinha ...

XI. VENHA CONHECER A ALMA DA CIDADE

Leia o anúncio e responda às perguntas.

1. O que têm as cidades, como as pessoas?
2. Como é construída a alma das cidades?
3. O que é necessário para uma pessoa conhecer a alma de uma cidade?
4. Descreva o que você pode encontrar no Museu da Cidade do Recife.
5. Quem criou o museu para a cidade do Recife?
6. Por que você se conhece melhor quando você conhece a alma e o passado de uma cidade?

VENHA CONHECER A ALMA DA CIDADE

As cidades, como as pessoas, têm alma, têm algo de seu, muito próprio. A alma das cidades é construída no dia-a-dia. E vem de longe. E ninguém pode conhecer a alma das cidades sem conhecer o passado delas.

Convide seus amigos para visitar o Museu da Cidade do Recife, no Forte das Cinco Pontas — ampla documentação iconográfica, armaria, indumentária, livros raros, objetos de faiança e cristais relacionados com a nossa história.

A Secretaria do Planejamento da Presidência da República e a Prefeitura da Cidade do Recife criaram um museu para a cidade.

Visite-o.

Afinal, é uma forma de você conhecer melhor a você mesmo. Você faz parte da alma da cidade do Recife.

SEPLAN
SECRETARIA DE PLANEJAMENTO DA
PRESIDÊNCIA DA REPÚBLICA

PREFEITURA DA
CIDADE DO RECIFE

VOCABULÁRIO

Substantivos

ambiente, m.	*environment*	parada, f.	*bus stop*
bilhete, m. /ê/	*ticket*	pena, f.	*pity, penalty, feather*
churrasco, m.	*barbecue beef*	passagem, f.	*ticket, passage*
desenvolvimento, m.	*development*	romance, m.	*novel*
esquina, f.	*street corner*	selva, f. /é/	*jungle*
gravata, f.	*necktie*	terra, f. /é/	*land, homeland*
paletó, m.	*coat (suit, sports)*	trânsito, m.	*traffic*

Verbos

acabar	*finish, have just*	descer (-ço) ■²	*go down, descend*
apanhar	*pick up*	destacar (-que)	*stand out, emphasize*
atravessar ■¹	*cross, go through*	pular	*jump, dance*
bater	*beat, knock,*	saltar	*get off, jump*
	take (pictures)	virar	*turn around, turn, become*

Adjetivos

direto /é/	*direct, straight ahead*
inesquecível	*unforgettable*
livre	*free, available*

Outras palavras

à direita	*to/on the right*
à esquerda	*to/on the left*

PARTE II

I. "CANTA BRASIL", JOÃO GILBERTO

---VÍDEO---

As selvas te deram nas noites teus ritmos bárbaros
Que os negros *trouxeram* de longe reservas de *pranto*   *brought, weeping*
Os brancos falaram de amores em suas canções
E dessa mistura de vozes nasceu o teu canto

Brasil, minha voz *enternecida* já *dourou* os teus *brasões*   *moved by emotion; gilded; shields;*
na expressão mais *comovida* das mais *ardentes* canções   *emotional; ardent*

Também a beleza desse céu onde o azul é mais azul
na aquarela do Brasil eu cantei de norte a sul.

Mas agora o teu cantar, meu Brasil quero escutar
nas *preces* da *sertaneja*, nas ondas do *rio-mar*   *prayers; woman of the backlands;*
                                                                           river-sea: the Amazon
Oh! Esse rio *turbilhão*, entre *selvas de rojão*,   *whirlpool; roaring through jungles*
continente *a caminhar*! No céu! No mar! Na terra!   *walking*
Canta Brasil!

---PARE---

"Canta Brasil", João Gilberto

Este samba patriótico, composto em 1941 por Olacyr Pires Vermelho e David Násser, foi adaptado ao ritmo da bossa nova por João Gilberto, um dos mais famosos compositores bossanovistas. Esta canção expressa o espírito nacionalista brasileiro de encantamento pelas vozes dos seus grupos étnicos, por sua beleza natural e pelo incomparável Rio Amazonas.

VOCÊ ENTENDEU?

A. Que palavras na canção significam?

1. floresta, mata ——
2. combinação de vários elementos ——
3. músicas ——
4. brando, terno, amoroso ——
5. ouvir ——

6. rezas, orações, pedidos ——
7. mulher do sertão, do interior ——
8. o rio-mar ——
9. andar ——

B. Perguntas

1. O que as selvas deram ao Brasil?
2. O que os negros trouxeram de longe para o Brasil?
3. De que os brancos falaram em suas canções?
4. Como é o céu do Brasil?
5. Onde o compositor cantou?
6. O que o compositor quer escutar?
7. Onde ele quer escutar?

II. PRETÉRITO PERFEITO: VERBOS EM -IR

VÍDEO

Conheça a maneira como se constrói o pretérito perfeito dos verbos terminados em *-ir*.

ABRIR, 'to open'

EU **ABRI**	NÓS **ABRIMOS**
VOCÊ O SENHOR A SENHORA **ABRIU** ELE ELA	VOCÊS OS SENHORES AS SENHORAS **ABRIRAM** ELES ELAS

SUBIR, 'climb'

EU **SUBI**	NÓS **SUBIMOS**
ELA **SUBIU**	ELES **SUBIRAM**

Observe, agora, algumas aplicações práticas do pretérito perfeito dos verbos terminados em -*ir*.

Rosa: Ué, Seu Raul, eu só estou aqui porque o senhor pediu.
Pediu, não. Me *ameaçou* quase, não?   *threatened*

Florência — Olha aqui, olha aqui, Seu Raul.   Eu ouvi a conversa lá fora e resolvi entrar logo, sabe?

——————————— *PARE* ———————————

The Preterite of Verbs Ending in -ir

The preterite perfect forms of verbs in -*ir* are these[2]:

-I	-IMOS
-IU	-IRAM

Examples:

Eu **abri** as janelas.	*I opened the windows.*
Ele **dormiu** bem.	*He slept well.*
Nós **subimos** de elevador.	*We went up by elevator.*
Eles **partiram** ontem.	*They left yesterday.*
Eu **caí** na rua.	*I fell down in the street.*
Nós **saímos** ontem.	*We went out yesterday.*

VAMOS PRATICAR

A. **A verdade, nada mais que a verdade!** Faça frases no passado.

1. (sentir muito frio) *Eu senti muito frio.*
2. (servir bebidas fortes)
3. (dormir nas aulas)   5. (seguir as instruções do professor)
4. (vestir roupas claras)   6. (repetir todos os exercícios)
5. (mentir aos meus pais)   7. (discutir com os meus amigos)

———————

[2]Note that the verbs *sair, cair* have accented preterite forms: *saí, saímos, saíram, caí, caímos, caíram.*

B. O que estas pessoas fizeram?

Sinval

Cláudia e Sérgio

Ex: *Sinval abriu a porta.*   *Cláudia e Sérgio assistiram o filme.*

1. residir no Brasil	1. tossir muito no cinema
2. insistir em falar	2. despedir de mim
3. dormir pouco	3. partir ontem
4. discutir comigo	4. competir nos Jogos Olímpicos
5. vestir uma camisa azul	5. abrir a carta

C. Coisas do Passado.

1. Você já caiu no gelo? *Sim, eu já caí muitas vezes.*
2. Quando você saiu com a Márcia?
3. Algum amigo seu já competiu em jogos?
4. Por que os seus amigos insistiram em discutir política?
5. Você já abriu uma conta num banco?
6. Quando você decidiu estudar na faculdade?
7. Onde a sua família já residiu?
8. Alguém já riu de você?

D. Não, ainda não fiz!. Responda às perguntas abaixo usando *ainda*.

1. Vocês já assistiram o filme? *Não, nós ainda não assistimos.*
2. Você já dirigiu um programa de estudos?
3. Vocês já discutiram a leitura?
4. Eles já saíram para o almoço?
5. Vocês já decidiram o que comprar?
6. O César já vestiu o paletó?
7. Você já serviu a sobremesa?
8. A Cecília já repetiu as instruções?
9. Vocês já competiram nos Jogos Olímpicos?
10. Os seus pais já partiram para Portugal?

E. **Falando de improviso**. Fale sobre um dos tópicos abaixo:

1. O fim de semana passado.
2. No semestre passado.
3. Uma viagem imaginária que eu fiz.

III. ESTOU COM FOME, ESTOU COM SEDE, E COM TUDO MAIS!

───────────── VÍDEO ─────────────

Em português é comum usarmos a expressão *estar com* no caso de
atributos pessoais, como fome, calor, *raiva*, etc.   *personal feelings; anger*

O HOMEM ESTÁ COM CALOR.   THE MAN IS HOT.
ESTA MULHER ESTÁ COM PRESSA.   THIS WOMAN IS IN A HURRY.
O HOMEM ESTÁ COM SEDE.   THE MAN IS THIRSTY.

───────────── PARE ─────────────

Estar com, ficar com, and ter

We have studied the nouns *fome, sede, sono, calor, frio*, etc. with the verb *ter*, as in *tenho fome*, 'I am hungry' (see Unidade 2). These and other nouns expressing personal feelings can also be used with *estar com*, 'to be ---', 'to feel ---'. The *estar com* expressions are much more frequently used in Portuguese than are the *ter* structures; they express a more immediate feeling or need, while the use of *ter* is more for on-going condition:

Estou com dor de cabeça.	*I have a headache.*
Estou com saudade.	*I feel nostalgic.*
Eles **estão com** pressa.	*They are in a hurry.*
Nós **estamos com** sede.	*We are thirsty.*
Sempre **tenho** calor.	*I always feel hot.*
Nós **temos** medo do escuro.	*We are afraid of the dark.*

The same nouns and expressions are used with *ficar com* to mean 'to get ---':

Fiquei com sede quando comi o bolo.	*I got thirsty eating the cake.*
Ela **ficou** com medo quando viu o ladrão.	*She got scared when she saw the thief.*

VAMOS NOS COMUNICAR

A. **Palavra-Puxa-Palavra**

estar com, ficar com:

sede	raiva	saudade	dor nas costas
fome	sono	medo	nas pernas
calor	pressa	febre	dor de dente/cabeça/estômago/garganta
frio	ciúmes	preguiça	

B. **Diga como estas pessoas estão:**

Tânia

Ivone e Professor Coelho

Ex: *A Tânia está com sede.*   *A Ivone e o Professor Coelho estão com fome.*

1. raiva	1. ciúmes
2. frio	2. medo
3. saudade	3. calor
4. dor de estômago	4. dor de dente
5. sono	5. pressa
6. dor nas costas	6. dor nas pernas

C. **O que você faz quando...**

1. está com dor de dente? (ir ao dentista) *Quando estou com dor de dente, vou ao dentista.*
2. está com frio? (vestir o casaco)
3. está com fome? (comer)
4. está com sede? (beber água)
5. está com pressa? (correr)
6. está com calor? (tomar um guaraná gelado)
7. está com ciumes (chorar e gritar)
8. está com dor de cabeça? (tomar aspirina)
9. está com sono? (dormir)

D. **Diálogo**: Segunda-feira

— Fico com dor de cabeça só em pensar que amanhã é segunda-feira.
— De fato, é um dia muito chato. Fico até com medo de sair de casa. Nas segundas sempre estou com preguiça e com sono.
— E você nem pode imaginar como tenho milhões de coisas para fazer amanhã no escritório.
— Para piorar a situação, hoje acordei com dor de dente. Você já imaginou ir para o dentista em plena segunda-feira?
— Bem, vamos rezar para a semana passar depressa.
— Puxa vida! Mal posso esperar pelo fim de semana.

E. **Conversinhas.** Complete os diálogos.

1. — O que você faz quando está com saudade de sua família?
    —
    — Eles também escrevem para você?
    —
    — A sua mãe fica com raiva quando você não escreve para ela?
    —

2. —
    — Sim, quando estou com sede eu tomo um guaraná gelado.
    —
    — É verdade. Eu deito quando estou com sono.
    —
    — Não, eu nunca descanso quando estou com pressa.
    —

F. **O que eu sinto.** Responda às perguntas abaixo:

Por que você esta com...

1. ...raiva?   *Estou com raiva porque estou perdendo o jogo.*
2. ...sono?
3. ...medo?   7. ...calor?
4. ...pressa?   8 ...saudade?
5. ...ciúme?   9 ...frio?
6. ...preguiça   10. ...

IV. BRASIL-BRASIS

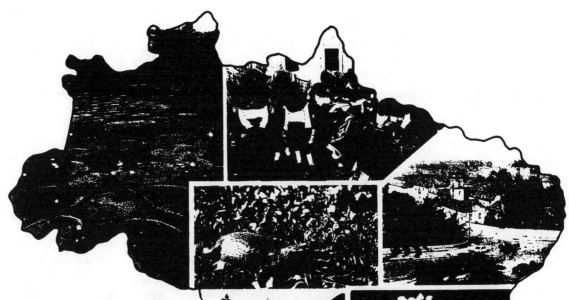

A MDE - VIAGENS E TURISMO
É UMA EMPRESA ESPECIALIZADA
EM PROGRAMAÇÕES CULTURAIS.

ATRAVÉS DE NOSSOS ROTEIROS,
ALÉM DE CONHECER AS BELEZAS
NATURAIS DO BRASIL, COM SUAS
PRAIAS, SEU POVO BONITO
E HOSPITALEIRO, VOCÊ TERÁ
OPORTUNIDADE DE CONHECER
AS DIVERSAS "MANIFESTAÇÕES
CULTURAIS BRASILEIRAS".

ALÉM DO CARNAVAL, NÓS LHE
MOSTRAREMOS A FESTA DO CÍRIO
DE NAZARÉ, O BUMBA-MEU-BOI
E A CONGADA. O BRASIL É RICO.
RICO EM FESTAS POPULARES, EM
AGRADO E CHAMEGO.

VOCÊ CONHECERÁ AS
INFLUÊNCIAS EUROPÉIAS,
AFRICANAS E TANTAS OUTRAS
QUE FIZERAM A CULTURA DE
NOSSO POVO.

ATRAVÉS DO IATUR - INSTITUTO
DE APOIO AO TURISMO, EMPRESA
DO GRUPO MDE TURISMO, VOCÊ
PODERÁ PARTICIPAR DE AULAS
VIVAS, PALESTRAS E SEMINÁRIOS
SOBRE ESTE PAÍS QUE ABRIGA AS
MAIS DIVERSAS CULTURAS DO
MUNDO.

VENHA CONVERSAR CONOSCO,
DESCOBRIR E CONHECER O PAÍS
DO FUTURO.

MDE
VIAGENS E TURISMO

Av. N.S. de Copacabana, 978
sobre loja 201
Copacabana - Rio de Janeiro

Tel.: **255·1539**

Telex (021) 32852 MDETBR
EMBRATUR: 02470.00.41.0

VOCÊ ENTENDEU?

1. O que é a MDE?
2. O que você vai poder conhecer além das belezas naturais do Brasil?
3. Que festas você vai poder conhecer além do carnaval?
4. Em que o Brasil é rico?
5. Entre muitas outras, a cultura brasileira também rebeceu influências de
    a.
    b.
6. O que significa IATUR?
7. Do que você vai poder participar através do IATUR?
8. Qual é o endereço da MDE?

V. PALAVRAS INTERROGATIVAS -- REVISÃO

We have been using a series of interrogative words and expressions from the beginning of *Travessia*. Below you will find most of them:

que, o que	quem	onde
por que	de quem	de onde
de que	para quem	para onde
para que	com quem	por onde
com que		aonde

quando	como	quanto, quanta, quantos, quantas
qual, quais		

Que vs. *qual*

Que means

a) "what" when requesting information, definition, characteristic, and identification.

— Que livro é esse? *What book is this?*
— É um livro de português. *It's a Portuguese book.*

b) "which" as a selection among a group of two or more.

— Que carro você comprou? *Which car did you buy?*
— Comprei o Volks azul. *I bought the blue Volkswagon.*

Qual means only "which" as a selection among a group of two or more.

— Qual (é) o carro que você comprou?
— Comprei o Volks azul.

VAMOS PRATICAR

A. **Perguntas e mais perguntas**. Faça perguntas para as respostas abaixo. Use as palavras interrogativas: *quem, de quem, qual*, etc.

1. Este livro é meu. *De quem é este livro?*
2. Nós vamos com vocês.
3. Pelo parque.
4. Vão a cavalo.
5. Depois de amanhã.
6. Os meus são estes.
7. Marta Andrade.
8. Porque estava com fome.
9. São para você.
10. O seu é aquele.
11. Da minha mãe.
12. Azul e branca.
13. Para o Jardim Zoológico.
14. Custou Cz $25,00.
15. 23 anos.

B. **Identificação Pessoal**. Faça perguntas para identificar a pessoa abaixo. Use as interrogativas:

1. Meu nome é José Roberto. *Qual é o seu nome?*
2. De São Paulo.
3. Vinte e um anos.
4. Na Avenida Paulista, Nº 435.
5. Três irmãos.
6. Uma irmã.
7. Na Universidade de São Paulo.
8. Português.
9. 2ª feira, 4ª feira e 6ª feira.
10. Meu pai é dentista.

VI. "OS DETETIVES TRAPALHÕES" — VERBOS IRREGULARES DO PRETÉRITO PERFEITO: <u>SER</u>, <u>TER</u>, <u>FAZER</u>, <u>ESTAR</u>, <u>IR</u>

———— *VÍDEO* ————

Vamos ver de novo os nossos detetives, tentando justificar o que
fizeram.

Policial —— Então, meu *chapa*, você **teve** azar, não **foi**? Mais uma   *guy, man*
vez a polícia chegou à frente dos detetives particulares.

Onofre —— Na verdade, nós não **fomos** muito particulares. Na verdade nós **fomos** até bastante públicos, não é?

Policial —— O que vocês **fizeram** *não teve graça nenhuma*!   *wasn't the least bit funny*

Leonel —— Ninguém achou isso, seu guarda!

Policial —— Ah, é? O que vocês acharam, então?

Onofre —— Bem... **Foi** o seguinte —— Eu não **quis** mesmo achar nada...
É. Quer dizer... **Foi**... Isso. **Foi** assim mesmo: Eu não **quis**
achar nada.

Policial —— Quer dizer que ficaram *enrolando*?   *complicating/confusing things*

Leonel —— O tempo todo, seu guarda. Ficamos enrolando o tempo
todo. Eu até *vim* aqui dizer isso mesmo.   *I came*

Policial —— Ah, *veio*? Que coincidência, não é?   *you came*

Leonel —— A coincidência **foi** toda nossa, seu guarda.

Policial —— Como?

Onofre —— Nada. *Não ligue*. Ele **esteve** tanto tempo *apanhando*, que   *don't pay attention; getting hit*
ficou meio *lélé*. Sabe o que é?   *goofy*

Policial —— Não, não sei.

Onofre —— Não sabe mesmo?

Policial —— Nunca **fiz** nada que pudesse me ensinar como é que é
ficar lélé.

Onofre —— É assim.

———— *PARE* ————

OBSERVE E RESPONDA

1. Onde se passa essa cena?
2. Descreva o lugar.
3. Quantos personagens há nessa cena?
4. Descreva o policial.

VOCÊ ENTENDEU?

1. *Meu chapa* significa
   a. meu chapéu
   b. meu camarada
   c. meu chopp
2. A palavra *graça* na frase *não teve graça nenhuma* significa:
   a. engraçado
   b. graxa
   c. oração
3. Ficar *meio-lélé* é ficar:
   a. meio alegre
   b. meio louco
   c. meio louro
4. Como são os nomes dos dois detetives?
5. Como Leonel chama o policial?

Irregular Verbs in the Preterite: Ser, ter, fazer, estar, ir

SER, 'to be' / IR, 'to go'

EU FUI	NÓS FOMOS
ELE FOI /ô/	ELES FORAM /ô/

FAZER, 'to do, make'

EU FIZ	NÓS FIZEMOS
ELE FEZ /ê/	ELES FIZERAM /é/

TER, 'to have'

EU TIVE	NÓS TIVEMOS
ELE TEVE /ê/	ELES TIVERAM /é/

ESTAR, 'to be'

EU ESTIVE	NÓS ESTIVEMOS
ELE ESTEVE /ê/	ELES ESTIVERAM /é/

VAMOS PRATICAR

A. **Informações úteis**. O que fizeram estas pessoas?

Júlia

Sr. e Srª Barros

Ex: *Júlia esteve doente.*　　*O Sr. e a Srª Barros estiveram na minha casa.*

1. ter três empregos
2. estar no Brasil
3. ser presidente do Clube Lusitano
4. fazer uma viagem a Europa
5. ir ao concerto da Gal

1. ter três filhos
2. fazer um grande jantar
3. ir falar com o chefe
4. estar na África
5. ser políticos famosos

B. **Diálogo**: Tive que estudar

Rodrigo	— Você esteve na festa da Lúcia?
Isabel	— Não, eu não estive. E você, Rodrigo?
Rodrigo	— Eu também não fui lá, Isabel. Tive que ajudar o meu pai.
Isabel	— E eu tive que estudar para um exame de português.
Rodrigo	— E que tal o exame?
Isabel	— Foi bem difícil.

C. **Conversinha,** Complete os diálogos.

1.
— Você foi o presidente do Clube Brasileiro?
—
— E o que você fez pelos alunos?
—

2.
—
— Sim, nós estivemos na biblioteca ontem à noite.
—
— Eu sei que ontem foi feriado, mas tive que terminar o meu trabalho de literatura portuguesa.
　　O Renato teve que estudar para um teste de química. E o que vocês fizeram?

D. **Reunião do Clube Luso-Brasileiro.** Responda às perguntas abaixo:

1. Você foi ao clube ontem à noite?
2. Quem foi com você?
3. Quem esteve lá com vocês?
4. Vocês fizeram uma reunião?
5. Quem teve a idéia desse encontro?

6. A que horas foi a reunião?
7. Quem foi o líder do grupo?
8. Para onde vocês foram depois?
9. Nós tivemos sorte ou azar em não ir?
10. A reunião teve sucesso?

VII. "O QUE FUNCIONA NESTE FERIADO?"

Comércio		
	Supermercados	Abrem normalmente hoje e no dia 2, não funcionam amanhã.
	Padarias	Trabalham normalmente hoje; amanhã até as 12h. Normal no dia 2.
	Bancos	Não funcionam hoje e amanhã; voltam ao normal no dia 2.
	Postos de Combustíveis	Abertos hoje das 6h às 18h e normalmente a partir do dia 2. Não funcionam amanhã.
	Reclamações	A Sunab funciona hoje das 8 às 12h e registra as reclamações depois desse horário pelo 198 amanhã e no dia 2. O Procon trabalha hoje das 9h às 12h. Não atende amanhã e no dia 2. O telefone 883-3055 acompanha este horário de funcionamento, sem gravações.

Transportes		
	Metrô	Não há acréscimo de trens ou ampliação de horário. Funcionamento normal.
	Ônibus	Funcionamento normal, com o número de ônibus e horários mantidos como nos dias de semana comuns, inclusive amanhã.
	Terminal Rodoviário Tietê	Passagens esgotadas para o Norte e Nordeste do país, até 5 de janeiro. Devem sair de São Paulo, pelo terminal, durante a Operação Ano Novo (de 30/12 até 5/01), 18.400 ônibus, levando 690 mil pessoas. Informações: 235-0322.
	Terminal Jabaquara	Na Operação Ano Novo, devem partir, rumo à Baixada Santista, 4.550 ônibus, com 185 mil pessoas. Informações: 235-0322.
	Vôos	Vasp, Varig e Transbrasil não têm mais passagens para a maioria das cidades do Norte e Nordeste e poucos lugares nos vôos para as capitais próximas.
	Trens	Poucas passagens para o Rio de Janeiro e para o Interior. Nos trens urbanos, funcionamento normal.

VOCÊ ENTENDEU?

Responda às perguntas:

1. O metrô vai funcionar de maneira diferente?
2. O que vai acontecer com os vôos?
3. Os supermercados vão abrir durante o feriado?
4. Você pode ir ao banco retirar dinheiro?
5. Você vai poder comprar gasolina amanhã?
6. Qual é o horário das padarias?
7. Há passagens de trem para o Rio de Janeiro e para o interior?
8. Quantos ônibus vão partir do Terminal Jabaquara?
9. Vai ser possível você fazer reclamações para a Sunab?
10. O Procon tem horas de atendimento hoje e amanhã?

VIII. VERBOS IRREGULARES DO PRETÉRITO PERFEITO: QUERER, DIZER, VER, VIR

QUERER, 'to want, love'

EU		NÓS QUISEMOS
	QUIS	
ELE		ELES QUISERAM /é/

DIZER, 'to say, tell'

EU		NÓS DISSEMOS
	DISSE	
ELE		ELES DISSERAM /é/

VER, 'to see'

EU	VI	NÓS VIMOS
ELE	VIU	ELES VIRAM

VIR, 'to come'

EU	VIM	NÓS VIEMOS
ELE	VEIO	ELES VIERAM /é/

The single "s" of *quiseram, quisemos* is a /z/ sound; the double "ss" of *disseram, dissemos* is a voiceless /s/.

VAMOS PRATICAR

A. O que aconteceu?

Paulo

Amélia e Jorge

Ex: *Paulo quis ir à festa.*   *Amélia e Jorge quiseram ficar em casa.*

1. dizer a verdade	1. dizer tudo ao professor
2. ver o filme brasileiro	2. ver um monstro na praia
3. vir sozinho	3. não vir na hora certa
4. querer sair do clube	4. querer terminar o noivado

B. **Diálogo: Querer nem sempre é poder!**

Daniel — Márcia, porque você não veio à minha festa?
Márcia — Eu não vim porque não foi possível.
Daniel — Você não quis vir ou não foi mesmo possível?
Márcia — Juro que eu quis vir. Eu disse para o Paulo lhe contar do problema que eu tive com o meu gatinho.
Dániel — Está bem! Querer nem sempre é poder, não é?
Márcia — E o Paulo veio?
Dániel — Sim, ele veio. Eu vi a Marta conversando com ele a noite toda.

C. **Conversinha.** Complete o diálogo.

— De que você veio?
—
— O que os seus pais disseram sobre a sua vinda?
—
— Por que eles não quiseram vir com você?
—
— Você viu a Renata antes de vir?
—

D. **Mais Informações.** Responda às perguntas abaixo com informações do quadro. Use os pronomes *eu, ela, nós e eles* nas suas respostas.

Eu	Cristina	Nós	Célia e Oscar
ver o jogo	querer sair cedo	vir à faculdade	ver muita gente
não dizer nada	ver roupas lindas	dizer 'boa noite'	dizer ontem à noite
querer um carro	dizer 'bom dia'	querer ver Quilombo	vir comigo
vir ver você	vir à 1 h.	ver muitos	querer viajar

1. O que você viu ontem? *Eu vi o jogo.*
2. O que você disse?
3. Quem disse 'bom dia' hoje?
4. O que você veio fazer aqui?
5. Quem veio à faculdade ontem?
6. O que a Cristina viu na loja?
7. Quem quis sair cedo?
8. O que vocês disseram para mim?
9. Quem quis viajar anteontem?
10. Com quem a Célia e o Oscar vieram para cá?
11. A que hora Cristina veio para a aula?
12. Quem viu o filme *Quilombo*?
13. O que a Célia e o Oscar viram na rua?
14. Que programa de televisão vocês viram?
15. Quem disse a verdade?
16. O que você quis de aniversário?

E. **Quem fez isto?** Preencha os espaços com um nome de pessoa. Faça uma frase com os três elementos: nome, atividade, tempo.

Nome	Atividade	Tempo
1. ———	ver televisão	todas as noites

José viu televisão todas as noites.

2. ———	dizer coisas engraçadas	ontem na aula
3. ———	vir de ônibus	na semana passada
4. ———	dizer 'até logo'	ontem à noite
5. ———	ver o carnaval	no ano passado
6. ———	querer estudar	de manhã
7. ———	vir visitar os parentes	antes do Natal
8. ———	querer trabalhar	até tarde
9. ———	dizer 'tchau'	antes de sair
10. ———	vir para casa	cedo

F. **Entrevista.** Férias com meus amigos.

1. Onde você quis ir de férias?
2. O que o seu pai disse sobre isso?
3. Você foi onde queria ir?
4. Em que lugares você esteve?
5. O que você viu de interessante?
6. Você fez muitas coisas lá?
7. Seus amigos estiveram com você o tempo todo?
8. Fez frio ou calor durante as férias?
9. O que os seus amigos disseram sobre a viagem?
10. Você veio para a faculdade depois da viagem?

IX. BOA VIAGEM!

VAMOS NOS COMUNICAR

A. **Palavra-Puxa-Palavra**

Substantivos

a viagem	o embarque	as férias	o desembarque	a excursão
a rodoviária	o roteiro	o passaporte /ó/		o vôo
a passagem	a chegada	a alfândega	a saída	o fiscal
o aeroporto /ô~ó/		a bagagem	o visto	a reserva /é/
a escala	o consulado	o/a turista	o horário	o balcão
a mala				

Verbos

aterrissar	embarcar	desembarcar	decolar ∎*1*	confirmar (o vôo)

Expressões

casa de câmbio	fazer a reserva	agência de viagem/turismo
cheque de viagem	vôo direto	portão de embarque
ida e volta (passagem)	marcar a passagem	companhia aérea
fazer as malas	bagagem de mão	

B. Definições. O que estas frases significam?

1. Lugar onde você toma o avião ——
2. Onde você leva a sua roupa de viagem ——
3. Lugar onde você toma o ônibus para viajar ——
4. Pessoa que viaja de férias para conhecer outros lugares ——
5. Documento para viajar para outro país ——
6. Autorização do Consulado para entrar no país ——
7. Parada/s do avião ——
8. Lugar onde você troca o dinheiro de um país pelo dinheiro de outro país ——
9. O que você precisa comprar para tomar o avião/ônibus/trem ——
10. Lugar onde você apresenta o passaporte e abre a bagagem para inspeção ——

C. Diálogos

1. Na Agência de Viagem

Agente	—— Pois não, às suas ordens.
Você	—— Por favor, que dias saem os vôos para São Luís?
Agente	—— Diariamente. Você pode ir em vôo direto ou pode fazer escala em Manaus. De lá você toma outro avião para São Luís, sem escalas.
Você	—— Há diferença de preço?
Agente	—— Não, a tarifa é a mesma. Quer fazer uma reserva?
Você	—— Quero. Para a próxima sexta. O senhor pode marcar a passagem.
Agente	—— Está bem. Creio que está tudo em ordem. A passagem é financiada ou à vista?
Você	—— À vista.
Agente	—— Muito bem. Aqui está a sua passagem.

2. Na Alfândega

Fiscal 1	— Seu passaporte, por favor.
Bill	— Aqui está.
Fiscal 1	— Quanto tempo você vai ficar no Brasil?
Bill	— Acho que vou ficar três meses.
Fiscal 1	— Depois de três meses você vai precisar de outro visto.
Bill	— Tá bem!
	* * *
Fiscal 2	— Essas são suas malas?
Bill	— Sim. Essas duas.
Fiscal 2	— Tem alguma coisa a declarar?
Bill	— Não. Só tenho objetos de uso pessoal e presentes de pouco valor.
Fiscal 2	— Abra as malas, por favor.
Bill	— Pois não!
Fiscal 2	— Está bem, pode ir.
Bill	— Obrigado. Tchau!

D. **Conversinha.** Complete o diálogo.

— Aeroporto do Galeão. Às suas ordens.

—

— Pois não. Balcão de reservas da Varig.

—

— O vôo S10 de Nova Iorque está atrasado. Só vai chegar às 11:45.

—

— O portão de desembarque é o B-5.

E. **Vôos Internacionais.** Responda às perguntas de acordo com o quadro abaixo:

Nomes	Companhia	Vôo	Destino	Saída	Portão de Embarque
Roberto	Varig	305	Nova Iorque	19:00	21
Tânia	Pan-Am	841	Los Angeles	03:35	18
Flávio	TAP	802	Lisboa	12:15	12
Lia	JAL	734	Tóquio	01:45	09

1. Para onde o Flávio vai?
2. A que horas ele sai?
3. Qual o número do vôo do Flávio?
4. Quem vai para Los Angeles?
5. Qual a Companhia Aérea do Roberto?

6. Qual é o portão de embarque do Roberto?
7. Para onde a Lia vai?
8. Qual o número do vôo dela?
9. A que horas ela sai?
10. Qual o destino da Tânia?

PONTO DE ENCONTRO

A. **Entrevista**. Procure saber de um/a colega o seguinte:

1. Você gosta de viajar?
2. Quando você fez a sua última viagem?
3. Para onde você foi?
4. Que lugares você visitou?
5. Qual foi o meio de transporte?
6. Quanto tempo você passou lá?
7. Você foi de férias?
8. Você tem medo de viajar de avião?
9. Você ficou num hotel ou em casa de amigos?
10. Que outros meios de transporte você usou?
11. O que você necessitou levar?
12. Você recomenda esse lugar para outras pessoas?

B. **Viajando de avião: Pesquisa**. Procure realizar a pesquisa que se segue e apresente os resultados à classe:

	SIM	NÃO	INDIFERENTE
1. DEVE SER PROIBIDO FUMAR NO AVIÃO.	☐	☐	☐
2. DEVE SER PROIBIDO SERVIR BEBIDAS ALCOÓLICAS.	☐	☐	☐
3. É MELHOR VIAJAR SÓ.	☐	☐	☐
4. É MELHOR FAZER ESCALAS.	☐	☐	☐
5. O VÔO DIRETO É MELHOR.	☐	☐	☐
6. VIAJAR DE AVIÃO É MELHOR DO QUE DE NAVIO.	☐	☐	☐
7. É MELHOR SENTAR PERTO DA JANELA.	☐	☐	☐
8. É MAIS SEGURO SENTAR ATRÁS.	☐	☐	☐
9. É MAIS SEGURO SENTAR NA FRENTE.	☐	☐	☐
10. DEVEMOS TER APERTADO O CINTO DE SEGURANÇA O TEMPO TODO.	☐	☐	☐
11. É MELHOR SENTAR PERTO DA PORTA DE EMERGÊNCIA.	☐	☐	☐

C. **Quero a sua experiência!** Você pretende viajar a um país estrangeiro. O seu colega de aula já viajou a esse país. Faça as perguntas abaixo a ele/ela e apresente as respostas à classe.

1. Que documentos se precisa para viajar?
2. Que tipo de roupas se deve levar?
3. Qual é a melhor estação do ano para se visitar o país?
4. Que forma de transporte se deve usar na viagem?
5. Que forma de transporte se deve usar dentro do país?
6. O que se deve saber sobre os costumes do país?
7. É necessário saber a língua?
8. Que lugares se deve conhecer?
9. O que se deve fazer para conseguir amigos?
10. Há algumas coisas que não se deve fazer?

D. **Planejando uma viagem**. Planeje uma viagem de férias com um/a colega.

1. Para onde vocês vão?
2. Quando vão?
3. Como vão?
4. O que vão fazer?
5. Com quem vão?
6. Onde vão ficar?
7. Que cidades vão visitar?
8. O que vão levar?
9. Quanto vão gastar?
10. Por quanto tempo vão ficar lá?

X. PROMOÇÃO DA SAS INCLUI OS BRASILEIROS.

Leia o artigo que se segue e depois responda às perguntas.

Promoção da SAS inclui os brasileiros

Já estão em vigor, até 30 de setembro, as tarifas "Visite a Escandinávia" que permitem a passageiros procedentes de várias partes do mundo (inclusive do Brasil) conhecer, a preços reduzidos, Noruega, Suécia e Dinamarca. A promoção oferece, por US$ 225,00 (cerca de Cz$ 7.725), cinco cupons de vôo, válidos para qualquer trecho, independente de distância. Com três cupons, por exemplo, visitam-se as três capitais escandinavas e com os restantes pode-se ir aos fiordes noruegueses ou aos castelos dinamarqueses. Os cupons devem ser adquiridos com a passagem da companhia aérea SAS e são válidos por trinta dias a partir da chegada na Escandinávia e as reservas devem ser feitas com 21 dias de antecedência.

País é monarquia

A Noruega é uma monarquia constitucional de 4.150.000 habitantes e uma área de 390 mil quilômetros quadrados, pouco maior do que a do Mato Grosso do Sul. Suas principais cidades são Oslo, a capital, com 450 mil habitantes, no sudeste, Bergen, com 208 mil habitantes, no litoral sudoeste, e Trondheim, 135 mil habitantes, no litoral ao centro-oeste.

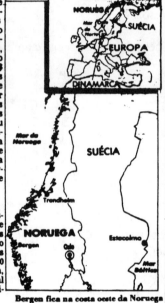

Bergen fica na costa oeste da Noruega

PARA QUANDO VOCÊ FOR

Preparativos obrigatórios para viagem	Passaporte ☒	Visto ☒	
	Vacina ☐	Antecedência ___ dias	
Transporte	**Aéreo**		
	cias SAS e Varig (com conexão em Londres)		
	frequência 5ª e domingo; 3ª, 5ª e domingo (junho e julho)		
Fuso horário +5h (no verão)	rotas SP-Rio-Lisboa-Copenhagem-Oslo		
	tempo de viagem 12h30		
Informações turísticas	Em São Paulo SAS - tel. 259-4300	No local Radmannsgarden, Radhusgt, 19, 0158, Oslo 1, tel. 42-7170	
Temperatura média	Set-Nov min. -1,0 máx. 15,6	Dez-Fev min. -7,2 máx. 0,2	Mar-Mai min. -4,3 máx. 16,1	Jun-Ago min. 10,0 máx. 22,3
Hospedagem	Hotel de luxo US$ 175,00 (Cz$ 6.650,00)	Hotel médio US$ 89,00 (Cz$ 3.382,00)	Alternativa Não fornecida
Moeda	Local Coroa norueguesa	Dólar 0,13	Cruzado 5,10	Gorjeta 10%
Transportes urbanos	Táxi somente nos pontos	Metrô perigo de vandalismo	Ônibus rede muito boa
Aluguel de carros	Hertz, Avis e outras		
Representação diplomática	Embaixada do Brasil: 82 C Drammensv, Oslo, tel. 55-2029		

1. O que é a promoção da SAS, "Visite a Escandinávia"?
2. O que essa promoção oferece por US $225,00?
3. Com três cupons você pode fazer o quê?
4. O que pode fazer com os cupons restantes?
5. O que caracteriza a Noruega?
   a. é uma monarquia constitucional
   b.
   c.
   d.
6. Quais são os preparativos obrigatórios para uma viagem internacional?

7. Onde os vôos da VARIG para a Escandinávia fazem conexão?
8. O que é *fuso horário*?
9. Qual é o telefone da SAS em São Paulo?
10. Qual é a temperatura média na Noruega em junho-agosto?
11. Qual é o preço de um hotel médio na Noruega?
12. Qual é o câmbio entre a coroa norueguesa e o cruzado?
13. O que é *gorjeta*?
14. Quais são as companhias de aluguel de carro na Noruega?
15. Qual é o endereço da Embaixada do Brasil em Oslo?

XI. *"HISTÓRIA DE SUSPENSE"* — Revisão de Pretérito Perfeito e Imperfeito

— VÍDEO —

Moça: E aí, ele se decidiu: estendeu a mão e *pegou* a navalha *largada* sobre a mesa. E, *pé-ante-pé*, *foi descendo* as escadas. Era uma noite negra e tenebrosa. *Houve* um barulho e ele parou. Mas, era apenas o gato brincando com a *lata de lixo*. Voltou os olhos para o andar de cima, e começou a subir.

picked up;
left; on tip-toe; began
descending; there was
garbage can

Na sala fechada, ela lia *absorta*, sem saber que o perigo subia as escadas. A luz da noite entrava pela janela *escancarada*. De repente, ela se assustou. Alguém *deixou cair* alguma coisa na escada. E voltou a ler, absorta, enquanto ele acabava de subir as escadas. Depois, ele parou, olhou para um lado, para o outro e bateu..."

absorbed
wide open
dropped

Mas, meu Deus do céu, justamente a última página desta história! Este livro está com todas as páginas trocadas!

Aí ele bateu... ele bateu... ele bateu o quê? ... (Segue lendo) Ela estava assustada, aterrorizada. *Havia sido* uma batida do assassino, ela bem o sabia. Queria não atender, não sabia como, mas sentia que *se abrisse* a porta ela *estaria* morta, que se tocasse a *maçaneta* seria sua *perdição*. Mas ela não conseguia. Algo maior, mais forte que ela a impelia para aquela porta. E então, ela abriu a porta.

It had been
if she were to open; *would be*;
doorknob; *downfall, doom*

Homem —— A senhora, por acaso, *estaria* interessada em *saber*, em conhecimento, em cultura? Nós temos aqui uma coleção muito rara. Uma enciclopédia que a senhora não vai poder deixar de comprar.

would be; *knowledge*

———— *PARE* ————

OBSERVE E RESPONDA

1. O que a moça está fazendo?
2. De que cor é a blusa dela?
3. Onde ela está?
4. Descreva as expressões da moça enquanto ela lê.
5. Diga duas coisas que ela ouve.

6. O que caiu na escada?
7. A janela está aberta ou fechada?
8. Como está o livro da moça?
9. Quem bate na porta?
10. Qual é a reação da moça no fim da história?

VOCÊ ENTENDEU?

1. O que o personagem da história que a moça está lendo pegou?
2. Como era a noite?
3. Que barulho ela ouviu?
4. O que aconteceu quando ela chegou na última página do livro?
5. Como a moça se sentia?
6. O que aconteceria se ela abrisse a porta?
7. O que impelia a moça para a porta?
8. O que o homem que bateu na porta estava vendendo?
9. Que tipo de história a moça está lendo: de amor, de ficção científica, de suspense?

PONTO DE ENCONTRO

Prepare uma história com um/uma colega para contar na classe. Siga o seguinte roteiro:

1. tipo de história (amor, suspense, ficção científica)
2. número de personagens
3. onde se passa a história
4. o que acontece na história

XII. "JÓIAS DE SOL E MAR"

Leia o texto que se segue e responda às perguntas.

Jóias de sol e mar

Nas férias de verão, todos os caminhos brasileiros levam ao mar. Não há como resistir aos encantos das praias do país, que se espalham por quase 8 000 quilômetros de paisagens tão variadas como magníficas. São milhões de pessoas que partem todos os anos em busca dos prazeres elementares proporcionados por uma bela praia: o sol que bate no rosto, o contato com a água docemente tépida, as ondas que quebram, a tonalidade esmeralda da Mata Atlântica, a festa dos corpos bronzeados que desfilam pela areia. Ao lado desses, há também os deleites acessórios do esporte (o surfe, as corridas de buggy pelas dunas, a pesca e o futebol no fim de tarde) e da culinária (o espetinho de camarão, a cerveja estupidamente gelada e a água de coco).

As praias são as mesmas, mas, nos últimos tempos, mudou, e muito, a maneira de usufruí-las. Da Praia da Guarda, em Santa Catarina, à Praia de Cumbuco, no Ceará, há duas preocupações a percorrer o litoral brasileiro. A primeira é no sentido de preservar a natureza, em se montar mecanismos que proíbam a depredação da paisagem e a especulação imobiliária. Há como que uma busca de praias de encantos naturais, sem muita agitação. É o que faz, por exemplo, que Trindade, no litoral fluminense, com suas três praias, sua piscina de água do mar onde os peixes não estranham a presença humana,

esteja sendo tão prezada pelos veranistas. A segunda preocupação é a de aproveitar o aspecto rústico das praias sem abrir mão do conforto. Na estupenda Praia da Âncora, na Ilha das Rocas, no litoral norte do Rio de Janeiro, crianças podem alugar caiaques num hotel e se divertir sem quaisquer problemas. Na Praia de Cumbuco, há boas acomodações para quem quer descansar, contemplar o majestoso pôr-do-sol ou praticar uma espécie de surfe-skate nas dunas de areia.

Guarujá, Copacabana, Guarapari, Itapoã, Boa Viagem e outras praias famosas do litoral certamente atraem milhares de pessoas. Mas é para os recantos semi-escondidos, de acesso um pouco mais difícil, como Trindade, que os veranistas estão seguindo, em levas cada vez maiores. É para a Ilha Grande, no Rio, para a Praia do Forte, na Bahia, para Maragoji, em Alagoas, e Porto de Galinhas, em Pernambuco, que sopram os ventos deste verão. São praias sem arranha-céus ou poluição, com coqueiros, grutas, dunas ou cachoeiras e com boas condições de hospedagem.

1. Para onde levam todos os caminhos brasileiros nas férias de verão?
2. Como são as praias do Brasil?
3. Os prazeres proporcionados por uma bela praia são:
 a. o sol que bate no rosto
 b.
 c.
 d.
4. Os esportes que podem ser praticados na praia são:
 a. o surfe
 b.
 c.
 d.
5. Que comida e bebida você pode desfrutar na praia?
6. Duas coisas mudaram nos últimos tempos na maneira de usufruir as praias:
 a.
 b.
7. Descreva a praia de Trindade no litoral fluminense.
8. O que caracteriza a Praia da Âncora, na Ilhas das Rocas
9. Para quem quer descansar, contemplar o pôr-do'sol e praticar o surfe-skate nas dunas de areia, para onde se deve ir?
10. No começo do dia o sol nasce. O que acontece no fim do dia?
11. Em vez de Copacabana, Boa Viagem, Itapoã, para onde as pessoas vão?
12. Porque as pessoas agora preferem ir às praias de Ilha Grande ou Maragogi, ou Porto de Galinhas?

XIII. ENCERRAMENTO

—————————————————— VÍDEO ——————————————————

Hoje ficamos por aqui. Na próxima unidade, continuaremos a nossa
Travessia pelo mundo da língua portuguesa.

—————————————————— PARE ——————————————————

VOCABULÁRIO

Substantivos

alfândega, f.	customs	medo, m. /ê/	fear
cabeça, f. /ê/	head	reclamação, f.	complaint
câmbio, m.	exchange, exchange rate	reunião, f.	meeting, reunion
febre, f. /é/	fever	roteiro, m.	route, plan
fiscal, m./f.	inspector	sucesso, m. /é/	success
interior, m.	backlands, interior	viagem, f.	trip
lugar, m.	place	vôo, m.	flight

Verbos

abrir	open	despedir (irreg.)	take leave, dismiss
acontecer ■²	happen	escutar	listen
caminhar	walk	querer (irreg.)	want, love
deitar	lie down, go to bed	ver (irreg.)	see
dizer (irreg.)	say, tell		

Adjetivos

gelado	ice-cold
seguinte	following, next

Outras palavras

além de	besides
onde	where
tudo	everything

UNIDADE 6

OS BRASILEIROS

Parte I

Parte II

OS BRASILEIROS

PARTE I

I. APRESENTAÇÃO

VÍDEO

Quando os portugueses descobrem o Brasil em 1500, encontram índios que *habitam* a costa do Oceano Atlântico. Nos *séculos* que se seguem, os portugueses e outros europeus que vêm para o Brasil *se cruzam* com os *indígenas* e com os negros que chegam mais tarde da África como *escravos*. Hoje podem se encontrar no Brasil representantes de um grande número de nações, misturados racialmente e integrados na cultura nacional.

Muitos elementos da cultura indígena fazem parte da cultura brasileira como *costumes*, *alimentação*, folclore, *habitação*.

inhabit

centuries

cross; natives

slaves

customs; food
housing

UMA PORTUGUESA

Eu sou portuguesa. Vivo no Brasil há bastantes
anos, *talvez* há uns vinte e poucos anos, não sei   *perhaps*
bem, e adoro o Brasil. Dedico-me à música
portuguesa já há algum tempo, continuo cantando
e creio que vou continuar a cantar. Não sei por
quanto tempo.   Mas, realmente, eu me sinto no
Brasil *como se estivesse* na minha *própria* casa, na   *as if I were*; *own*
minha própria terra.

GILBERTO GIL

A presença, *digamos* assim, dos elementos negros   *let us say*
na minha música é uma coisa muito evidente, justi-
ficável também, porque eu sou negro. *Além do*   *moreover*
mais sou *baiano* e *fui criado* numa comunidade   *from Bahia; was raised*
onde os *valores* negros são cultivados e preser-   *values*
vados.

――――――――――― *PARE* ―――――――――――

OBSERVE E RESPONDA

1. Sim ou não: Há pessoas lutando capoeira?
2. Onde está o cantor Gilberto Gil?
3. O que você vê na cidade de Salvador?
4. Descreva a portuguesa.
5. Descreva Gilberto Gil.
6. Como são os índios?
7. Além da capoeira, que outros elementos africanos estão presentes?

VOCÊ ENTENDEU?

Responda às perguntas abaixo.

1. Quando os portugueses descobrem o Brasil?
2. Quem eles encontram lá?
3. Que palavras não correspondem a <u>habitar</u>: morar -- residir -- hábito -- viver -- hospedar.
4. Que grupo chega mais tarde?
5. Qual é a situação racial no Brasil hoje?
6. Onde estão presentes alguns elementos da cultura indígena na cultura
   brasileira?
7. Como a portuguesa se sente no Brasil?
8. O que ela faz no Brasil?
9. Por que há elementos negros na música de Gilberto Gil?
10. Qual é a atitude na Bahia para com os valores negros?

Os Brasileiros

Como nos Estados Unidos, a população do Brasil é uma mistura de imigrantes, os quais têm exercido influência decisiva na história, tradições e costumes do país. Foram os portugueses, portadores da cultura européia, os que iniciaram a *miscigenação* com os índios encontrados ao longo da costa brasileira. Estes *indígenas* eram de tribos *nômades*, do grande grupo lingüístico Tupi-Guarani, hoje quase desaparecido. A contribuição dos índios à cultura brasileira encontra-se em alimentos, nomes de locais e pessoas, folclore e música.
racial mixture
natives
nomadic

Os negros foram trazidos para o Brasil no século XVII, como escravos, para o trabalho nas imensas plantações de cana-de-açúcar que se estendiam ao longo da costa brasileira. No século XVIII, o descobrimento de ouro e pedras preciosas onde é hoje o estado de Minas Gerais, provocou a segunda grande importação de escravos para o Brasil e intensificou a imigração portuguesa. Como é de se esperar, a influência africana na cultura brasileira é profunda.

A partir do século dezenove, alemães, ucranianos, holandeses, poloneses, árabes e turcos começaram a imigrar para o Brasil em grupos maiores ou menores. Os alemães se estabeleceram no Brasil a partir de 1824, concentrando-se principalmente no estado de Santa Catarina, onde se tornaram os principais colonizadores.

A próxima grande onda migratória para o Brasil ocorreu nos fins do século XIX, quando milhões de pessoas da Itália e sul da Europa vieram para as lavouras de café das regiões sul e sudeste. Foram estes imigrantes europeus que mais tarde se tornaram os operários de fábricas e a classe média do que é hoje a região altamente industrializada do estado de São Paulo.

Desde o princípio do século XX, o Brasil tem recebido imigrantes de todas as partes do mundo, principalmente depois da segunda guerra mundial. É dessa época a imigração japonesa em massa para o estado de São Paulo. Os japoneses, que já tinham começado a imigrar para o Brasil desde 1908, foram rapidamente assimilados pela tolerante e dinâmica sociedade brasileira. Hoje, a população japonesa no Brasil é a maior do mundo, fora do Japão. Os japoneses têm contribuído grandemente ao desenvolvimento do Brasil.

VOCÊ ENTENDEU?

1. Como é a população brasileira?
2. Qual foi a contribuição dos índios à cultura brasileira?
3. Quais foram as duas maiores razões para a importação de escravos negros?
4. Como foi a imigração a partir do século XIX?
5. Quais foram os principais colonizadores de Santa Catarina?
6. O que fizeram os imigrantes europeus dos fins do século XIX?
7. Como foi a imigração japonesa para o Brasil?

II. EXPRESSÕES IDIOMÁTICAS COM DAR

─────── VÍDEO ───────

Há várias expressões formadas com o verbo *dar*,
bastante usadas, que têm significados bem
diferentes. Veja só alguns:

Romano — Por aí *não vai dar*. Por aí *não vai dar*, seu Raul.	*That way won't work*
Romano — Hoje, sabe, *não vai dar* para telefonar.	*I won't be able to*
Sueli — *Não deu* pra ouvir nada.	*I couldn't*
Raul — Então, *deram certo* as previsões do horóscopo?	*work out*
Raul — *Dá um jeito nisso*, pelo amor de Deus!	*Fix that*
Raimundo — Eu *dou um jeito* nisso!	*I'll fix it.*

─────── PARE ───────

Vera "É engano seu!

VAMOS PRATICAR

A. Palavra-Puxa-Palavra

dar para (médico, professor, etc.)	dar o fora
dar para (ouvir, ver, etc.)	dar o bolo
dar aula	dar bolas
dar certo	dar-se conta de
dar um jeito	dar vontade de
dar-se bem com alguém	

Exemplos:

1. Esta menina tem talento científico. Ela dá para médica.
   This girl is gifted in science. She would make a good doctor.
2. Que pena! Daqui não dá para ver nada. *What a pity! We can't see anything from here.*
3. O Dr. Almeida deu uma ótima conferência. *Dr. Almeida gave an excellent lecture.*
4. Isto não vai dar certo. *This is not going to work.*
5. Não se preocupe. Vou dar um jeito de você ir também.
   Don't worry. I'm going to find a way for you to go too.
6. A Lúcia deu o fora no Luiz. *Lúcia broke up with Luiz.*
7. Estou com raiva porque ela me deu o bolo. *I'm mad because she stood me up.*
8. Eu não dou bolas para essas coisas. *I don't worry about those things.*
9. Quando eu vejo uma boa feijoada me dá vontade de comer.
   When I see a nice "feijoada" it makes me want to eat.
10. Eu me dei conta do problema ontem. *I became aware of the problem yesterday.*
11. Eu me dou muito bem com o meu sogro. *I get along fine with my father-in-law.*

B. Diálogos

1. Que fora!

Vera	— Felipe, *não vai dar mais!* Este nosso namoro tem que terminar!
Felipe	— Mas eu gosto tanto de você! Tudo que a gente faz *dá certo* e a gente *se dá tão bem*.
Vera	— É engano seu! Eu *estou dando o fora* em você porque não *dá mais para* continuar.
Felipe	— *Como não dá?* Vera, mereço uma explicação. Fiz alguma coisa contra você?
Vera	— Nós somos muito diferentes. Eu *não dou mais para* ser a namorada submissa e passiva que você quer!
Felipe	— Agora eu entendo porque você ontem *me deu o bolo*. Você ficou de encontrar comigo às 7 e *nem deu bolas*!
Vera	— É uma pena, Jorge. *Não dá mesmo!*
Felipe	— Verinha, meu bem, será que eu *posso dar um jeito* nisso?
Vera	— Será que você não *se dá conta* do que está acontecendo?
Felipe	— Isto tudo *me dá vontade de* enlouquecer!

2. Uma conferência. Complete o diálogo com as expressões do verbo *dar*: *dar um jeito, dar bolas, dar aula, dar-se bem com, não vai dar.*

— Quando o professor Golias vai dar a conferência?
— Sei lá. Eu não ——— para isso.
— Mas você é aluno e amigo dele. Eu sei que você ——— ele. Não é verdade?
— Não há dúvida de que ele é meu amigo e um ótimo professor e ——— de literatura como ninguém. O negócio é que estou sem tempo para ir à conferência.
— Você podia ——— de arranjar tempo para ir, não é?
— ——— ir a essa conferência porque é impossível. Prometo ir à próxima, tá?

III. QUE HORAS SÃO?

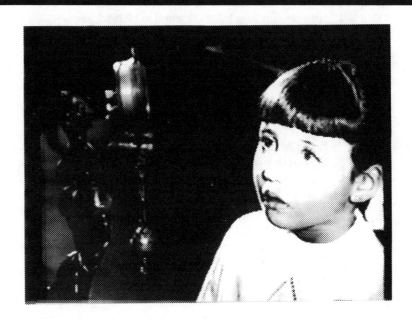

VÍDEO

Nas próximas cenas, você vai ver como perguntamos e damos as horas em português, todas muito usadas. Há várias formas, todas muito usadas.

Rapaz 1 — Por favor, que horas são?
Rapaz 2 — Meio-dia e meia.
Rapaz 1 — Obrigado.

Rapaz 1 — Por favor, você tem horas?
Rapaz 2 — Tenho. São duas horas.
Rapaz 1 — Obrigado.
Rapaz 2 — De nada.

Rapaz — Você me dá as horas?
Casal — Meio-dia e quarenta e sete.
Rapaz — Obrigado.

PARE

Telling Time

To ask the time in Portuguese, use one of the following formulas:

> Que horas são?
> O senhor tem horas?
> Que horas você tem?

To answer with exact hours, use this formula for hours after one:

> *são + number + horas (optional) + em ponto = 'on the dot' (optional)*

> São duas horas.
> São quatro.
> São dez horas.
> São cinco em ponto.
> São sete horas em ponto.

For 'one o'clock', 'noon' *meio-dia*, and 'midnight' *meia-noite* use *é* instead of *são*:

> É uma hora.
> É uma hora em ponto.
> É meio-dia em ponto.
> É meia-noite.

For times after the hour:

> São duas e cinco.
> São cinco e vinte.
> É meia-noite e dez.

For times before the hour:

> São dez para as dez.
> São vinte para as duas.
> São quinze para a meia-noite.
> Faltam cinco para as quatro.

Instead of *quinze* and *trinta*, we may use fractions of the hour: *um quarto*, 'a quarter' and *meia*, 'half':

> São três horas e meia.
> É uma e um quarto.
> Falta um quarto para as cinco.
> É um quarto para as duas.

The Latin abbreviations *A.M.* and *P.M.* are not used in Portuguese. In speaking we may specify our reference by adding these terms:

da manhã	'in the morning'
da tarde	'in the afternoon'
da noite	'in the evening, at night'
da madrugada	'in the early morning' (before 6:00 AM)

To ask 'At what time' and to answer 'at...', use the following forms:

A que horas?	Ao meio-dia.
Às duas e meia.	À meia-noite
À uma e quinze.	

For anything official, such as time on the radio, on schedules and programs, as well as certain social forms, Portuguese speakers use the twenty-four hour clock, with the time "Zero hora" equivalent to midnight.

13:00	=	1:00 P.M.	19:00	=	7:00 P.M.
14:00	=	2:00 P.M.	20:00	=	8:00 P.M.
15:00	=	3:00 P.M.	21:00	=	9:00 P.M.
16:00	=	4:00 P.M.	22:00	=	10:00 P.M.
17:00	=	5:00 P.M.	23:00	=	11:00 P.M.
18:00	=	6:00 P.M.	00:00	=	12:00 MIDNIGHT

VAMOS PRATICAR

A. **Palavra-Puxa-Palavra:**

Substantivos

o segundo	o quarto	a hora	o minuto	o despertador
o relógio	/de pulso, de parede, digital			o ponteiro (grande, pequeno)

Adjetivos

certo	parado	quebrado	adiantado	atrasado

Expressões

em ponto	dar corda	ter tempo	está na hora	é hora de sair
é uma e meia	é meio-dia em ponto	é meia-noite	até às oito
a que horas?	à uma	às duas	ao meio dia
até ao meio-dia	das três às quatro		

são duas horas da tarde
são dez para as cinco
são quatro horas da madrugada

são três e um quarto
são três e vinte e cinco

B. Diálogos

1. Entrevista para um emprego.

Diretor	—	Você sabe usar o computador?
Estudante	—	Sim. Já fiz dois cursos de computação.
Diretor	—	E a que horas você pode trabalhar?
Estudante	—	De manhã. Posso trabalhar das 8 da manhã até ao meio-dia.
Diretor	—	E nos fins de semana?
Estudante	—	Gostaria de ter o domingo livre mas posso trabalhar no sábado o dia todo.

2. A que horas?

Dr. Santos	—	A que horas você chegou?
Dr. Silva	—	Cheguei às duas e quinze.
Dr. Santos	—	E a que horas você saiu de Brasília?
Dr. Silva	—	Saí às nove e meia em ponto. Fiquei no aeroporto das nove da manhã até às dez e vinte.
Dr. Santos	—	Mas por quê? O avião estava atrasado?
Dr. Silva	—	Sim. O tempo não estava bom e o avião atrasou quarenta minutos.
Dr. Santos	—	O importante é que você está aqui. Vamos! Está na hora da conferência.
Dr. Silva	—	É mesmo! Já são quase três e meia.

C. Conversinhas. Complete os diálogos.

1. — Que horas são?
   — ...
   — O seu relógio está adiantado?
   — ...

2. — ...
   — Almoço ao meio-dia.
   —
   — Vou para casa às sete da noite.

3. — A que horas você veio para a faculdade?
   — ...
   —
   —

D. **Horário de Aulas.** Observe o horário de aulas das pessoas indicadas e responda às perguntas.

HORAS	ROBERTO	HELENA	CARLOS	ANA MARIA
8:00	GEOGRAFIA	- - -	QUÍMICA	- - -
9:00	- - -	INGLÊS	COMPUTAÇÃO	- - -
10:00	PORTUGUÊS	MATEMÁTICA	- - -	TEATRO
11:00	HISTÓRIA	ALMOÇO	- - -	RUSSO
12:00	ALMOÇO	- - -	ALMOÇO	ALMOÇO
1:00	- - -	FÍSICA	DRAMA	LIT BRASILEIRA
2:00	- - -	ED FÍSICA	ALEMÃO	ECONOMIA
3:00	TÊNIS	ITALIANO	DANÇA MODERNA	CIÊNCIAS POLÍTICAS

1. Quem estuda português às dez horas?
2. Quem almoça ao meio-dia?
3. A que horas a Ana Maria tem aula de literatura brasileira?
4. Quem tem aula de física à uma?
5. A que horas a Helena estuda educação física?
6. A que horas o Carlos tem aula de química?
7. Quem tem aula de alemão às duas horas?
8. A que horas a Ana Maria tem aula de russo?
9. Quem tem aula de tênis às três?
10. A que horas a Ana Maria tem aula de ciências políticas?

E. **Que Dia Cheio!** Como foi o dia da Dª Iracema?

6:30hs   acordou e tomou o café   *Às 6:30 hs ela acordou e tomou o café.*

7:00hs   tomou banho e se vestiu
7:20hs   saiu de casa
8:00hs   chegou ao escritório
8:20hs   deu vários telefonemas
9:00hs   tomou um cafezinho
10:15hs   passou duas cartas do diretor para o computador
11:00hs   entrevistou uma nova secretária
12:00hs   almoçou
1:00h-5:00hs   trabalhou nos contratos dos novos professores
5:20hs   parou no supermercado
6:00hs   pegou as crianças na escola
7:15hs   jantou um bom churrasco
8:30hs   assistiu a sua novela favorita
10:00hs   viu as notícias
11:25hs   leu o jornal
12:45hs   foi para a cama

F. T.V. Globo. Leia a programação de domingo da T.V. Globo, Canal 4, e responda às perguntas abaixo.

HOJE NA TV

REDE GLOBO

Canal 4

07:00 **SANTA MISSA EM SEU LAR**

08:00 **GLOBO RURAL**
Uma grande reportagem com os "brasiguais", brasileiros que há muitos anos viviam no Paraguai e, agora, foram expulsos. São 800 famílias que estão acampadas no Sul do Estado do Mato Grosso do Sul. Um fazendeiro de Acreúna, Goiás, está irrigando suas terras através de um sistema construido com bambu. O resultado tem sido excelente.

09:00 **SOM BRASIL**
Moraes Moreira canta "O acordeon e a sanfona", de Moraes Moreira e Bé Macando. Curumba e Cural interpretam "Paulificante", de Venâncio e Curumba. Os serranos, de Porto Alegre, apresentam "Vanerão da noite inteira", de Édson e Everton Dutra; Sirlan, de Belo Horizonte, canta "As serras", de Sirlan e Paulo César Pinheiro; Tião do Carro e Mulatinho interpretam "Louvação", de Tião do Carro e José Caetano Erba; Stênio Mendes, de Campinas, São Paulo, canta "Barriga d'água", de sua autoria; Ranchinho apresenta "A valsa das palmas", de Alvarenga e Ranchinho"; encerrando o programa, os Favoritos da Catira, de São Paulo, apresentam "Festa de São João", de Antônio Gonçalves.

10:00 **GLOBO INFORMÁTICA**
O programa continua focalizando o computador, mas mostrando, ainda, que o mais poderoso instrumento para processamento automático de informações não trabalha sozinho; não age isoladamente. Por isso, o teclado, o vídeo e a impressora são instrumentos importantíssimos que ajudam a compor o computador. Estes três componentes serão os assuntos principais de hoje.

10:40 **BATMAN**
"Parceiro em perigo".

11:05 **FESTIVAL DE DESENHOS**

12:00 **BENJI**
"A cidade fantasma".

12:25 **DISNEYLÂNDIA**
"O tigre e o cantor de rock".

13:35 **VIDEO SHOW**
Malu Mader e Paulo Betti recordam a passagem de Liza Minnelli pelo Brasil, em 1979, mostrando uma conversa da cantora com o seu amigo e compositor Luís

Henrique, em Florianópolis, Santa Catarina. Liza canta em português "Trevo de quatro folhas". Nos anos 60, Supremes estouravam em todo o mundo com "Stop in the name of love". Agora, música foi regravada por outro grupo que também se destacou naquela década: os Hollies. A nova versão será apresentada com legendas em português. Como são manipulados os Muppets: os segredos dos movimentos e os novos projetos de alguns dos bonecos mais populares do mundo. ★ Em fevereiro deste ano, "Vídeo Show" mostrou como se faz disco, apresentando uma gravação do conjunto Barão Vermelho. Agora, exibe as muitas brincadeiras e momentos de descontração durante a realização desse trabalho. ★ Como era a "Hollywood brasileira" — curiosidades sobre os estúdios da Vera Cruz. ★ Em 1979, Fernanda Torres fazia sua estréia em televisão, num programa da série "Aplauso". "Vídeo Show" recorda esse momento, exibindo cenas do especial "Queridos fantásticos sábados".

14:40 **CASAL 20**
"Um hobby perigoso".

15:45 **BRASIL X BOLÍVIA**
Eliminatórias da Copa do Mundo.

17:55 **ÁGUIA DE FOGO**
"O cérebro da máquina".

19:00 **OS TRAPALHÕES**

20:00 **FANTÁSTICO, O SHOW DA VIDA**
★ Como os peritos chegaram à conclusão de que a ossada era de Mengele. ★ Juntos, Veloso e Marçal. ★ Grupo maluco tenta o salto da morte, lançando-se de pára-quedas de uma altura de 900 metros. ★ O manifesto de Elizabeth Savalla, Marcelo Picchi e Glória Peres, sobre a violência e o falso moralismo que envolvem a repercussão do Caso Mônica. ★ Dois tipos muito engraçados: o bicho coçador e o bicho sentinella.

22:00 **OS GOLS DO FANTÁSTICO**

22:20 **RJ TV**

22:25 **CINECLUBE**
"Disque M para matar".

00:20 **DOMINGO MAIOR**
"O candelabro italiano".

1. A que horas você pode assistir missa?
2. A que horas é o seriado *Casal 20*?
3. Quando você pode saber sobre os gols do futebol do domingo?
4. Por que o Brasil vai jogar com a Bolívia às 15:45 hs?
5. Que tipo de programa é *Globo Rural*?
6. Quando há programas infantis e quais são?
7. Que filme o Cine-Clube vai mostrar às 22:25 hs?
8. A que horas é o *Fantástico*?
9. Dê duas atrações do *Fantástico* para este domingo.
10. A que horas a T.V. Globo entra e sai do ar?
11. Dê duas atrações do *Vídeo Show* mostrado às 13:35 hs.

G. Ponto de Encontro

1. **Entrevista**: Entreviste um colega para saber como é um dia típico na vida dele.

   A que horas?
   a. acordar
   b. levantar
   c. tomar o café da manhã
   d. ir para a universidade
   e. trabalhar
   f. almoçar
   g. estudar na biblioteca
   h. ter aula de português
   i. voltar para casa
   j. jantar
   k. assistir televisão
   l. ir para a cama

2. **O Tempo!** Você tem ou não tem tempo? Pergunte a um colega o seguinte e diga para a classe.

   a. Você é pontual?
   b. Você sempre usa relógio? De que tipo?
   c. Você tem tempo para fazer o que quer?
   d. Quantas horas por dia você tem só para você?
   e. Quando você tem tempo livre?
   f. Como você organiza o seu tempo?
   g. Qual é a hora do dia em que você se sente melhor?

IV. AS HORAS DO BRASILEIRO

A sociedade brasileira é o que se pode chamar de policrônica, isto é, o uso do tempo não é rigidamente dividido para atividades específicas e exclusivas. Qualquer época do ano é apropriada para qualquer atividade, principalmente porque o clima não apresenta mudanças profundas. Da mesma forma, as horas de trabalho podem ser intercaladas com as de lazer, numa sociedade onde o conceito de "tempo é dinheiro" ainda não constitui o modo de pensar e sentir do povo em geral. Os dias longos durante todo o ano e a natureza sempre verde, dão ao brasileiro um sentimento de continuidade do tempo e uma atitude despreocupada com o passar das horas e dias. Talvez por isso mesmo, a pontualidade não é o forte do brasileiro. Chegar tarde a alguma atividade significa apenas que o relógio não controla totalmente o movimento do indivíduo. Contudo, algumas atividades diárias têm horários tradicionais, como o das refeições. O almoço é entre o meio-dia e 1:00 h. e o jantar por volta das 7hs. Nas cidades grandes o jantar é mais tarde, às 8:00 ou 9:00 hs. A famosa sesta dos países hispânicos não é um costume nacional brasileiro, embora possa acontecer regionalmente. Nos domingos, as atividades de família determinam horários bem diferentes. Levanta-se tarde, e se almoça por volta das 2:00 hs. É um momento especial da semana para a família se reunir e muitas vezes convidar parentes e amigos. A vida noturna começa sempre tarde, a partir das 10:00 hs., quando a 'noite é criança' e a madrugada demora a chegar. Importante para o brasileiro não é o uso do tempo rigidamente controlado, mas a maneira como ele o usa para se comunicar com outras pessoas, criando uma intricada rede de relações pessoais sem as quais a sociedade brasileira perderia sua identidade.

Você entendeu?

1. O que é uma sociedade policrônica?
2. Como são as horas de trabalho do brasileiro?
3. O tempo é dinheiro para o brasileiro?
4. O que os dias longos e a natureza dão aos brasileiros?
5. Que atividades diárias têm horários tradicionais?
6. Descreva os domingos para muitos brasileiros.
7. O que é importante para o brasileiro quanto ao uso do tempo?

V. PRONOMES OBLÍQUOS — OBJETOS DIRETOS[1]

VÍDEO

Vamos ver agora como são usados, em português, os pronomes oblíquos da primeira e da segunda pessoas. O pronome oblíquo funciona como objeto direto ou indireto.

EU	-----	ME
VOCÊ	------	TE
NÓS	------	NOS

Eu **te** vejo aí.

---

[1]There is a mistake in the order of presentation of the direct and indirect object pronouns in video sections V and X. We suggest using the videos for review after practicing the exercises in both sections.

Eu **te** comprei flores.

Ela está **me** beijando.

Depois de **me** pagar, saiu.

A menina não **me** viu.

Me passa o livro, por favor.

A seguir, preste atenção no uso desses pronomes oblíquos.

Raul — Olha aqui, **te** dou esse dinheiro aqui. Você
    compra *tinta*, a primeira parte do material.   *paint*
    Amanhã cedo eu 'tou aqui.

Pintor — Mas também se o senhor não estiver
    aqui, não tem problema. A senhorita aqui já
    me conhece, pode me receber, não é mesmo?

Rosa — É, mas não tem problema, não,   porque
    amanhã o senhor Raul vai 'tar aqui para
    esperar o senhor, é ou não é, seu Raul?

Raul — É ou não é, Dona Rosa. Eu vou 'tar aqui
    com certeza, sim. Mas qualquer problema, hoje
    você **me** telefona. Tá aqui o cartãozinho da
    firma, tá?

——————— *PARE* ———————

OBSERVE E RESPONDA

1. O que o Raul dá ao pintor?
2. Quando o Raul vai estar em casa amanhã?
3. Por que o pintor não vai ter problemas se o Raul não estiver em casa?
4. Quem diz "A senhorita aqui já me conhece"?
5. Quem é a Rosa?
6. O que o Raul entrega ao pintor?

Direct Object Pronouns

EU -----> ME	NÓS -----> NOS
VOCÊ ELE]-----> O, A ELA	VOCÊ ELES]-----> OS, AS ELAS

Direct object pronouns are used with verbs such as *ver, conhecer, amar, convidar, comprar, vender,* etc. The direct object "receives" the action of the verb's subject:

O Paulo comprou **a casa**.
O José levou **a Ana e eu** para a faculdade.

O Paulo **a** comprou.
O José **nos** levou para a faculdade.

Notes on usage:

1) *Você, vocês* may be used as second person direct object pronouns:

> Eu amo **você**.
> Ele viu **vocês** na rua.

2) In colloquial speech in most of Brazil, *te* may be used as a second person singular object.

> Eu **te** amo.
> Ele **te** viu no parque.

3) Brazilians also use **ele, ela** or their plurals as direct object pronouns in relaxed or unmonitored speech:

> Eu vi **ele** na rua.
> O Paulo encontrou **ela** no teatro.

Pronoun Placement

The direct object pronouns may occur in many different positions in the sentence. Their most common positions follow.

1) In one-verb clauses the pronoun:

a) usually comes before the verb.

> Eu **a** conheci ontem
> Quem **te** viu chegar aqui?
> João **nos** trouxe para casa.

b) follows the verb when the verb begins a sentence. In this case the pronoun is attached to the verb with a hyphen.

> Leve-**nos** com você.
> Beije-**me** antes de sair, tá?

c) precedes the verb in colloquial speech at the beginning of a sentence.

Me leve com você.
Me beije antes de sair, tá?

2) In two-verb clauses the pronoun:

a) may appear before both verbs, between them, and less frequently, after both.

Ele **me** tinha convidado para sair.	Ele está **nos** levando para casa.
Eu **a** tenho visitado toda semana.	A Laura vem **te** apanhar em casa.
Ela vai encontrar-**nos** no cinema.	Mamãe vai pegar-**me** na escola.

b) *o, a, os, as* when attached to an infinitive require dropping the final **-r** of the infinitive, replacing it with **l** and attaching it to the pronoun.[2]

Quero comprar a **camisa**.	*Quero comprá-la.*
Vou beber o vinho.	*Vou bebê-la.*
Preciso abrir a **porta**.	*Preciso abri-la.*

VAMOS PRATICAR

A. **Diálogo:** Coisas do destino!

Alice	— Quem é você para me chamar de "meu bem"?
Don Juan	— Você não me conhece?
Alice	— Não, eu não te conheço! E você é muito atrevido!
Don Juan	— Mas, meu bem, eu sinto que o destino nos ajuda. Foi o destino que me levou a você.
Alice	— Essa é boa! Eu nunca te vi antes!
Don Juan	— Mas agora você está me vendo. Coisas do destino, meu bem!

B. **Conversinhas.** Complete os diálogos.

1. — João me convidou para a festa dele. Ele o convidou?

   —

   — Quem vem nos buscar?

   —

2. —

   — Sim, eu o vi ontem à noite.

   —

   — Sim, ele vai me visitar.

3. — Toninha, eu te amo muito, sabe?

   —

   —

---

[2]Note the use of accent marks on verbs in *-ar* and *-er* verbs: *-ar* > *-á* , *-er* > *-ê*.

C. **O que vocês vão fazer?**

1. Eu vou comprar/o carro.   *Eu vou comprá-lo.*
2. Hoje eu vou escrever/as cartas.
3. Eu não posso abrir/a porta.
4. Não queremos vender/a casa.
5. O médico vai curar/os doentes.
6. O garçom quer servir/as bebidas.
7. Vou receber/o cheque.
8. O engenheiro sabe construir/edifícios.
9. Você vai adorar/o filme.

D. **Quem disse...** Forme frases ligando as colunas A e B.

Ex.: *A namoradinha disse "eu te amo".*

A	B
1. --- Eu te amo.	a) o aluno
2. --- Eu vi você no hospital.	b) o namorado
3. --- Ensine-me os verbos.	c) a mãe
4. --- Lúcia, pare de me beijar em público.	d) o freguês
5. --- Mamãe sempre nos ajuda.	e) o garçom
6. --- Não me aborreça.	f) o médico
7. --- Não quero comprá-lo.	g) a namoradinha
8. --- Posso servi-los?	h) os filhos

E. **Coisas que me acontecem!**

1. Quem vai chamá-lo amanhã?   *A mamãe vai me chamar.*

2. Quem ajuda você na faculdade?   7. Quem te abraça?
3. Quem vê você todos os dias?   8. Quem leva você para o cinema?
4. Quem beija você?   9. Quem encontra você na faculdade?
5. Quem convida você para sair?   10. Quem te quer bem?
6. Quem te ama?

F. **Papai e mamãe se preocupam muito!** Substitua os sujeitos *eu, você, ele, nós*, etc. pelos pronomes diretos *me, o, a, nos*.

Jorge o meu irmão mais velho (eu) chama todas as noites. Ele começa sempre dizendo a mesma coisa: —— Luizinho, eu estou (você) chamando porque você bem sabe como papai e mamãe ficam preocupados com você! Você bem sabe que eles (você) amam muito e querem (nós) ver felizes. Você (eu) entende, não é? Mas eu tenho boas notícias: a mamãe conseguiu comprar uma moto e ela vai mandar (ela) para você. Não saia de casa e (ela) espere! Eu gosto do meu irmão, mas às vezes me dá vontade de mandar (ele) pro fim do mundo, pois ele fala demais!

VI. "RETRATOS FALADOS" I

Retratos falados

Pesquisa divide o brasileiro em nove tipos, por estilos de vida

conforme pesquisa da agência Leo Burnett Publicidade, de São Paulo, uma das mais respeitadas empresas do setor no país, as mulheres brasileiras que vivem nas grandes cidades e que pertencem às três faixas sociais superiores — definidas segundo um critério que mistura grau de instrução com itens de conforto familiar — podem ser reduzidas a cinco tipos básicos. Daí nasceram Amélia, Simone, Érica, Monique e Glorinha — batizadas assim mesmo, pela própria agência, como matrizes em que se pode encaixar a totalidade das brasileiras com algum poder aquisitivo.

A pesquisa da Leo Burnett foi realizada entre 1980 e 1982, período durante o qual a empresa entrevistou demoradamente 1 500 pessoas das classes A, B e C na Grande São Paulo. O objetivo era levantar o perfil dos consumidores, e a partir daí ter dados mais seguros em que se apoiar no direcionamento das mensagens publicitárias. Não só as mulheres, porém, foram entrevistadas. O resultado, que sai agora, inclui também os retratos de quatro tipos predominantes de homens, aos quais se assemelhariam em maior ou menor grau como no caso das mulheres os representantes masculinos das classes A, B e C.

GLORINHA
A otimista

Entre 25 e 39 anos... Tem filhos... Fica radiante quando o marido volta para casa no fim do dia... Tem pouca instrução... Sabe tudo sobre a vida dos astros da TV... Lê horóscopo... Jamais sai à rua desarrumada... Orçamento doméstico pequeno... Faz todo o serviço da casa... Alegre... Acha que suas dificuldades são passageiras.

SEU ANTÔNIO
O pai quadrado

Acima dos 40 anos... O chefe de família antiquado... Tímido... Baixo poder aquisitivo... Vive obcecado pelo medo de endividar-se... Sente-se derrotado... Acha que o mundo está mudando depressa demais... Reprova o comportamento dos jovens... Não se interessa por livros... Gosta de chegar em casa, pôr o pijama e sentar-se diante da televisão.

DONA AMELIA
A mulher de verdade

Acima de 40 anos... Baixo poder aquisitivo... Nível cultural muito baixo... O retrato da dona-de-casa sacrificada... Dá um segundo bife para o filho e fica sem o seu... Envergonha-se se o marido está com roupa amarrotada... Puritana... Exige que a filha se case virgem... Seu mundo termina na porta de casa... Seu lazer é a televisão.

MONIQUE
Consumista e frívola

Entre 18 e 59 anos... Casada... Vaidosa... Ávida por status... Consumidora voraz... Muito influenciada pela propaganda... Superficial... Acha que o marido deve sustentar suas extravagâncias... Nunca pensa em trabalhar fora... Detesta os trabalhos domésticos... Alheia aos problemas alheios... Faz tudo para chamar a atenção.

1. De acordo com a pesquisa, em quantos tipos se divide o brasileiro?
2. Como são definidas as faixas ou classes sociais superiores?
3. Quantos e quais são os tipos básicos de mulheres?
4. O que é 'poder aquisitivo'?
5. Quando e onde foi realizada essa pesquisa?
6. Quantas pessoas foram entrevistadas?
7. Qual o objetivo dessa pesquisa?
8. Quantos e quais são os tipos de homens?
9. Que adjetivos caracterizam os seguintes tipos?
   a. Glorinha   c. Dona Amélia
   b. Seu Antônio   d. Monique
10. Qual a diferença básica entre Monique e Glorinha?
11. Dê três características da Dª Amélia.
12. Sim ou não? O seu Antônio seria o marido ideal para Dª Amélia. Justifique a sua resposta.
14. Defina a expressão da coluna A usando a definição da coluna B.

Ex.: *Pesquisa* é **um estudo**.

A	B
1. pesquisa __	a. surgir
2. grau de instrução __	b. dever dinheiro
3. vir à tona __	c. estudo
4. desarrumada __	d. perdido
5. orçamento doméstico __	e. nível educacional
6. poder aquisitivo __	f. trabalhos de casa
7. endividar-se __	g. não dar bolas aos problemas dos outros
8. derrotado __	h. mal vestida
9. roupa amarrotada __	i. divertimento
10. lazer __	j. roupa cheia de pregas
11. trabalho doméstico __	l. quanto você pode gastar em compras
12. alheia aos problemas alheios __	m. quantia paga para manter a casa

VII. "BALANCÊ", GAL COSTA

─────────── *VÍDEO* ───────────

Ó *balancê*, balancê   *swing*
Quero dançar com você
Entra na *roda*   *circle*
Morena pra ver
O balancê, balancê
 -bis-

Quando por mim
Você passa
Fingindo que não me vê   *pretending*
Meu coração quase se *despedaça*   *breaks*
No balancê, balancê

coro

Você foi minha *cartilha*   *instruction book*
Você foi meu *ABC*   *primer*
E por isso eu sou
A maior maravilha
No balancê, balancê

coro

Eu levo a vida pensando
Pensando só em você
E o tempo passa
E vou me acabando
No balancê, balancê

coro

─────────── *PARE* ───────────
"Balancê"

"Balancê" é uma música antiga de Carmen Miranda, apresentada aqui numa versão moderna de Gal Costa, uma das cantoras contemporâneas mais populares do Brasil. Carmen Miranda foi conhecida no mundo inteiro nos anos 30 e 40 pelas suas músicas e danças "tipicamente" brasileiras. Ela apareceu em vários filmes americanos da época.

VOCÊ ENTENDEU?

Complete com palavras da canção.

1. Quero dancar...
2. Entra na ...
3. Pra ver ...
4. Você passa fingindo ...
5. Meu coração ...

6. Você foi minha ...
7. Você foi meu ...
8. Eu sou a ...
9. Eu levo a ...
10. O tempo ...

VIII. FORMAÇÃO DE ADVÉRBIOS -- Adjetivo + -mente

──── *VÍDEO* ────

O adjetivo pode ser transformado num advérbio se acrescentarmos a terminação *-mente* à sua forma feminina. Veja os seguintes exemplos.

Policial ── Pronto, garoto. Você pode ir para casa. *Passaste um sufoco*, né? Olha, mas já foi tudo esclarecido. Daqui pra frente vê se fica mais experto.

you had a tough time

Danilo ── É. *Sinceramente*, eu não sei como é que eu fui entrar numa *fria* dessa.

jam

Argemiro —— Mais uma vez, Regina, assim não dá.
Francamente! Um que não consegue terminar
o curso. O outro que só estuda até a *segunda*   *high school*
série e não quer mais nada.

Raul: Bom, então, vamos lá aos *finalmente*.   *"the ends"*
                                                    (word play)

Bombeiro: Sim, *perfeitamente*.

———————————————————————————— *PARE* ————————————————————————————

Adverbs in *-mente*

Virtually any adjective may be used as an adverb by adding the suffix *-mente* to the
feminine form. This compares with the use of *-ly* in English.

rápido —— rápida —— rapidamente			*rapidly*
perfeito —— perfeita —— perfeitamente			*perfectly*
franco —— franca —— francamente			*sincerely*
frio —— fria —— friamente			*coldly*

When there is no specific feminine form, the common form is used:

grande —— grandemente	*greatly*
feliz —— felizmente	*happily, fortunately*
só —— somente	*only, just*

When two or more of these adverbs are used in a series, only the last one carries the
ending *-mente*, although all must be feminine:

Ele está trabalhando **honesta e rapidamente**.
He is working honestly and rapidly.

VAMOS PRATICAR═══

A. **Quando e como as seguintes pessoas fazem suas atividades?** Responda usando os
   advérbios *raramente, freqüentemente, anualmente, diariamente, semanalmente, realmente*.

Milton	Eu	Meus amigos
fumar	fazer testes	falar português
jogar tênis	comprar roupas	ir ao cinema
ler um romance	ver televisão	ir ao médico

B. Como?

1. Como a Eneida falou? (cuidado)
2. De que maneira seu pai falou? (respeitoso)
3. Como o ladrão entrou? (calmo)
4. Como a atriz estava vestida? (lindo)
5. Como o seu irmão agiu? (estúpido)
6. De que modo Júlio Iglesias canta? (romântico)
7. Como Pelé jogava futebol? (maravilhoso)
8. De que modo o professor saiu da sala? (rápido)

A Eneida falou cuidadosamente.

IX. "RETRATOS FALADOS" II

BENTO
O bom marido

Entre os 18 e 59 anos... Conservador... Pai compreensivo e dedicado... Cuida das crianças... Aceita que os filhos tenham idéias diferentes das suas... Conserta tudo em casa... Gosta de livros... Aprecia a poesia... Acha a religião importante... Alimenta-se com moderação... Pratica esportes... Encontrado em todas as classes sociais.

ÉRICA
Rica e racional

Acima dos 40 anos... Situação econômica privilegiada... Alto nível de escolaridade... Lê muito... Ouve música erudita... Vai ao teatro... Atenta para a formação cultural dos filhos... Prepara o cardápio de casa com base no valor nutritivo dos alimentos... Tem plantas e cuida delas... Escolhe cuidadosamente tudo o que compra.

FREDERICO
O bem-sucedido

Entre 30 e 44 anos... Excelente poder aquisitivo... Trabalha muito... Encontra tempo para a família... Gosta de comer bem... Freqüenta restaurantes... Preocupa-se com o peso, sempre um pouco acima do ideal... Adia os programas de ginástica... Bem-informado... Respeita as conquistas da mulher... Exibe a satisfação de um homem bem-sucedido.

EDU
O esportivo

Entre 18 e 29 anos... Solteiro... Estuda e trabalha... Vive com os pais... A casa é apenas o lugar onde come e dorme... Tem muitos amigos e amigas... Gosta de esportes... Acampa... Permissivo em matéria de sexo... Procura vestir-se rigorosamente na moda... Tenta ser atraente diante das mulheres... Encontrado em todas as classes sociais.

SIMONE
A contestadora

Entre 18 e 29 anos... Solteira... Trabalha e estuda, em cursinho ou na universidade... Devora livros que estão na moda em seu meio... Interessa-se por política... É contestadora... Acha o casamento uma instituição ultrapassada... Defende o aborto... Jamais vai ao cabeleireiro... Vive com os pais e tem muitos atritos com eles.

VEJA, 11 DE MAIO, 1983

A. **Responda:**

    1. Que adjetivos caracterizam
        a. Bento?   d. Edu?
        b. Frederico?   e. Simone?
        c. Érica?

2. Simone seria muito infeliz se fosse a filha de Seu Antônio e a Dona Amélia ("Retratos falados" I). Por quê?
3. Que semelhanças existem entre Simone e Edu?
4. Sim ou não: Frederico seria o marido ideal para a Érica. Justifique a sua resposta.
5. Quais as características de Bento?
6. Defina a expressão na coluna A com a definição na coluna B

             Ex.: *Consertar* é **restaurar um objeto quebrado.**

A	B
1. consertar	a. na sua classe social
2. adiar	b. pessoa ou lugar onde você corta o cabelo
3. bem-sucedido	c. menu
4. escolaridade	d. desacordo, não estar de acordo
5. cardápio	e. ter sucesso
6. em seu meio	f. educação
7. cabeleleiro	g. deixar para depois
8. atrito	h. restaurar um objeto quebrado

B. **É a minha vez de falar .**

    Discutam em pares o artigo "Retratos falados" I e II. Com que tipo você se identifica? Por que você gostaria de ser ou não ser um Frederico ou uma Érica? Qual a sua opinião sobre essa pesquisa?

X. PRONOMES OBLÍQUOS -- *OBJETOS INDIRETOS*

─────────── *VÍDEO* ───────────

Note que os pronomes são idênticos aos artigos definidos.

ELE	O
ELA	A
ELES	OS
ELAS	AS

Os pronomes tomam o lugar do objeto direto da seguinte maneira:

MARIA VIU *PAULO*.   MARIA *O* VIU.

NÓS COMEMOS *AS MAÇÃS*.   NÓS *AS* COMEMOS.

EU COMPREI *OS LIVROS*.   EU *OS* COMPREI.

O PROFESSOR CONHECE *MINHA IRMÃ*.   O PROFESSOR *A* CONHECE.

Quando o pronome vem depois do verbo no infinito, ocorre uma modificação. Observe:

VOCÊ VAI COMPRAR *A CASA*?   SIM, VOU *COMPRÁ-LA*.

VOCÊ QUER BEBER *VINHO*?   NÃO, NÃO QUERO *BEBÊ-LO*.

MARIA VAI ABRIR *AS JANELAS*?   SIM, ELA VAI *ABRI-LAS*

JOÃO VAI CONSTRUIR *UM APARTAMENTO*?   NÃO, NÃO VAI *CONSTRUÍ-LO*.

Agora observe as seguintes cenas.

Cliente — Não é bem isso que nós queremos.

Argemiro — Bom, se o senhor não gosta desse eu tenho outro que acredito os senhores *irão gostar*. Nós podemos **vê-lo** agora.   *will like*

Cliente — Não, agora não. Nós vamos almoçar primeiro.

Argemiro — Muito bem, A que horas eu posso passar pra **apanhá-los**?

Cliente — Às duas horas está bom.

Argemiro — Às duas horas, então, eu passo lá no hotel.
Regina — Agora não dá. Eu ainda ando muito preocupada com os meninos. Eu quero ficar por perto.

Maria Rita — O jeito de você não se preocupar é começar por não **chamá-los** de meninos.
Regina — É que você não **os** conhece.

————— *PARE* —————

Indirect Object Pronouns

EU ----> ME	NÓS ----> NOS
VOCÊ ⎤ ELE ⎬----> LHE ELA ⎦	VOCÊS ⎤ ELES ⎬----> LHES ELAS ⎦

The indirect object can be recognized by the preposition, either *para* or *a* that precedes it. The indirect object complements the action of the verb as in:

O Ricardo comprou um presente **para** a Rachel.
subject   verb   dir. obj.   indir. obj.

The indirect object pronoun takes the place of the preposition and its noun as in:

O Paulo deu uma caneta **para** a Laura.   *O Paulo **lhe** deu uma caneta.*
O avô contava histórias **para** os netos.   *O avô **lhes** contava histórias.*

Notes on usage:

a) In Brazilian Portuguese the indirect object pronouns *lhe* and *lhes* are usually avoided in speech. Instead, Brazilians use the preposition *para* followed by the pronouns *você*, *vocês*, *ele*, *ela*, *mim*, *nós*. While this usage is acceptable, the regular *lhe* form is used in the written language for stylistic reasons.

    Paulo deu o dinheiro **para** eles.   *or*   Paulo **lhes** deu o dinheiro.
    Eu vou telefonar **para** você.   *or*   Eu vou **lhe** telefonar.
    Sérgio escreveu uma carta **para** mim.   *or*   Sérgio **me** escreveu uma carta.

b) In colloquial speech in most of Brazil, *te* is used as a second person single indirect object in the same manner it is used as a direct object.

    Seu namorado vai **te** mandar flores. *vs*. Seu namorado vai mandar flores para você.

Pronoun Placement

The position of the indirect object pronouns in the sentence is similar to that of direct objects.

1) In one-verb clauses the pronoun:

    a. usually comes before the verb.

        Eu **lhe** dei um presente.
        Não **me** peça nada agora.

b. follows the verb when the verb begins the sentence. The pronoun is attached to the verb with a hyphen.

> Diga-**me** a verdade.
> Faça-**me** um favor.

c. precedes the verb in colloquial speech at the beginning of a sentence.

> **Me** conte o que aconteceu.
> **Me** traga um guaraná bem gelado, por favor.

2) In two-verb clauses the pronoun:

may appear before both verbs, between them, and less frequently, after both.

> A Maria **lhe** tem telefonado?
> Ele **me** tinha falado sobre você.

> Você vai **me** escrever uma carta?
> Ele quer **nos** comprar um carro.

> Vou pedir-**lhe** um favor.
> Ele quer dar-**me** algumas sugestões.

VAMOS PRATICAR

A. **Um passeio fora da cidade.** Que coisas você vê num passeio?

1. Você vê o gato? *Sim, o vejo.*
2. ... a neve?
3. ...os animais?
4. ... o rio?
5. ...os peixes?
6. ...a chuva?
7. ...a praia?
8. ...as nuvens?

B. **Entrevista.** Você vai estudar numa outra cidade e o seu irmão quer saber o seguinte:

1. Você vai escrever cartas para a família? *Sim, eu vou escrevê-las.*
2. O seu pai vai mandar dinheiro?
3. Você vai levar todos os seus livros?
4. Antes de sair, você vai lavar as suas roupas?
5. A que horas você vai fazer as malas?
6. Você vai abrir as malas no aeroporto?
7. Onde você vai pesar a bagagem?
8. Antes de partir, você vai visitar os seus avós?
9. Chegando lá, você vai beber o famoso suco de abacaxi?
10. Você vai alugar o apartamento do seu tio?

C. **Quem vai me ajudar?** Eu vou dar uma festa e quero saber quem vai me ajudar.

    1. Quem vai me dizer quem vem à festa? *O Pedro vai lhe dizer quem vai para a festa.*

    2. João (dar o número do telefone da Confeitaria Modelo)
    3. Sua mãe (fazer um bolo de chocolate)
    4. Fátima (apresentar o rapaz que toca violão)
    5. Os vizinhos (entregar a chave do salão de festas)
    6. Seus irmãos (escrever uma lista com os nomes dos convidados)
    7. Teresa (telefonar dizendo quanto custa uma dúzia de refrigerantes)
    8. Seu pai (trazer o vinho)

D. **Eu quero saber!** Preciso obter as informações abaixo. Responda às perguntas usando *lhe* ou *lhes*.

    1. Quem vai me escrever? *Pedro vai lhe escrever.*
    2. Os meus pais e eu queremos saber quem vai nos esperar.
    3. Quando você vai me apresentar os seus pais?
    4. O que você vai me dar no meu aniversário?
    5. Quem vai me trazer o dicionário?
    6. Quem vai me dizer o que aconteceu na festa?
    7. Quem vai me mandar um cartão-postal do Rio?
    8. Quando vocês vão nos escrever uma carta?

"Você é novo aqui, não é?"

VOCABULÁRIO

Substantivos

abacaxi, *m.*	*pineapple*	meia-noite, *f.*	*midnight*
biblio*teca*, *f.* /é/	*library*	meio-dia, *m.*	*noon*
computador, *m.*	*computer*	ponteiro, *m.*	*hand (of a clock)*
costume, *m.*	*custom*	quarto, *m.*	*quarter (hour)*
despertador, *m.*	*alarm clock*	segundo, *m.*	*second*
escravo, *m.*	*slave*	tarde, *f.*	*afternoon*
gol, *m.* (gols)	*goal (soccer)*	valor, *m.*	*value*
madrugada, *f.*	*dawn*	vontade, *f.*	*will, desire*
manhã, *f.*	*morning*		

Verbos

aborrecer (-ço) ▬[2]	*bore, annoy*	dar um jeito	*resolve, find a solution*
atrasar	*be late, slow down*		
beijar	*kiss*	fingir (-jo)	*pretend*
convidar	*invite*	habitar	*inhabit*

Adjetivos

adiantado	*advanced, ahead*	certo /é/	*certain, correct*
atrasado	*late, delayed, behind*	franco	*sincere, frank*
atrevido	*daring, presumptious*	próprio	*own*

Outras Palavras

me	*me*	talvez /ê/	*maybe, perhaps*
nos	*us*	te	*you*

"Eu o dei de presente!"

PARTE II

I. "A MORTE DA TARTARUGA"

O menininho foi ao *quintal* e voltou chorando: *a tartaruga tinha morrido*. A mãe foi ao quintal com ele, mexeu na tartaruga com um *pau* (tinha nojo daquele *bicho*) e *constatou* que a tartaruga tinha morrido mesmo. Diante da confirmação da mãe, o garoto pôs-se a chorar ainda com mais força. A mãe a princípio ficou *penalizada*, mas logo começou a ficar *aborrecida* com o choro do menino. "Cuidado, senão você acorda o seu pai". Mas o menino não se *conformava*. Pegou a tartaruga no *colo* e pôs-se a acariciar-lhe o *casco* duro. A mãe disse que comprava outra, mas ele respondeu que não queria, queria aquela, viva! A mãe lhe prometeu um carrinho, um *velocípede*, lhe prometeu uma *surra*, mas o pobre menino parecia estar mesmo profundamente *abalado* com a morte do seu animalzinho de *estimação*.

back yard; turtle had died
stick
animal; verified

felt sorry for; irritated
resign himself; lap
shell

tricycle; beating
upset
pet

Afinal, com tanto choro, o pai acordou lá dentro, e veio, *estremunhado*, ver de que se tratava. O menino mostrou-lhe a tartaruga morta. A mãe disse: "Está aí assim *há meia hora*, chorando *que nem maluco*. Não sei mais o que *faça*. Já lhe prometi tudo mas ele continua *berrando* desse jeito". O pai examinou a situação e propôs: "Olha, Henriquinho. Se a tartaruga está morta não *adianta* mesmo você chorar. Deixa ela aí e vem cá com o pai". O garoto *depôs* cuidadosamente a tartaruga junto do tanque e seguiu o pai, pela mão. O pai sentou-se na *poltrona*, botou o garoto no colo e disse: "Eu sei que você sente muito a morte da tartaruguinha. Eu também gostava muito dela. Mas nós vamos fazer pra ela um grande funeral". (Empregou de propósito a palavra difícil). O menininho parou imediatamente de chorar. "Que é funeral?" O pai lhe explicou que era um *enterro*. "Olha, nós vamos à rua, compramos uma caixa bem bonita, bastante balas, bombons, doces e voltamos para casa. Depois botamos a tartaruga na caixa em cima da mesa da cozinha e rodeamos de velinhas de aniversário. Aí convidamos os meninos da vizinhança, acendemos as velinhas, cantamos o "Happy-Birth-Day-To-You" pra tartaruguinha morta e você *assopra* as velas. Depois pegamos a caixa, abrimos um buraco no fundo do quintal, enterramos a tartaruguinha e botamos uma pedra em cima com o nome dela e o dia em que ela morreu. *Isso é que é funeral*! Vamos fazer isso?" O garotinho estava com outra cara. "Vamos papai, vamos! A tartaruguinha vai ficar contente lá no céu, não vai? Olha, eu vou apanhar ela". Saiu correndo. Enquanto o pai se vestia, ouviu um grito no quintal. "Papai, papai, vem cá, ela está viva!" O pai correu pro quintal e constatou que era verdade. A tartaruga estava andando de novo, normalmente. "Que bom, hein?" disse. "Ela está viva! Não vamos ter que fazer o funeral!" "Vamos sim, papai", disse o menino ansioso, pegando uma pedra bem grande "Eu mato ela".

half-asleep

for a half hour; like a crazy person what else to do; yelling
won't do any good
put down
easy chair

burial

blow out

that's really a funeral!

MORAL: O IMPORTANTE NÃO É A MORTE, É O QUE ELA NOS TIRA.

MORAL: WHAT IS IMPORTANT IS NOT DEATH BUT WHAT IT TAKES FROM US.

Millôr Fernandes, *Fábulas Fabulosas* (Nórdica, 1973, 108-109)

VOCÊ ENTENDEU?

1. Por que o menino voltou chorando do quintal?
2. O que a mãe prometeu ao menino?
3. "Profundamente abalado" quer dizer:
   a) profundamente alegre
   b) profundamente comovido
   c) profundamente cansado
4. Como a mãe explicou ao pai o que estava acontecendo com o menino?
5. O que o pai propôs ao menino?
6. Como o pai planejou o funeral da tartaruga?
7. Como o menino reagiu ao plano do pai?
8. Por que o garoto deu um grito quando foi ao quintal?
9. O que aconteceu no fim do conto?

II. COMPRAS

VÍDEO

É muito útil aprender como devemos proceder na hora de fazer compras. Isso evita muita confusão!

QUE CADERNO BARATO!
QUAL É O PREÇO?
MEIO QUILO DE UVAS.
O SENHOR TEM TROCO?
QUE TAMANHO É ESTA BLUSA?

PARE

VAMOS NOS COMUNICAR

A. **Palavra-Puxa-Palavra**

Substantivos

a butique	o vendedor	a promoção	o crediário
a farmácia	o caixa	a remarcação	o cheque
a feira	o freguês	a liqüidação	o troco
a joalheria	o elevador	a pechincha	o trocado
a loja	a mercadoria	a nota	
a padaria	o tamanho	o recibo	
a papelaria	o preço	o pacote	
a sapataria		o embrulho	

Verbos

comprar	servir	calçar	provar
experimentar	pechinchar	vestir	trocar
devolver	receber	embrulhar	financiar

Adjetivos

caro	barato	apertado	justo
largo	folgado		

Expressões

pagar à vista	ser atendida/o?	às suas ordens
a crédito	estar na moda	estar fora de moda
quanto é?	levar de volta	a escada rolante
quanto custa?	a seção de ...	o cartão de crédito

B. **O que é, o que é?** Defina a expressão da coluna A usando a definição da coluna B.

Ex.: *Pagar à vista* é pagar na hora de comprar.

A	B
1. pagar à vista	a. não custa muito dinheiro
2. remarcação	b. verificar se fica bem
3. freguês	c. para ir de um andar ao outro
4. pechinchar	d. pessoa que compra
5. experimentar	e. pagar na hora de comprar
6. barato	f. promoção a preços mais baixos
7. o caixa	g. lugar onde se paga a mercadoria
8. escada rolante	h. pedir menos por um produto

C. **Onde você comprou?** Combine as colunas A e B dizendo onde você comprou o item.

Ex: *Comprei as sandálias na sapataria.*

A	B
1. sandálias	a. joalheria
2. frutas	b. sorveteria
3. relógio	c. sapataria
4. sorvete	d. butique
5. caneta	e. livraria
6. blusa	f. papelaria
7. aspirina	g. padaria
8. pão	h. farmácia
9. um romance	i. feira

D. **Diálogos**

1. Na camisaria

Vendedor	— Boa tarde. Às suas ordens.
Freguesa	— O senhor tem camisas de seda?
Vendedor	— Temos de várias cores. Qual o tamanho?
Freguesa	— Tamanho médio. Ah! Gosto muito destas aqui. Quanto custam?
Vendedor	— Estão em promoção. O preço normal é Cz $540,00, mas hoje é Cz$380,00.
Freguesa	— Vou levar esta verde. Quer embrulhar para presentes, por favor?
Vendedor	— Pois não. Aqui está a notinha. A senhora paga no caixa e recebe ali ao lado.

2. Pedindo informações

Freguesa	— Por favor, onde fica a seção de roupas de crianças?
Recepcionista	— No terceiro andar. A senhora pode tomar o elevador ou usar a escada rolante.
Freguesa	— Vocês aceitam cartão de crédito ou têm crediário?
Recepcionista	— Bem, a senhora pode pagar à vista ou a prestação, mas nós não aceitamos cartão de crédito.
Freguesa	— E eu posso devolver uma compra sem problema?
Recepcionista	— Nesse caso a senhora pode trocar por uma outra coisa do mesmo preço.

E. **Conversinhas.** Complete os diálogos.

1.

— Quanto custa este relógio?

—

— Puxa, como é caro! A senhora pode me mostrar algo mais barato?

—

— Ah! Este aqui está em promoção? Que ótimo!

2.

—

— Sim, hoje eu vou fazer umas comprinhas.

—

— Não, prefiro ir ao Shopping Ipanema. Lá tem butiques boas e estão em dia com a moda.

—

— Sei que é mais caro lá mas vale a pena. Você vem comigo?

F. **Presentes de Natal.** O que você vai dar para

1. o seu pai? *Para o meu pai vou dar um telefone sem fio.*
2. a sua mãe?
3. o seu irmão?
4. a sua irmã?
5. a sua avó?
6. o seu avô?
7. a sua tia?
8. o seu namorado/a sua namorada?
9. o seu professor de português?
10. o seu melhor amigo?

G. **Ponto de Encontro**

1. Entrevista: Entreviste um colega usando as seguintes perguntas.

   1. Onde você faz compras?
   2. Você geralmente paga à vista,   com cheques, ou com cartão de crédito?
   3. Qual é o seu supermercado preferido?
   4. Você prefere fazer compras nos fins de semana?
   5. Você lê os jornais para saber das remarcações?
   6. Onde você compra roupas?
   7. Você costuma comprar coisas e levar para trocar?
   8. Você gosta de pechinchar?

2. Diálogos improvisados. Faça diálogos com um/a colega a partir das seguintes situações.

   a) Você comprou um relógio e quando chegou em casa ele não estava funcionando. Leve o relógio de volta.

   Você   — Boa tarde. Ontem eu comprei...
   Vendedor — ...
   Você   — ... etc.

   b) Você vai comprar um carro usado e encontra um vendedor insistente:

   Vendedor — Às suas ordens. Entre, por favor. Temos sapatos, meias, tudo.
   Você   — ... etc.

   c) Depois de experimentar vários anéis em uma loja, você vai para casa e nota que está com um deles no dedo. Você volta a loja para devolvê-lo...

   Você   — ...
   Vendedor — ... etc.

H. Leituras

1. "As 10 compras mais charmosas do Brasil"

As 10 Compras Mais Charmosas Do Brasil

Esta é a décima lista Charm d'Charm, elaborada por pessoas que entendem das boas coisas da vida. São as compras que, por sua simplicidade, bom gosto ou exotismo, merecem receber o prêmio Charm d'Charm

FEIRA DE ANTIGUIDADES DO MASP

Av. Paulista, 1578, São Paulo.

É uma movimentada feira, realizada todos os domingos, das 10 da manhã até o finzinho da tarde, no vão livre do Museu de Arte de São Paulo. São mais de oitenta barraquinhas, todas com o mesmo desenho, onde se encontram verdadeiras preciosidades do tempo das vovós: belíssimos bibelôs, pratos, espelhos art decô, armas, canetas, brincos, braceletes, abajures, material de escritório, porta-jóias, e até roupas e armaduras. Alguns dos mais conhecidos antiquários da cidade expõem ali suas raridades. Fica difícil não comprar algo decorativo e de bom gosto. E, em volta das barraquinhas, forma-se um belo colorido de gente bonita, simpática, charmosa, vendo e sendo vista. Um dos belos programas dessa cidade.

CASA SANTA LUZIA

Al. Lorena, 1471, tel. 282-4949, São Paulo, SP.

Uma tradicional loja de produtos importados, fundada em 1926 por Daniel Lopes, e que se tornou, nesses sessenta anos, o fornecedor mais confiável da melhor sociedade paulistana. As carnes de seu açougue são especialíssimas, vindas diretamente de Araçatuba, no interior do Estado. O estoque de vinhos finos, conhaques e tentadoras guloseimas também é outra atração.

SCARLLATE FLORES

Rua Haddock Lobo, 927, tel. 853-1704, São Paulo, SP.

Os arranjos de flores naturais montados por Lúcio Vieira e Roberto Pena Santos são muito procurados. Orquídeas, flores do campo, lírios lisiantes, verbenas em delicadas combinações com juncos, folhas e ramos agrestes. Uma arte que eles aprenderam em Nova York, onde trabalharam cinco anos, e que é presença obrigatória à mesa de Mercedes Simonsen, Regina Guerreiro, José Victor Oliva ou Glorinha Kalil. Flores com muito charme.

BANCAS DE REVISTAS E LIVRARIAS(A NOITE)

Em algumas cidades, como Rio, Belo Horizonte ou São Paulo, algumas bancas de revistas já se tornaram um simpático ponto de passagem à noite, onde se podem folhear revistas nacionais e estrangeiras — de *Claudia* e *Playboy* às publicações especializadas em moda, culinária, eletrônica e esportes. Sempre com excelentes novidades. Já as livrarias, sobretudo em São Paulo, são e estão se tornando pontos de encontro animados, onde se pode jogar tarô, ler as mãos, tomar um chá entre amigos... E comprar ótimos livros. O certo é que o conceito de livraria se ampliou. Algumas são livrarias-antiquários, como a Casa do Livro Azul. Outras, são um misto de clube, como a Neon, numa proposta menos sisuda e mais lúdica. Afinal, comprar livretos e revistas é coisa de quem tem charme!

CAMELÔS DE IPANEMA

Eles se espalham nas esquinas da Visconde de Pirajá, com suas barraquinhas de bolsas, lenços, chaveiros, brinquedos, bonés, óculos, carteiras, num bricabraque colorido e de muitas ofertas. Sempre oem-humorados, já fazem parte da paisagem carioca, como Ivanildo Pereira de Lima (o garoto da foto), um paraibano de 17 anos e que batalha das 8 às 19 horas na banca da sua tia, na esquina com a Maria Quitéria, em Ipanema.

MERCADO DE VER-O-PESO

Cais do Porto, Belém, PA.

Esse velho mercado, encravado no cais do porto, já se tornou um cartão postal da capital paraense. Numa agradável mistura de cheiros e cores, encontram-se peças da cerâmica marajoara ou tapajônica, fibras de palmeira, artigos de couro, ervas medicinais, raízes aromáticas, doces caseiros e típicos, frutas tropicais como cajá, açaí, caju, manga, umbu. Além de peças artesanais como sandálias, redes, esculturas. Uma circulada entre as lojinhas proporciona algumas compras encantadoras.

MERCADO DE PINHEIROS

Rua Pedro Cristi, 89, tel. 210-3551, São Paulo, SP.

É um dos grandes mercados da cidade. Divide com o mercado central, da rua da Cantareira, o charme de ser um dos lugares onde se encontram os melhores produtos hortigranjeiros da capital paulistana. É aqui, quase na esquina das ruas Teodoro Sampaio com Cardeal Arcoverde, que o *gourmet* Celso Nucci, Marília Gabriela, Saul Gaívão ou Renata Scarpa Julião — para citar apenas alguns dos nomes que fazem o charme de São Paulo — vão buscar os camarões, lulas, ervilhas, tomates e aspargos, todos fresquíssimos, que farão as delícias de suas reuniões e jantares. Thomaz Corrêa é outro conhecido *gourmet, habitué* deste mercado. Poderia haver mais charme?

JÓIAS DE PEDRAS BRASILEIRAS

Algumas são preciosas, como o diamante, a esmeralda ou o rubi; a maior parte é semipreciosa, como as águas-marinhas, turmalinas, ametistas. Estas, talvez até mais encantadoras na variedade de formas e singeleza, na quantidade de cores. Com elas, torna-se possível a elaboração de belos arranjos e jóias de rara beleza. São muito procuradas por turistas estrangeiros (e algumas fazem sucesso em coleções americanas). Comprar jóia com pedras nacionais é sinal de refinamento.

LIDADOR

Rua da Assembléia, 65, tel. 221-4613, Rio de Janeiro, RJ.

Com certeza, uma casa portuguesa, fundada em 1924 por Antonio Cabral Guedes, e capitaneada hoje por seu filho, Joaquim. Desde o começo, tem sua atração maior nos produtos importados, do conhaque Napoleon Fine Champagne Courvoisier, em garrafa de cristal bacará, a vinho do Porto de 40 anos. Além de vinhos, doces, queijos. Mas Joaquim conta, com orgulho, ter sido o pioneiro nas cestas de Natal. Visitar a loja, comprar seus patês e preciosidades, é sempre um gostoso programa.

MERCADO DAS FLORES, NO AROUCHE

Largo do Arouche. São Paulo.

Há exatos 33 anos funcionam ali no Arouche seis floriculturas que fazem o largo um dos recantos mais gostosos de São Paulo. Passar na madrugada, comprar uma dúzia de rosas, cravos ou antúrios, é romance puro. Conta-se que numa noite Chiquinho Scarpa levou todo o estoque das rosas vermelhas. Sua namorada deve ter se rendido! Seu Armênio Ramalho, da Floricultura Ipiranga, uma das seis, sempre tem sugestões para colorir qualquer namoro.

1. Feira de Antiguidades do MASP: Diga sete objetos que você pode encontrar nessa feira.
2. Bancas de Revistas e Livrarias: Em que estão se tornando as livrarias de São Paulo?
3. Mercado de Pinheiros:
    a) Onde fica o Mercado de Pinheiros?
    b) O que as pessoas vão buscar neste mercado?
4. Casa Santa Luzia: Qual é a atração da Casa Santa Luzia?
5. Camelôs de Ipanema: O que é um camelô?
6. Jóias de Pedras Brasileiras:
    a) Quais são as pedras preciosas que se pode comprar no Brasil?
    b) Quais são as semipreciosas?
7. Scarllate Flores: O que Lúcio Vieira faz?
8. Mercado de Ver-O-Peso: Diga oito objetos que se pode encontrar nesse mercado.
9. Lidador: Que tipo de casa é o Lidador?
10. Mercado das Flores, no Arouche: O que é romance puro?

2. "Liqüidações"

LIQUIDAÇÕES

CAMISARIA COLOMBO, *Praça do Patriarca, 56, tel. 32-0505. Seg. a sexta das 9h às 18h30 e sáb. das 9h às 13h.*

Uma passada pelo centro velho da cidade além de um passeio diferente e agradável pode ser um bom negócio a partir desta segunda-feira. É que a Camisaria Colombo, uma das lojas masculinas mais tradicionais da região — foi fundada em 1917 —, está liquidando com reduções de até 80% nos preços sua linha de roupas masculinas clássica. As calças sociais passaram de Cz$ 445,00 para 299,50; a malha Gucci, meia-estação, ideal para o comecinho do inverno caiu de Cz$ 585,00 para 298,50. Outras ofertas excelentes são as camisas 100% algodão: a esporte Panamá de Cz$ 350,00 está por 169,50, a esporte de manga comprida caiu de 398,00 para 189,50 e a social de voil está por Cz$ 199,50.

M. OFFICER, *Rua Melo Alves, 391, tel. 881-3620. Seg. a sexta das 9h às 19h; sáb. das 9h às 14h.*

Roupas e acessórios bem jovens e descontraídos para garotas e rapazes estão em liquidação na M. Officer, uma etiqueta nova criada há apenas 4 meses. Sob o slogan *O Cruzeiro está Cruzado*, a loja oferece nesta promoção boas opções de peças leves ainda bem aproveitáveis no veranico paulista. Um conjunto de mini-saia e blusa em linha custa 390,00; a mini-saia em popeline colorida, Cz$ 120,00, e um camisão com ombros estruturados está por Cz$ 210,00. Um vestido de linha em tons claros está custando apenas Cz$ 330,00 e a mochila em Petronylon sai por Cz$ 90,00.

Os rapazes podem escolher entre as calças de gabardine por Cz$ 250,00; as camisas de popeline Cz$ 200,00; as camisas pólo Cz$ 130,00 e os shorts em duas cores contrastantes por Cz$ 95,00. As gravatas — há uma boa variedade delas — estão custando Cz$ 70,00. *A promoção continua até meados de abril.*

1. O que vai acontecer na seguna-feira no centro da cidade?
2. O centro da cidade é moderno?
3. Quando foi fundada a Camisaria Colombo?
4. Que tipo de loja é a Camisaria Colombo?
5. A que horas a Loja M. Officer está aberta?
6. Que tipo de roupas e acessórios a M. Officer vende?
7. Para quem a M. Officer vende roupas e acessórios?
8. Qual é o 'slogan' da M. Officer e quando foi criada?
9. O que a M. Officer oferece nessa promoção?
10. Diga duas coisas que as moças podem comprar e duas que os rapazes podem comprar.
11. Até quando vai a promoção da M. Officer?

IV. ITU, A CIDADE ONDE TUDO É MAIOR

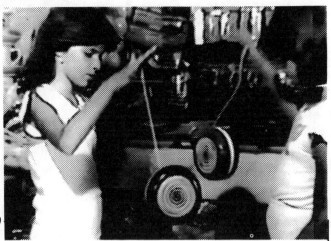

VÍDEO

Não se sabe por quê, Itu ganhou fama de cidade onde tudo é muito grande. Grande não, exagerado mesmo. E os ituanos gostaram disso. Tanto que, da *brincadeira*, passaram à realidade. Hoje, em Itu, tudo é maior.

prank

PARE

OBSERVE E RESPONDA

1. Quais são os objetos de tamanho exagerado que se vê em Itu?
   - a. orelhão
   - b. árvores
   - c. cartão-postal
   - d. prédios
   - e. talão de cheques
   - f. ioiô
   - g. carros
   - h. bicicletas
   - i. sinaleiro
2. O que você vê nas ruas de Itu? Sim ou não.
   - a. rapaz andando de bicicleta
   - b. igreja
   - c. crianças brincando
   - d. ônibus passando
   - e. pessoas andando
   - f. casas
3. Onde está o orelhão?
   - a. no colégio
   - b. na praça
   - c. no restaurante
4. Onde está o sinaleiro
   - a. na esquina
   - b. na parede
   - c. no edifício

VOCÊ ENTENDEU?

1. Qual é a fama de Itu?
2. Por que Itu ganhou esta fama?
3. Os ituanos gostaram disso?
4. O que eles fizeram?

VÍDEO

ITU TEM TUDO...

Consuelo — Alô!	
Vendedor — *Pois não*! Em que posso servi-la?	*At your service*!
Consuelo — Eu queria...	
Vendedor — Pode pedir, pode pedir que aqui nós temos de tudo.	
Consuelo — O senhor tem de tudo, mesmo?	
Vendedor — Tenho. Todos os tipos de objetos do mundo. Eu tenho aqui uma *perna de galinha* d'Angola, tenho um pedaço de *bilhete* do metrô de Moscou, um *canivete* com *cabo de marfim*, *papel de seda*, etc.... etc.... etc....	*chicken leg* *ticket* *pocketknife; ivory handle* *tissue paper*
Consuelo — É, tudo isso tá muito bom, mas não é exatamente o que eu quero.	
Vendedor — *Pois não*, pode pedir, eu devo ter.	*of course*
Consuelo — *Tomara que* o senhor tenha, que eu estou precisando muito.	*I hope*
Vendedor — O que é que a senhora quer?	
Consuelo — Um Arnaldo.	
Vendedor — Um o quê?	
Consuelo — Um Arnaldo. Um metro e noventa e cinco, moreno, forte, *sacudido*, de olhos claros. O senhor tem um Arnaldo por aí?	*energetic*

Vendedor — A senhora me desculpe, mas aqui nós não temos nenhum *substantivo próprio*, só substantivos comuns, assim, de objetos.

proper noun

Consuelo — É? E será possível que o senhor não pode me informar onde eu posso encontrar um Arnaldo desses?

Vendedor — Um Arnaldo eu não sei. Mas se quiser um Jeremias, eu estou às suas ordens...

Consuelo — Ora, *dê-se ao respeito*, eu sou uma senhora, uma senhora, ouviu? E já que aqui não tem um Arnaldo do *tamanho* que eu quero, vou procurar em Itu.

watch your manners

size

———— PARE ————

OBSERVE E RESPONDA

1. Onde a Consuelo está?
2. O que há nas prateleiras da venda?

4. Descreva a Consuelo.
3. Descreva o Jeremias.

VOCÊ ENTENDEU?

1. O que o vendedor tem para vender?
2. O vendedor tem o que a Consuelo quer?
3. De que a Consuelo está precisando muito?
4. O que o vendedor diz ter e não ter na loja?
5. Por que a Consuelo fica irritada com o vendedor?
6. O que ela lhe diz?
7. Onde ela vai procurar um Arnaldo do tamanho que ela quer?

V. CORRELATIVOS -- *COMPARAÇÕES DE IGUALDADE*

—————————— VÍDEO ——————————

Como tudo em Itu é incomparavelmente grande,
acho que chegou a hora de você aprender a fazer
comparações! Veja as cenas que se seguem!

Senhora 1 — *Nossa*, gente, nunca vi **tanta comida quanto aqui.**	*(Nossa Senhora)* *as much ... as*
Senhora 2 — É, e que bem *freqüentado*! **Há tanta gente chique aqui como** no teatro municipal.	*what high class customers*
Senhora 3 — Olha seu *regime*, Eleonora! Você está comendo muito!	*diet*
Senhora 1 — Estou comendo **tanto quanto você.**	
Senhora 2 — Ih! Olha aquele *casal* que chegou. Parecem feitos um para o outro.	*couple*
Senhora 3 — É. Ele é **tão feio quanto ela!**	
Senhora 1 — Eu conheço eles! É o Luciano e a Rosana.	
Senhora 2 — Ele é **tão gordinho quanto um <u>porquinho</u>.**	*piggy*
Senhora 3 — Ela é **tão <u>cafona</u> quanto a Lourdes.**	*pretentious bad taste*
Senhora 1 — E comem **tanto quanto** dois elefantes.	
Senhora 2 — Ih, eles estão olhando pra cá.	
As Três — Como vão, queridos?	
Senhora 3 — Será que eles ouviram a gente falando deles?	
Senhora 1 — Ah, *minha filha*, não se preocupe. Eles são **tão** *fofoqueiros* **quanto a gente!**	*my dear* *busybodies*

—————————— PARE ——————————

OBSERVE E RESPONDA

1. Onde estão as fofoqueiras?
2. O restaurante é chic?
3. Quem está no restaurante?
4. Como é a decoração do restaurante?
5. O que as fofoqueiras estão fazendo?
6. O que elas estão bebendo e comendo?
7. O que se usa para tomar esta bebida?
8. O que há na mesa?
9. Como são as janelas do restaurante?
10. O que se pode ver lá fora.

VOCÊ ENTENDEU?

Responda às perguntas.

1. A exclamação "Nossa" indica surpresa. Por que a senhora 1 está surpresa?
2. "Bem freqüentado" significa
   a. chique
   b. mal freqüentado
   c. lugar onde os pobres vão
3. De acordo com o texto, o Teatro Municipal é um lugar bem freqüentado?
4. Que crítica a senhora 3 faz à Eleonora?
5. O que a senhora diz sobre o casal que chegou?
6. "Feitos um para o outro" significa
   a. um casal diferente
   b. um casal imperfeito
   c. um casal ideal, perfeito, certo
7. Com o que a senhora 2 compara o rapaz (Luciano)?
8. A palavra "cafona" significa
   a. mau gosto
   b. bom gosto
   c. pessoa simpática
9. Por que a senhora 1 diz para as suas amigas que não é necessário preocupar-se com o casal?
10. A palavra "fofoqueira" significa que uma pessoa
    a. gosta de falar e criticar as outras pessoas
    b. gosta de falar com as outras pessoas
    c. não gosta de falar e criticar as outras pessoas
11. As três senhoras são muito fofoqueiras. Cite uma fofoca da senhora 1.
12. Agora cite uma fofoca da senhora 3.

Comparisons of Equality

The following are expressions of equality:

1) *tão ... quanto/como* is used before adjectives or adverbs:

"Ela é **tão** cafona **quanto** a Lourdes."
Eles são **tão** fofoqueiros **como** nós.

2) *tanto ... quanto/como* is used before nouns. *Tanto* is an adjective and agrees with its noun in number and gender:

"Nunca vi **tanta** comida **quanto** aqui."
Há **tantos** homens elegantes aqui **como** no teatro.

3) *tanto quanto/como* is an adverbial expression:

"Estou comendo **tanto quanto** você".
Ele estuda **tanto quanto** eu.

VAMOS PRATICAR

A. **Ela é tão cafona...** Use tão ... quanto e os adjetivos ou advérbios apropriados para comparar o seguinte:

1. a casa —— o apartamento   A casa é tão agradável quanto o apartamento.

2. a pizza —— o espagueti	2. cafona
3. eu canto —— Pavarotti	3. emocionante
4. o jornal —— a televisão	4. rápido
5. eu como —— meu irmão	5. pouco
6. o futebol —— o basquetebol	6. fofoqueiro
7. o cinema —— o teatro	7. divertido
8. um carro —— um cavalo	8. freqüentado
9. música clássica —— música de roque	9. gostoso
10. uma maçã —— um pêssego	10. bem
	11. doce
	12. agradável

B. **Eu tenho tanto valor quanto você!** Use *tanto, -a, -os, -as ... quanto* e os substantivos abaixo para comparar o seguinte:

1. Eu tenho —— livros —— você. Eu tenho *tantos* livros *quanto* você.
2. Nós compramos —— comida —— vocês.
3. O Antônio conhece —— países —— o Rubens.
4. Esta mesta tem —— cadeiras —— a minha.
5. O garçom ganhou —— gorjetas —— a garçonete.
6. Nós gastamos —— dinheiro —— nossos vizinhos.

C. **Quem você conhece que...** Faça frases usando *tanto quanto* a partir das sugestões abaixo:

1. trabalha/ meu pai   Meu tio trabalha *tanto quanto* meu pai.
2. estuda/ eu
3. comer/ minhas irmãs
4. pratica esportes/ um profissional
5. ler/ um intelectual
6. aproveitar a vida/ nós

VI. COMPARATIVOS E SUPERLATIVOS

Comparative and Superlative

1) Comparisons of inequality are made with *mais* or *menos* followed by *do que*:

Maria é **mais** rica **do que** Paulo.	*Maria is richer than Paulo.*
João estuda **mais do que** José.	*João studies more than José.*
Rachel tem **menos** dinheiro **do que** eu.	*Rachel has less money than I.*
Meu irmão trabalha **menos do que** nós.	*My brother works less than we do.*

2) The superlative is made using the definite article (*o*, *a*, *os*, *as*) and *de* with *mais* and *menos*:

Jorge é **o mais** alto **da** classe.	*Jorge is the tallest of the class.*
Esta casa é **a menos bonita de** todas.	*This house is the least pretty of all.*

3) Irregular comparatives and superlatives:

bom, bem	---> melhor, o melhor	*better, the best*
mau, ruim, mal	---> pior, o pior	*worse, the worst*
grande	---> maior, o maior	*bigger, the biggest*
pequeno	---> menor, o menor	*smaller, the smallest*

Os meus **melhores** amigos são da faculdade, mas **o melhor de** todos é o Sérgio.
My best friends are from the university, but the best of all is Sérgio.

Beatriz canta **mal**. Ela canta **pior do que** nós. Ela é **a pior** cantora do mundo.
Beatriz sings badly. She sings worse than we. She is the worst singer in the world.

Meu irmão é **alto**. Ele **maior do que** eu. *My brother is tall. He is bigger than I.*

Portugal é **menor do que** o Brasil e um **dos menores** países da Europa.
Portugal is smaller than Brazil and one of the smallest countries in Europe.

Minha irmã **mais velha** é **a mais alta** da família.
My older sister is the tallest one in the family.

VAMOS PRATICAR

A. **Comparações**. Complete as frases abaixo usando *mais do que*, *menos do que*, *tão ...quanto* (*como*) e *tanto quanto*.

    1. Os ovos têm —— proteína —— as batatas.
    2. Os vinhos franceses são —— bons —— os vinhos portugueses.
    3. Passar as férias na praia é —— agradável —— passar as férias nas montanhas.
    4. Estudar português é —— difícil —— estudar espanhol.
    5. Um carro pequeno é —— econômico —— um carro grande.
    6. Viajar de navio é —— demorado —— viajar de avião.
    7. Os brasileiros são —— hospitaleiros —— os americanos.
    8. No Brasil o futebol é um esporte —— popular —— o basquetebol.
    9. Comer verduras é —— saudável —— comer frutas.
   10. Um anel custa —— —— um relógio.
   11. Os repazes fofocam —— —— as moças.
   12. A comida brasileira tem —— calorias —— a comida italiana.
   13. O Rio de Janeiro tem —— restaurantes internacionais —— São Paulo.
   14. Uma livraria não tem —— jornais —— uma banca de jornais e revistas.

B. **Comparando e aprendendo**. Faça uma frase ligando os elementos do quadro.

    Ex: *Você é mais romântico do que Julio Iglesias*.

Você é	mais menos	romântico fofoqueiro preguiçoso abelhudo mentiroso chato calmo engraçado elegante bonito cafona	do que	????

VII. "SOLITÁRIO SURFISTA", JORGE BEN

─── VÍDEO ───

Acorde num domingo
Tome seu café
Pegue a sua *prancha*   *surfboard*
Tome a benção à mãe   *greet ("take a blessing": traditional*
Reze com fé   *greeting of parents and children*
e vai pro mar. (BIS)   *involves parents "giving their blessing"*
Solitário surfista,   *to the children)*
Solitário surfista.

Descubra a natureza, o encanto e o mistério
desta contagiante beleza
que o divino Deus criou. (BIS)

Por isso agradeça e pegue
uma onda verde-esmeralda.
Entre no tubo
E peça licença aos peixes
e namore as *sereias*   *mermaids*
E mostre um front side, um outback
Um back side, um loop,
um cento e oitenta, um trezentos e sessenta graus,
pois o mar é *de graça* e é todo seu.   *free, without cost*

Solitário Surfista,
Solitário Surfista...

─── PARE ───

OBSERVE E RESPONDA

1. Qual é a faixa de idade das pessoas na praia?
2. O que as pessoas estão fazendo?
3. O que estão jogando na praia?
4. O que está voando no céu?
   a) um avião
   b) uma asa delta
   c) um helicóptero
5. Que tipo de barco os jovens estão usando?
6. Que tipo de jovens faz surf?
7. Que tipo de jovens faz asa delta?

VOCÊ ENTENDEU?

1. Para quem Jorge Ben fala na canção?
2. A que dia da semana ele se refere?
3. Depois de acordar ele diz:
   a. —————— o seu café
   b. —————— à mãe
   c. —————— com fé
   d. —————— pro mar
4. Uma pessoa solitária é
   a. uma pessoa sozinha
   b. uma pessoa que faz só uma coisa
5. De acordo com a canção, a gente pode descobrir três belezas que Deus criou:
   1. ————; 2. ————; 3 ————
6. O que você agradece a Deus?
7. Complete este três conselhos:
   a. —————— licença aos peixes
   b. —————— as sereias
   c. —————— um front side
8. Que frase indica que o mar é de todo mundo?

VIII. OS DETETIVES TRAPALHÕES — PRETÉRITO PERFEITO, VERBOS IRREGULARES

VÍDEO

Nossos detetives desastrados não conseguiram *fugir*. E estão aqui para continuar nos mostrando o pretérito perfeito dos verbos irregulares.

flee, get away

Policial —— Agora vocês vão me dizer como **coube** em suas cabeças que poderiam *vencer* a polícia, hã? Hã? Hã?

defeat

Onofre —— Eu **vi** que isso não ia dar certo, ó, seu Guarda. Eu **vi**. Eu **disse** a ele. Mas ele, ele aqui, ó, ó, **quis** ...eu **disse**, bem que eu **disse**, não **disse**?

Leonel —— **Disse** o quê? **Disse** o quê? Você não **disse** nada!

Onofre —— Como não **disse**? Como é que não **disse**? Eu **soube** do começo que isso não ia dar certo. Você acha que ele tem *cara de bobo*?   *face of a fool*

Leonel —— Tem.

Onofre: Eu também acho. Mas você **viu** o que aconteceu, não **viu**?

Policial: O que vocês **viram**?

Leonel: Nada, seu guarda. Detetive não vê. Sente. Eu **trouxe** um presente para o senhor.

Policial: Ah, ha, ha. Não precisava.

Leonel: Claro que precisava. A gente sempre **quis** dizer que gostava muito do senhor...e **viemos** aqui por causa disso.

Policial: Ah?

Onofre: E nada, seu Guarda. A gente queria até que o senhor desse uma olhadinha aqui, que bonitinho...

—————— *PARE* ——————

VOCÊ ENTENDEU?

1. Como o Onofre tenta sair da situação?
2. Segundo Leonel, o detetive é uma pessoa que vê e que sente?
3. O que o Leonel trouxe para o policial?
4. Por que, segundo o Leonel, ele e o Onofre vieram à polícia?

More Irregular Verbs in the Preterite Tense

New irregular verbs presented in the skit are *caber*, *trazer*, and *saber*. Other common verbs with irregular preterite forms are *pôr*, *dar*, *poder* and *haver*. *Caber* and *haver* have only one commonly used form: *houve*, 'there was, there were', and *coube*, 'fit into':

Houve uma bruta discussão ontem sobre isso.
There was a terrible argument yesterday about that.

"Como *coube* nas suas cabeças que poderiam vencer a polícia"?
"How did you get it into your heads you could defeat the police?"

The forms of the other verbs follow:

TRAZER, 'bring'

EU	NÓS TROUXEMOS /ê/
TROUXE	
ELA	ELAS TROUXERAM /é/

SABER, 'know'

EU	NÓS SOUBEMOS /ê/
SOUBE	
ELA	ELAS SOUBERAM /é/

PÔR, 'put'

EU PUS	NÓS PUSEMOS /ê/
ELA PÔS	ELAS PUSERAM /é/

PODER, 'be able'

EU PUDE	NÓS PUDEMOS /ê/
ELE PÔDE	ELES PUDERAM /é/

DAR, 'give'

EU DEI /ê/	NÓS DEMOS /ê/
ELE DEU /ê/	ELES DERAM /é/

VAMOS PRATICAR

A. **Aconteceu comigo ontem.**

1. Eu não (saber) — o diálogo   *Eu não soube o diálogo.*
2. Eu não (poder) — vir à aula
3. Eu não (trazer) — os meus livros
4. Eu não (pôr) — dinheiro na carteira
5. Eu não (dar) — o recado ao professor.

B. **O que houve com estas pessoas?**

Professor Coelho

Sérgio e Isabel

1. não pôr o dinheiro no banco	1. saber do meu acidente
2. trazer uma pizza para nós	2. trazer um presente para mim
3. não poder telefonar	3. não poder ir
4. dar um anel à noiva	4. já pôr a mesa para o jantar
5. saber toda a verdade	5. não me dar o endereço

C. **Diálogos.**

1. **Um papagaio!**

Fernando	— Oi, Ricardo. Tudo bem? Como vai a Inês?
Ricardo	— Ela vai muito bem, obrigado. Nós ontem soubemos que você trouxe um papagaio do Norte.
Fernando	— É verdade. Eu só trouxe esse papagaio porque o meu filho insistiu muito. Imagine que ele queria também um macaco mas nós não pudemos trazê-lo.
Ricardo	— Você já deu um nome para ele? Ele já fala?
Fernando	— Ele é engraçadíssimo. Nós lhe demos o nome de 'Cruzado'. Ele fala, sim, mas às vezes fala o que não deve!
Ricardo	— E como você trouxe o Cruzado? Você o pôs numa gaiola?
Fernando	— Claro, não é? Você acha que eu ia trazê-lo dentro da mala?
Ricardo	— Bem, está ficando tarde. Lembranças a todos. Qualquer dia eu vou visitar esse papagaio!

2. Uma desculpa sem graça!

Você	— Professor, eu trouxe o meu trabalho de casa. O senhor está melhor?
Professor	— Melhor? Mas eu não estou doente. Que história é essa?
Você	— Mas, professor, eu não vim à aula ontem porque eu soube que o senhor estava doente. Não é desculpa, não! É verdade!
Professor	— E quem lhe deu essa notícia?
Você	— Foi o Carlos. E o senhor deu outra tarefa ontem?
Professor	— Você sabe que eu dou tarefas todos os dias. Eu pus um aviso no quadro, no primeiro dia de aula: Todos os dias tem trabalho de casa! Você já esqueceu?
Você	— Puxa, professor, como é que eu pude me esquecer disso!

D. **Conversinhas.** Complete os diálogos.

1. Perdi o meu livro!

A — Por que você não trouxe o seu livro?
B — ...
A — Perdeu o seu livro? Como você vai estudar para o teste?
B — ...

2. Ocupadíssima

A — ...
B — Eu dei uma caixa de chocolates.
A — ...
B — Não, eu não pude ir. Eu estava ocupadíssima.

3. Que problema!

A — O que é que houve? Algum problema?
B — ...
A — ...
B — ...

E. **Mais perguntas abelhudas!**

1. O que você deu aos seus pais no Natal?
2. Você pôde visitar a sua família no verão passado?
3. Lembre de uma viagem que você fez e diga o que você trouxe de lá.
4. No ano passado você pôs dinheiro no banco?
5. Que notícia importante, boa ou má, você soube este ano?
6. O que você pôde fazer no ano passado?
7. Você já deu alguma notícia triste a alguma pessoa?

F. **Todos nós fizemos alguma coisa.** Responda às perguntas abaixo seguindo as indicações do quadro.

EU	ROBERTO	EDNA E JÚNIOR	NÓS
trazer as compras poder ler o jornal dar uma suéter saber agora mesmo	poder sair ontem saber defender-se dar uma caneta por as malas	dar carona pôr cinco vestidos saber que voltou trazer o jantar	poder terminar a lição trazer vinho dar um 10 pôr no bolso

1. O que você trouxe para casa? *Eu trouxe as compras.*
2. O que vocês puderam terminar ontem?
3. O que você deu ao seu pai?
4. O que a Edna e o Júnior trouxeram para os filhos?
5. O que o Roberto soube fazer?
6. Quando você soube estas notícias?
7. O que vocês trouxeram?
8. O que a Edna e o Júnior deram para você?
9. O que o Roberto pôde fazer?
10. Que nota vocês deram?
11. O que você pôde ler?
12. O que a Edna e o Júnior souberam?
13. O que o Roberto pôs no carro?
14. Onde vocês puseram o dinheiro?
15. O que a Edna e o Júnior puseram no armário?
16. O que o Roberto deu?

IX. O SISTEMA DE TRANSPORTE NO BRASIL

Nos últimos anos o Brasil vem sendo ligado de Norte a Sul por um grande número de *estradas de rodagem*, unindo as cidades, os *municípios*, os estados e as regiões do país. *highways; small towns*
O grande desenvolvimento deste sistema começou no governo do Presidente Juscelino Kubitschek (1956-1960) como parte do seu *Programa de Metas*. Entre os vários *Target Program* objetivos do Plano, encontravam-se a transferência da capital do país do Rio de Janeiro para o interior, a construção de *rodovias* e a implementação da indústria *highways* automobilística. A mudança da capital tinha por objetivo atrair a população brasileira, grandemente concentrada na costa, para o interior. Este primeiro passo para o desenvolvimento da nação exigia ligar a nova capital, Brasília, a todos os pontos do país. A produção de caminhões, e mais tarde de carros, seria a terceira etapa para se atingir este fim, com a vantagem de se explorar os recursos naturais e criar novas tecnologias. A primeira grande estrada construída foi a Belém-Brasília, ligando a nova capital ao Norte. A partir daí tem havido uma crescente expansão da rede rodoviária, em todas as regiões.

As estradas de ferro não tiveram o mesmo crescimento. As *ferrovias* existentes no *railways* Sul, Sudeste, partes do Centro-Oeste e Nordeste, não estão suficientemente desenvolvidas e ainda se limitam em grande parte ao transporte de carga. Na Amazônia, o *transporte fluvial* é o principal meio de ligação entre grandes e pequenos centros *river transportation* populacionais devido ao grande número de rios navegáveis e ao fato de que, tradicionalmente, as populações se têm concentrado nas margens ou proximidades desses rios. O intenso transporte aéreo brasileiro é servido por grandes companhias aéreos de circulação nacional e outras menores de âmbito regional. Os portos marítimos também são em grande número, espalhados nos 7.408 km. da costa brasileira. O porto mais importante pelo movimento de exportação e importação internacional é o de Santos, no estado de São Paulo, servindo às áreas de maior industrialização.

VOCÊ ENTENDEU?

1. Como o Brasil vem sendo ligado nos últimos anos?
2. Dê três objetivos do Plano de Metas.
3. Qual foi a primeira grande estrada de rodagem construída no Brasil?
4. Como é a situação das estradas de ferro no Brasil?
5. Qual é um importante meio de transporte na Amazônia?
6. Como é o transporte aéreo nacional?
7. Qual é extensão da costa brasileira?
8. Por que o porto de Santos é o mais importante do Brasil?
9. Quando Juscelino Kubitschek foi Presidente do Brasil?

X. DEPOIMENTOS DE IMIGRANTES AO BRASIL

VÍDEO

Agora, vamos conhecer mais algumas raças que formam o povo brasileiro.

Português: Felizmente fui *bem sucedido* porque o Brasil acima de tudo é uma terra que oferece grandes oportunidades. E eu como português que sou não me considero estrangeiro nesta terra. *Haja visto* que eu tenho três filhos *nascidos* em São Paulo e residindo aqui. Só tenho boas *recordações* e felizmente adotei essa terra como a minha pátria.

have been successful

witness to this is
born
memories

Japonesa: Eu vim aqui no Brasil em 1972. Eu gostei e fiquei. Comecei a trabalhar como florista e cinco anos atrás eu casei com japonês [naturalizado em brasileiro] e nós abrimos esse galeria de arte. Hoje estou dirigindo esse galeria de arte.[3]

Eu vim para o Brasil em 1972.

...eu me casei com um japonês
... essa galeria... essa galeria

Italiano: Cheguei no Brasil no '72. Praticamente nem eu pensar que ia chegar no Brasil. Ma fui atrás de uma menina que eu conheci, uma brasileira que conheci na minha cidade Salerno e fiquei louco. Vim pra cá, achei assim o país fantástico, fantástico. Daí eu na Itália, eu era cabelereiro pra mulher. Ma depois decidi abrir essa cantina. Muito bem pro meu trabalho e para o país. Gostei desse país, é um país belíssimo.

Cheguei ao Brasil em '72.
Praticamente eu nem pensei...Mas.

Mas...
Muito bom

—— PARE ——

VOCÊ ENTENDEU? =================

1. Por que o português teve sucesso no Brasil?
2. Ele se considera português ou brasileiro?
3. Quando a japonesa veio para o Brasil?
4. Qual foi o primeiro trabalho que ela teve no Brasil?
5. O que ela faz agora?
6. Com quem ela se casou?
7. Por que o italiano veio para o Brasil?
8. Qual era a profissão dele na Itália?
9. Qual é a profissão dele agora?

---

[3]The Japanese woman and the Italian man have not yet mastered Portuguese. We have transcribed into correct Portuguese parts of their statements.

XI. IMIGRANTES

A. Os italianos.

Os italianos

ELES NÃO TROUXERAM
APENAS UMA VONTADE
DE TRABALHAR:
TROUXERAM UMA
CIVILIZAÇÃO.

Quando os Zoletti, Salvatori, Viecelli, Fillippi, Franceschi, De Carli, Adami, Baldessarini, Crippa e tantos outros desembarcaram no Brasil, 100 anos atrás, este país começou a ficar mais rico, mais vibrante e muito mais alegre.

Junto com a fé, a esperança e a vontade de trabalhar, os lombardos, vênetos, cimbros e trentinos trouxeram o amor pela terra; o fervor religioso; a casa simples, com jardim na frente, horta atrás e galinhas, patos e cabritos ao redor; o forno de assar pão; a mamma; a sopa no almoço e no jantar; o gnocchi, a polenta, o risotto, o macarrão, a polpetta; a saúde de ferro; a passarinhada; a boccia; a camisa de meia; a concertina; o violino; a família numerosa; o tchau; o truco; o papo; a ópera; o nono; o gosto pelo provérbio "melhor o ovo hoje que a galinha amanhã"; o luto fechado; o tom dramático; a pequena indústria de implementos agrícolas e roupas; a risadona; as cantinas; a lavoura de trigo, centeio, milho; o carinho e a paciência com as parreiras; e uma bebida simples como eles, alegre como eles e cheia de vida como eles: o vinho.

1. Além da vontade de trabalhar, o que os italianos trouxeram para o Brasil?
2. O que veio junto com a fé desse povo?
3. Quais são algumas tradições ou características pessoais que os italianos trouxeram ao Brasil nas áreas de habitação, alimentação, diversão, comportamento e trabalho?

B. "Os Imigrantes"

OS IMIGRANTES

de B. Ruy Barbosa.

Um documento das raízes do povo brasileiro. De segunda a sábado, 6 e meia. Seu novo horário de novelas na Bandeirantes.

A Rede Bandeirantes vai mostrar um século da história do nosso país, a partir da chegada de três imigrantes: um português, um espanhol e um italiano.

De um lado, o drama individual destes homens, suas lutas, seus amores; de outro, a informação, a história, os acontecimentos mundiais que repercutiram no Brasil.

Escrita por Benedito Ruy Barbosa, Os Imigrantes tem ainda o mérito de trazer de volta ao vídeo nosso grande intérprete, Paulo Autran, que admite: "não pretendia voltar às novelas tão

cedo, mas a proposta da Bandeirantes é tão formidável e o texto do Benedito tão excelente - um dos melhores que já li no Brasil - que o convite tornou-se irrecusável".

Como produção, Os Imigrantes é um desafio ainda não realizado na televisão brasileira.

A novela exigiu a reconstituição cenográfica de quatro épocas diferentes e, para realizar este projeto, Gianni Ratto e sua equipe fizeram um intenso trabalho de pesquisa, com o objetivo de reproduzir fielmente a arquitetura e vestimentas do Brasil, desde 1891.

A Bandeirantes não poupou esforço para atingir o rigor histórico necessário.

Em 1981, fazer uma telenovela, reconstituindo um século de história do nosso país, é um grande desafio. Um desafio que só eleva o nível de programação da televisão brasileira.

José Piñero
Antonio Hernandez

Herson Capri
Antonio de Sálvio

David
Antonio Pereira

Paulo Autran

Paco Valdez

Norma Bengell

Dona Nena

Fúlvio Stefanini

Amadeu

Rubens de Falco

Antonio de Sálvio
2ª fase

Yoná Magalhães

Mercedez

Altair Lima

Antônio Hernandez
2ª fase

Rede Bandeirantes

1. "Os Imigrantes" é
    a. um romance
    b. uma telenovela
    c. um programa de rádio
2. Qual é o novo horário de novelas da Bandeirantes?
3. Que item não se aplica a "Os Imigrantes"?
    a. um japonês, um polonês, um ucraniano
    b. um documento das raízes do povo brasileiro
    c. um século da história do nosso país
    d. um espanhol, um português, um italiano
4. Qual é o tema de "Os Imigrantes"?
5. Quais são os dois lados dos imigrantes que vão ser mostrados?
6. Quem vai desempenhar o papel de
    a. Dona Nena
    b. Paco Valdez
7. Como produção, o que é "Os Imigrantes"?
8. Qual é o objetivo do intenso trabalho de pesquisa realizado por Gianni Ratto e sua equipe?

C. Ponto de encontro

1. Com um colega ou um grupo de 3-4 colegas discuta o seguinte:

    a. O que você sabe das leis de imigração do seu país?
    b. Que imigrantes o seu país recebeu?
    c. Quais são as razões para uma pessoa deixar o seu país e emigrar para outro?
    d. Quais são os problemas que um imigrante encontra na nova terra?
    e. Você é a favor ou contra a imigração?
    f. Você acha que os países devem selecionar o tipo de imigrantes que devem entrar no país?

IX. ENCERRAMENTO

—————————— VÍDEO ——————————

Hoje ficamos por aqui. Na próxima unidade vamos
explorar mais do Brasil.

—————————— PARE ——————————

VOCABULÁRIO

Substantivos

anel, *m.*	*ring*	loja, *f.* /ó/	*store, shop*
asa, *f.*	*wing*	maçã, *f.*	*apple*
bolso, *m.* /ô/	*purse*	pasta, *f.*	*briefcase*
butique, *f.*	*botique*	pêssego, *m.*	*peach*
caderno, *m.* /é/	*notebook, workbook*	preço, *m.* /ê/	*price*
caixa, *m.*	*cashier, check-out*	prédio, *m.*	*building*
chapéu, *m.*	*hat*	prestação, *f.*	*loan payment*
cheque, *m.* /é/	*check*	recibo, *m.*	*receipt*
talão de ——, *m.*	*check book*	regime, *m.*	*diet, regime*
desculpa, *f.*	*excuse*	sinaleiro, *m.*	*traffic signal*
escada rolante, *f.*	*escalater*	tamanho, *m.*	*size*
feira, *f.*	*fair, market*	temporada, *f.*	*season, short time*
freguês /-esa	*customer*	troco, *m.* /ô/	*change*
lenço, *m.*	*handkerchief*	vendedor /-ora /ô/	*salesperson*
liquidação, *f.*	*sale*		

Verbos

apertado	*tight*	maior	*bigger*
cafona, *m.f.*	*pretentious*	melhor	*better*
caro	*expensive, dear*	menor	*smaller*
engraçado	*funny*	pior	*worse*
gostoso /ô˜ó/	*tasty*	preguiçoso /ô˜ó/	*lazy*

Adjetivos

devolver ‑[2]	*return, take back*	trocar ‑[1]	*exchange*
embrulhar	*wrap up*	vestir ‑[3]	*wear, dress*
experimentar	*try out, try on*	voar	*fly*
provar ‑[1]	*try, taste, prove*		

Outras Palavras

		tanto	*as/so much/many*
de graça	*free, no cost*	tão	*so*
quanto	*as, as many/much*		
sem graça	*not funny*		

GLOSSÁRIO

The following vocabulary list includes all words in unit vocabularies, in the *Palavra-Puxa-Palavra* sections, and most of the terms that are glossed in the videos, as well as certain other frequent items in the text. Conventions are generally the same as in the unit vocabularies.

Abbreviations: */-a* feminine noun ending (and other feminine endings as indicated); *adj.* adjective; *adv.* adverb; *art.* article; *conj.* conjunction; *f.* feminine noun; *interj.* interjection; *interrog.* interrogative; *m.* masculine noun; *m/f.* noun that can be either masculine or feminine; *prep.* preposition; *pro.* pronoun; *vi.* intransitive verb; *vt.* transitive verb; *vr.* reflexive verb; *vt/i/r* verb that may be transitive, intransitive or reflexive; ‗¹, ‗², ‗³ verbs with vowel changes in the present tense, as described in the text.

The degree of pronunciation of stressed E and O is indicated wherever traditional spelling does make it clear, according to the following principles:

1. E and O are CLOSE (/ê ô/) whenever followed by N or M, regardless of the presence of any contrary accent marks: e.g., *como; também;*
2. E and O are CLOSE (/ê ô/) when followed by I or U, except when marked with the acute accent showing they are OPEN (/é ó/): e.g., *seu (/ê/) céu (/é/);*
3. Other written accents, acute or circumflex, specify vowel quality: e.g., *avô, avó;*
4. In other cases (not followed N M I U and without a written accent), spelling is ambiguous and pronunciation is indicated in the vocabulary list: e.g., *boca /ô/; espera /é/.*
5. Indication of two vowels (/ô≈ó/) means that the vowel is close in the masculine singular form, open in all others: *curioso /ô≈ó/.*
6. All infinitives ending in *-er* have CLOSE /ê/ and are not marked: *colher (/ê/)* 'to pick up'; but *colher /é/* 'spoon'.

Pronunciation is also indicated for all Xs between vowels: *exato /z/; puxa /ch/.*

—A—

a, *prep. to*
a, *art., the (fem.sing.)*
à bessa *in great quantity*
à cabidela *way of preparing chicken in its own blood*
à direita *to/on the right*
à esquerda *to/on the left*
abaixo, *adv. below*
abelhudo, *adj. nosy; busybody*
aborrecer, *vt.(-ço)* $-^2$ *bore, annoy*
abril, *m. April*
abrir, *vt. open*
absoluto, *adj. absolute*
absorto, *adj. absorbed*
acabar, *vt. finish, have just*
acarajé, *m. Bahian dish of beans and palm oil*
aceitar, *vt. accept*
acender, *vt. light, turn on*
achar, *vt. find; think, believe*
acima, *adv. above*
　— de, *prep. above, on top of*
acontecer, *vi.* $-^2$ *happen*
acordar, *vt/i.* $-^1$ *wake up*
acordeon, *m. accordion*
açúcar, *m. sugar*
acreditar, *vt/i. believe*
acudir, *vt/i. help, aid*
adiantado, *adj. advanced, ahead*
adorar, *vt.* $-^1$*adore, like very much*
adulto /-a *adult*
advogado /-a *lawyer, attorney*
aeroporto, *m. /ô~ó/ airport*
afirmação, *f. affirmation*
afligir-se, *vr. grieve, worry*
afoito, *adj. anxious*
afundar, *vi. sink*
agência de viagem/turismo, *f. travel agency*
agir, *vi. act*
agora, *adv. /ó/ now*
agosto, *m. /ô/ August*
agradável, *adj. pleasant*
agropecuário, *adj. related to agriculture and cattle-raising*
água, *f. water*
agüentar, *vt. withstand*

aí, *adv. there*
ainda, *adj. /aí-/ still, yet*
ajudar, *vt. help*
albergue, *m. hostel*
alecrim, *m. rosemary*
alegre, *adj. /é/ happy*
alegria, *f. happiness*
além de , *prep. besides*
além do mais, *adv. moreover*
alemão /-ã, -ães, -ãs, *adj.   German*
alfândega, *f. customs*
algodão, *m. cotton*
algodão doce, *m. cotton candy*
algum /-uma, *adj. some*
ali, *adv. there*
almoçar, *vi.* $-^1$ *eat lunch*
almoço, m. /ô/ *lunch*
alô, *interj. hello*
alto, *adj. tall, high*
alugar, *vt. rent, lease*
amanhã, *adv. tomorrow*
amarelo, *adj. /é/yellow*
amarrado, *adj. tied up*
amável, *adj. pleasing, likeable*
ambiente, *m. environment*
ameaçar, *vt. threaten*
amigo /-a.*friend*
amor, *m. /ô/ love*
andar, *vi. walk, go*
andar, *m. floor, story of a building*
　— térreo *ground floor*
anel, *m. /é/ ring (jewelry)*
Angola, *f. Angola*
animal doméstico, *m. pet*
aniversário, *m.birthday*
　— de casamento, *m. wedding anniversary*
ante-ontem, *adv. day before yesterday*
antes de, *prep. before*
antigo, *adj. old, former*
antipático, *adj. unlikeable*
anzol, *m. fishing hook*
ao lado de, *prep. at/on the side of*
apagador, *m. eraser*
apagar, *vt. (-gue)   put out, turn off, erase*
apaixonado, *adj. in love*
apanhar, *vt. pick up*
apartamento, *m. apartment*
apelido, *m. nickname*
apenas, *adj. barely*

apertado, *adj. tight*

aperto de mão, *m. /ê/ handshake*

apontar para, *vt. point at/to*

apreciar, *vt. appreciate, give value to*

aprender, *vt. learn*

apresentação, *f. presentation, introduction*

aproveitador, *m. one who takes undue advantage*

aquela, *adj./pro. /é/ that (those) (f.)*

aquele, *adj./pro. /ê/ that (those) (m.)*

aqui, *adv. here*

aquilo, *pro. that*

ar condicionado, *m. air conditioning*

ardente, *adj. ardent, burning*

área *f. area; part of house open to the sky*

área de serviço, *f. laundry room, utility room*

areia, *f. sand*

Argentina, *f. Argentina*

argentino, *adj. Argentine, Argentinian*

Áries *Aries*

armário, *m. wardrobe, armoire*

arquiteto /-a *architect*

arroz, *m. /ô/ rice*

artigo, *m. article*

árvore, *f. tree*

asa, *f. wing*

aspirina, *f. aspirin*

assim, *adv. thus*

assinatura, *f. signature, subscription*

assistir, *vt. attend, watch, be present*

até, *prep./adv. until, up to; even*

atender, *vt. answer, take care of*

aterrissar, *vi. land*

atestado, *m. certificate; verification*

atividade, *f. activity*

ator /-riz *actor, actress*

atrás, *adv. back*

atrás de, *prep. behind*

atrasado, *adj. late, delayed, behind*

atrasar, *vt/i. be late, slow down*

atravessar, *vt.* ■¹ *cross, go through*

atrevido, *adj. daring, presumptious*

atributo, *m. attribute, characteristic*

aula, *f. class, lesson*

Austrália, *f. Australia*

automóvel, *m. automobile*

avarandado, *adj. having a porch*

avenida, *f. avenue*

avião, *m. airplane*

avó, *f. grandmother*

avô, *m. grandfather*

azar, *m. bad luck*

azul, *adj. blue*

azulejo, *m. /ê/ tile*

—B—

babá, *f. nursemaid*

bagagem, *f. baggage, luggage*

— de mão *carry-on luggage*

bagunça, *f. mess (slang)*

bairro, *m. neighborhood, area of a city*

baiano, *adj. Bahian (from state of Bahia)*

baixo, *adj. /ch/ short, low*

balança, *f. scale*

balancê, *m. swing (dance)*

balcão, *m. counter*

banana, *f. banana*

banco, *m. bank, bench*

bandeira, *f. flag*

banheira, *f. bathtub*

banheiro, *m. bathroom*

banho, *m. bath, bathroom*

banto /-a *Bantu*

bar, *m. bar*

barato, *adj. cheap, inexpensive*

barba, *f. beard*

fazer a — *shave*

barulho, *m. noise*

basquetebol, *m. basketball*

bastar, *vi. be enough*

batalha, *f. battle*

bater, *vt/i. beat, knock*

bate-papo, *m. conversation (slang)*

batucar, *vi. pound, beat*

beber, *vt.* ■² *drink*

beijar, *vt. kiss*

belo, *adj. /ê/ beautiful, lovely*

bem, *adv. well*

bem sucedido, *adj. successful*

benzinho, *m. term of affection*

berimbau, *m. one-stringed Bahian musical instrument*

biblioteca, *f. /é/ library*

bichinho /-a *term of affection; little animal*

bicicleta, *f. /é/ bicycle*

bidê, *m. bidet*
bilhete, m. /ê/ *ticket*
bis, *adv. again, repeat*
bisavó, *f. great grandmother*
bisavô, *m. great grandfather*
blusa, *f. blouse*
boate, *f. nightclub*
bobagem. *f. foolishness*
bobo /-a /ô/ *fool*
boca, *f.* /ô/ *mouth*
bola, *f.* /ó/ *ball*
bolo, *m.* /ô/ *cake*
bolso, *m.* /ô/ *purse*
bom/boa, *adj.* /ô/ *good*
bonde, *m. streetcar*
bondinho *cablecar*
bonito, *adj. pretty, good-looking, handsome*
bossa nova, *f.* /ó/ *style of samba popular in
    the sixties*
botar, *vt.* ▬[1] *throw out, put*
bota, *f.* /ó/ *boot*
botequim, *m. bar, snack bar*
braço, *m. arm*
branco, *adj. white, blank*
brasão, *m. coat of arms*
Brasil, *m. Brazil*
briga, *f. fight*
brigar, *vi.* (-gue) *fight*
brilhante, *m. diamond*
brilhante, *adj. brilliant, shiny*
brincadeira, *f. game, joke*
brincar, *vi. play, kid, joke*
buscar, *vt. look for, fetch*
butique, *f. boutique*

—C—

cabeça, *f.* /ê/ *head*
cabeleireiro /-a *hairdresser*
cabelo, *m.* /ê/ *hair*
cabo, *m. end, handle*
cachaça, *f. sugar-cane rum*
cachorro /-a /ô/ *dog*
— quente, *m. hot dog*
caco, *m. shard*
cada, *adj.* (invariable) *each*
— um /-ma *each one*
cadeira, *f. chair*

— de balanço *rocking chair*
caderno, *m.* /é/ *notebook, workbook*
café, *m. coffee*
café-da-manhã, *m. breakfast*
caiado, *adj. white-washed*
caipirinha, *f. mixed drink of lime juice and
    cachaça*
cair, *vi. fall*
caixa, *f.* /ch/ *box*
— postal, *f. post office box*
caixa, *m.* /ch/ *cashier, check-out*
calar, *vt. be quiet, keep still, not speak*
— a boca *shut up*
calça, *f. trousers*
— jeans *blue jeans*
calçar, *vt. put on shoes, pave*
calma, *f. calm*
calor, *m.* /ô/ *heat*
caloria, *f. calorie*
cama, *f. bed*
— de casal *double bed*
camareiro /-a *chambermaid*
câmbio, *m. exchange, exchange rate*
caminhão, *m. truck*
caminhar, *vi. walk*
caminho, *m. road, path, way*
camisa, *f. shirt*
campo, *m. field, countryside*
Canadá, *m. Canada*
Câncer, *m. Cancer*
canela, *f.* /é/ *ankle; cinnamon*
caneta, *f.* /ê/ *pen*
cansado, *adj. tired*
cantar, *vt/i. sing*
cantor /-ora /ô/ *singer*
capital, *f. capital city*
capoeira, *f. Bahian dance/ fight*
Capricórnio, *m. Capricorn*
cara, *f. face*
característica, *f. characteristic*
carinhoso, *adj.* /ô˜ó/ *affectionate*
carioca *m/f.* /ó/ *native of Rio de Janeiro*
carnaval, *m. carnival (pre-Lenten celebration)*
carne, *f. meat, flesh*
caro, *adj. expensive, dear*
carona, *f. ride, lift*
carpete, *m.* /é/ *wall-to-wall carpeting*
carro, *m. car, vehicle*
carta, *f. letter (correspondence)*

cartão, *m. card*
— de crédito *credit card*
— postal *postcard*
carteira, *f. wallet; student desk*
— de motorista *drivers license*
carteiro /-a *letter carrier*
cartilha, *f. primer*
casa, *f. house, home*
— de câmbio *money changer*
casado, *adj. married*
casal, *m. couple (man, woman)*
casamento, *m. marriage, wedding*
casar, *vi/t/r. marry*
caso, *m. case*
castanho, *adj. brown*
castelo, *m.* /é/ *castle*
catálogo telefônico, *m. telephone directory*
causa, *f. cause, lawsuit*
cavalo, *m/f. horse*
cedo, *adv.* /ê/ *early*
cego, *adj.* /é/ *blind*
celebrar, *vt.* ▬[1] *celebrate*
cem, cento *one hundred*
cena, *f. scene*
centro, *m. center, downtown*
CEP (Código de Endereçamento Postal), *m.*
    ZIP code
certeza, *f.* /ê/ *certainty*
certo, *adj.* /é/ *certain, correct*
cerveja, *f.* /ê/ *beer*
céu, *m. sky, heaven*
chá, *m. tea*
chama, *f. flame*
chamada, *f. call*
chamar, *vt. call*
chapa, *m. guy, man (slang)*
chapéu, *m. hat*
chato, *adj. flat; boring*
chave, *f. key*
chegada, *f. arrival*
chegar, *vi.* (-gue) *arrive, get there/here*
cheio, *adj. full*
cheirinho. *m. fragrance*
cheiroso. *adj.* /ô˜ó/ *nice smelling*
cheque, *m.* /é/ *check*
— de viagem *travelers check*
 talão de — *m. check book*
chic, *adj. chic, stylish*
China, *f. China*

chinês /-a *Chinese*
chocalhar, *vi. rattle*
chocalho, *m. rattle*
chopp/chope, *m. draft beer*
chorar, *vi.* ▬[1] *cry, weep*
churrasco, *m. barbecue beef*
chuveiro, *m. shower*
cidade, *f. city*
cigarro, *m. cigarette*
cinco *five*
cinqüenta *fifty*
cinto, *m. belt*
cinza, *f. ash*
cinza, *adj. grey*
cinzeiro, *m. ashtray*
ciumento, *adj. jealous*
ciúmes, *m.pl. jealousy*
classe, *f. class, kind*
cliente, *m/f. client*
clima, *m. climate*
cobertor, *m.* /ô/ *blanket*
cobrar, *vt.* ▬[1] *collect, charge*
cobrir, *vt.* ▬[3] *cover*
cochicho, *m. whispering*
cochila, *f. nap*
cochilar, *vi. doze, nap*
código da cidade, *m. area code*
coisa, *f. thing*
colar, *m. necklace*
colega, *m/f.* /é/ *colleague, peer, classmate, fellow worker*
colher, *vt.* ▬[2] *pick, pick up*
colher, *f.* /é/ *spoon*
colocar, *vt.* ▬[1] *place, put*
com, *prep. with*
começar, *vt.* ▬[1] *begin, commence, start*
comemorar, *vt.* ▬[1] *commemorate*
comer, *vt/i. eat*
como, *prep. like, as*
como se, *conj. as if*
comovido, *adj. emotional*
companheiro /-a, *companion*
companhia aérea, *f. airline*
completar, *vt.* ▬[1] *complete*
completo, *adj.* /é/ *complete*
comportamento, *m. behavior*
comportar, *vi. behave*
compositor /-ora /ô/ *composer*

composto, *adj.* /ô˜ó/ *composed, made of;*
    compound
comprar, *vt. buy*
compreender, *vt. understand, comprehend*
computação, *f. data processing*
computador, *m. computer*
concerto, *m.* /ê/ *concert*
concordar, *vi.* ▬¹ *agree*
conexão, *f.* /ks/ *connection*
confirmar, *vt. confirm*
conhecer, *vt.* (-ç) ▬² *know, meet, be*
    acquainted with
conjunto, *m. group*
  — de som *sound system*
conosco /ô/ *with us*
conseguir, *vt.* ▬³ *succeed in, manage to*
    (+*verb*); *obtain,* (+*noun*)
conselho, *m.* /ê/ *counsel, advice*
consertar, *vt.* ▬¹ *fix, repair*
conserto, *m.* /ê/ *repair, mend*
conservador /-ora /ô/ *conservative*
consoante, *f. consonant*
construir, *vt. build, construct*
construtora, *f.* /ô/ *construction company*
consulado, *m. consulate*
consulta, *f. consultation, office visit*
conta, *f. bill*
contador, *m. teller (of stories); counter*
contar, *vt. tell, count*
  — com *count on, depend on*
contente, *adj. pleased, happy*
continuar, *vt. continue*
contínuo, *adj. continuous; progressive*
contração, *f. contraction*
conversa, *f.* /é/ *conversation*
conversar, *vi.* ▬¹ *converse*
convidar, *vt. invite*
copa, *f.* /ó/ *breakfast area*
copo, *m.* /ó/ *drinking glass, cup*
cor, *f.* /ô/ *color*
cor-de-rosa /ó/ *pink*
coração, *m. heart*
corda, *f.* /ó/ *rope*
coro, *m.* /ô/ *chorus*
corpo, *m.* /ô/ *body*
correio, *m. mail, post office*
correr, *vi.* ▬² *run*
corresponder, *vi. correspond*
corrida, *f. run, race*

cortar, *vt.* ▬¹ *cut*
cortina, *f. curtain, drapery*
cosmonauta, *m/f. cosmonaut*
costa, *f. coast*
costume, *m. custom*
cozinha, *f. kitchen*
cozinhar, *vt/i. cook*
 crediário, *m. credit department*
criança, *f. child (either sex)*
criançada, *f. group of children*
 criar, *vt. raise, create*
cruel, *adj. cruel*
cruzado, *m. crusade; unit of Brazilian currency*
  Cuba, *f. Cuba*
cuidar, *vt. care for, take care of*
 culto, *adj. cultured, refined*
cultura, *f. culture*
cumprimentar, *vt. greet*
 cunhado /-a *brother (sister)-in-law*
curioso, *adj.* /ô˜ó/ *curious, strange*
curso, *m. course, academic major*
curto, *ad. short*
custar, *vt. cost*

—D—

danado, *adj. annoying, bad*
dançar, *vt/i. dance*
dar, *vt.* (irreg.) *give*
não — bolas *not care*
  — certo /é/ *work out*
  — corda /ó/ *wind up*
  — de frente *face*
  — o fora /ó/ *get out*
  — para *be good for*
  — um jeito *resolve, find a solution*
  — vontade de *make one want*
  —-se ao respeito *give some respect*
  —-se conta *realize*
data, *f. date*
de, *prep. of, from*
  — graça *free, at no cost*
  — rojão *roaring*
década, *f. decade*
decidir, *vi. decide*
décimo, *adj. tenth*
  — primeiro, *adj. eleventh*
  — segundo, *adj. twelfth*

decolar, *vi.* ■¹ *take off*

dedo, *m.* /ê/ *finger, toe*

— da mão *finger*

— do pé *toe*

defender-se, *vr.* *defend onself*

deitar, *vi/t.* *lie down, go to bed; put to bed*

deixar, *vt.* /ch/ *leave, let, allow*

— cair *drop*

delegacia, *f.* *police station*

demais, *adv.* *too much*

demonstrativo, *adj.* *demonstrative*

demorar, *vi.* ■¹ *delay*

dentista, *m/f.* *dentist*

dentro, *adv.* *inside*

dependência, *f.* *dependence*

— de empregada *maid's quarters*

depois, *adv.* *afterward*

— de, *prep.* *after*

depois de amanhã, *adv.* *day after tomorrow*

depressa, *adv.* /é/ *quickly, in a hurry*

desaparecer, *vi.* (-ço) ■² *disappear*

desastre, *m.* *accident, disaster*

descansar, *vi.* *rest*

descer, *vi.* (-ço) ■² *go down, descend*

descobridor, /-ora /ô/ *discoverer*

descobrir, *vt.* ■3 *discover*

descrever, *vt.* ■² *describe*

descrição, *f.* *description*

desculpa, *f.* *excuse*

desembarcar, *vi.* *get off (a boat or plane)*

desembarque, *n.* *landing, disembarcation*

desenvolvimento, *m.* *development*

deserto, *adj.* *deserted*

desfrutar, *vt.* *enjoy*

desligar, *vt.* (-gue) *disconnect, hang up, turn off*

deslumbrante, *adj.* *dazzling*

desmentir, *vt,* ■3 *contradict*

desonesto, *adj.* *dishonest*

despedaçar, *vt.* *break into pieces*

despedir (irreg.) *take leave, dismiss*

despertador, *m.* *alarm clock*

despesa, *f.* /ê/ *expense, expenditure*

desquitado, *adj.* *separated*

destacar, *vt/i/r.* (-que) *stand out, emphasize*

destinatário /-a *addressee*

destino, *m.* *fate, luck, destination*

detalhe, *m.* *detail*

detetive, *m/f.* *detective*

devagar, *adv.* *slow*

dever, *vt.* ■² *owe, ought*

devolver, *vt.* ■² *return, take back*

dez /é/ *ten*

dezembro, *m.* *December*

dezenove *nineteen*

dezesseis *sixteen*

dezessete *seventeen*

dezoito *eighteen*

dia, *m.* *day*

— feriado *day off, holiday*

diálogo, *m.* *dialog*

dicionário, *m.* *dictionary*

difícil, *adj.* *difficult, hard*

digamos *let us say*

diminuição, *f.* *reduction*

diminuir, *vt/i.* *reduce, diminish*

dinheiro, *m.* *money*

direito, *adj.* *right*

direto, *adj./adv* /é/ *direct, straight ahead*

dirigir, *vt.* (-jo) *direct; drive*

discar, *vt.* (-que) *dial*

disco, *m.* *record, disk, (flying) saucer*

discutir, *vt/i.* *discuss, argue*

disposto, *adj.* /ô˜ó/ *willing, disposed*

ditado, *m.* *saying*

ditongo, *m.* *diphthong*

divertido, *adj.* *entertaining, funny*

divorciado, *adj.* *divorced*

divulgador /-a *disseminator*

dizer, *vt.* (irreg.) *say, tell*

dobro, *m.* /ô/ *double, fold*

doce, *adj.* /ô/*sweet*

doce, *m.* *candy*

doença, *f.* *disease*

— do sono *sleeping sickness*

doente, *adj.* *ill, sick*

doer, *vi.* *hurt*

dois *two (m.)*

domingo, *m.* *Sunday*

domínio, *m.* *domination*

dor, *f.* /ô/ *pain, ache*

— de dente *toothache*

dormir, *vi.* ■3 *sleep*

dormitório, *m.* *bedroom*

dourar, *vt.* *make golden*

doze /ô/ *twelve*

duas *two (f.)*

durante, *prep.* *during*

dúvida, *f.* doubt

—E—

e, *conj.* and
economia, *f.* economy
edifício, *m.* building, apartment house
educado, *adj.* educated, well-mannered
ela, *pro.* /é/ she, it (f.)
elas, *pro.* /é/ they (f.)
ele, *pro.* /ê/ he, it (m.)
eles, *pro.* /ê/ they (m.)
elegante, *adj.* elegant
elevador, *m.* /ô/ elevator
em, *prep.* in, on
em frente de, *prep.* in front of
embarcar, *vi.* (-que) embark, leave
embarque, *m.* departure
embrulhar, *vt.* wrap up
embutido, *adj.* built-in
enganar-se, *vr.* deceive onself, be mistaken
empregada, *f.* maid
emprego, *m.* /ê/ job, employment
emprestar, *vt.* $-^1$ lend, loan
empurrar, *vt.* push
encerramento, *m.* closing
enciclopédia, *f.* encyclopedia
encontrar, *vt.* find, meet, encounter
encontro, *m.* encounter
encurtar, *vt.* shorten
endereço, *m.* /ê/ address
enfeitar, *vt.* decorate
engano, *m.* deception, mistake
engarrafamento, *m.* traffic jam
engenheiro/ -a engineer
engraçado, *adj.* funny, cute
engrupir, *vi.* hassle (slang)
enquanto, *conj.* while
enrolar, *vt.* roll up; confuse, complicate (slang)
ensinar, *vt.* teach, show
então, *adv.* then
entender, *vt.* understand
entrar, *vi.* enter, go in
entregar (-gue) $-^1$ deliver, hand in
entrevista, *f.* interview
envelope, *m.* /ó/ envelope
epopéia, *f.* epic poem

errado, *adj.* wrong, incorrect
escada, *f.* stairs, stairway
—— rolante, *f.* escalater
escala, *f.* intermediate stopover, scale
escarancado, *adj.* wide open
escola, *f.* school
escolher, *vt.* $-^2$ choose
Escorpião, *m.* Scorpio
escorregador, *m.* slide
escravo /-a slave
escrever, *vt.* $-^2$ write
escritório, *m.* office
escutar, *vt.* listen
esfera, *f.* sphere
Espanha, *f.* Spain
espanhol /-ola, *adj.* /ó/ Spanish
espantar, *vt.* scare, frighten
especial, *adj.* special
espécie, *f.* species, kind
espera, *f.* /é/ wait
esperar, *vt/i.* $-^1$ hope, wait
esporte, *m.* /ó/ sport
esposo /-a /ô/ spouse, husband (wife)
esquecer, *vt/i/r* (-ço) $-^2$ forget
esquerdo, *adj.* left
esquina, *f.* street corner
essa, *adj./pro.* /é/ that (those) (f.)
esse, *adj./pro.* /ê/ that (those) (m.)
essencial, *adj.* essential
estabelecer (-ça) $-^2$ establish, found
estádio, *m.* stadium
estado, *m.* state, status
—— civil marital status
Estados Unidos, *m.pl.* United States
estar (irreg.) be
esta, *adj./pro.* /é/ this (these) (f.)
este, *adj./pro.* /ê/ this (these) (m.)
estômago, *m.* stomach
estrangeiro, *adj.* foreign
estudante, *m/f.* student
estudar, *vt.* study
eternecido, *adj.* moved by emotion
eu, *pro.* I
evaporar, *vi.* $-^1$ evaporate
exagerado, *adj./z/* exaggerated
exagero, *m.* /z/ /ê/ exaggeration
exame, *m.* /z/ examination, test
excursão, *f.* excursion
exercício, *m.* /z/ exercise

existir, *vi.* /z/ *exist*
experimentar, *vt. try out/on*
expressão, *f. expression*

—F—

fábrica, *f. factory*
faca, *f. knife*
face, *f. cheek, face*
fácil, *adj. easy*
faculdade, *f. college*
falante, *m/f. speaker*
falar, *vi/t. speak, say*
família, *f. family*
famoso, *adj.* /ô~ó/ *famous*
fantasma, *m. phantom, ghost*
farmácia, *f. pharmacy, drugstore*
farol, *m. headlight; lighthouse*
fascinante, *adj. fascinating*
favor, *m. favor*
  por — *please*
favorito, *adj. favorite*
fazer, *vt.* (irreg.) *do, make*
  — as malas *pack one's bags*
febre, *f.* /é/ *fever*
fechado, *adj. closed, timid*
fechar, *vt. close*
feijão, *m. beans* (coll.)
feijoada, *f. bean dinner*
feio, *adj. ugly*
feira, *f. fair, market*
feito *done* (pp. of fazer)
feito, *m. accomplishment*
feliz, *adj. happy, fortunate*
feriados, *m.pl. days off, holidays*
férias, *f.pl. vacation, holidays*
ferir, *vt.* ▪³ *hurt, wound*
festa, *f.* /é/ *party*
fevereiro, *m. February*
ficar, *vi.* (-que) *stay, be located at, get*
ficha, *f. token, index card*
  — de registro *registration form*
fila, *f. line, queue, row*
filho /-a *son* (daughter)
Filipinas, *f.pl. Philippines*
fim, *m. end*
  — de semana, *m. weekend*

final, *adj. final, last*
financiar, *vt. finance, buy on time*
fingir, *vi.* (-jo) *pretend*
fiscal, *m/f. inspector*
física, *f. physics*
fita, *f. ribbon, tape*
flor, *f.* /ô/ *flower*
floresta, *f.* /é/ *forest*
fofoca, *f.* /ó/ *gossip* (talk)
fofoqueiro /-a *gossip* (person)
fogão, *m. stove, range*
fome, *f. hunger*
fonte, *f. source, fountain*
fora, *adj.* /ó/ *outside*
formação, *f. formation*
formatura, *f. graduation*
formoso, *adj.* /ô~ó/ *beautiful*
forte, *adj.* /ó/ *strong*
fraco, *adj. weak*
França, *f. France*
franco, *adj. sincere, frank*
freguês /-esa *customer*
freqüentado, *adj. busy, well-attended*
frio, *adj. cold*
frio, *m. coldness*
fruta, *f. fruit*
fugir, *vi.* (-jo) ▪³ *flee, escape*
fumar, *vi/t. smoke*
funcionar, *vi. function, work*
funcionário /-a *employee, worker*
funil, *m. funnel*
fuso horário, *m. time zone*
futebol, *m.* /ó/ *soccer*

—G—

galeria de arte, *f. art gallery*
galinha, *f. hen, chicken*
ganhar, *vt. earn, win, gain, be given*
garagem, *f. garage*
garfo, *m. fork*
garotada, *f. group of children, young people*
garoto /-a /ô/ *boy* (girl)
garrafa, *f. bottle*
gato, gatinho, /-a *cat, kitten*

gaúcho, *adj.* *pertaining to the state of Rio Grande do Sul*
gaveta, *f.* /ê/ *drawer*
geladeira, *f.* *refrigerator*
gelado, *adj.* *ice-cold*
Gêmeos *Gemini*
gênero, *m.* *gender*
genro, *m.* *son-in-law*
gente, *f.* *people, we*
geografia, *f.* *geography*
gerente, *m/f.* *manager*
gingar, *vi.* *sway*
giz. *m.* *chalk*
gol, *m.* (gols) *goal (soccer)*
gordo, *adj.* /ô/ *fat*
gorjeta, /ê/ *tip*
gostar de, *vt.* -1 *like*
gosto, *m.* /ô/ *taste*
gostoso /ô˜ó/ *tasty*
grandão /-ona, *adj.* *very big*
grande, *adj.* *big, great*
gravador, *m.* /ô/ *recorder*
gravata, *f.* *necktie*
grávida, *f.adj.* *pregnant*
graxa, *f.* /ch/ *grease*
grego, *adj.* /ê/ *Greek*
gritar, *vt/i.* *shout, yell*
grosso, *adj.* *gross, big*
grupo, *m.* *group*
guaraná, *m.* *soft drink based on an Amazon fruit*
guarda-chuva, *m.* *umbrella*
guardanapo, *m.* *napkin*
guardar, *vt.* *guard, put away*
guia, *m.* *guide (book); m/f. guide (person)*
guisar, *vi.* *cook*
guri, *m.* *little boy*

—H—

há *there is/are (from* haver)
habitação, *f.* *housing*
habitar, *vt.* *inhabit*
hábito, *m.* *habit*
harmonioso, *adj.* *harmonious*
hein, *interj.* *huh? right?*

herói, *m.* *hero*
história, *f.* *story, history*
hoje, *adv.* /ô/ *today*
— de manhã *this morning*
— à noite *tonight*
homem, *m.* *man*
homenagem, *f.* *homage, honor*
honesto, *adj.* /é/ *honest*
hora, *f.* *hour, time*
— do rush *rush hour*
horário, *m.* *schedule*
horrível, *adj.* *horrible*
hospedagem, *f.* *lodging*
hospedar, *vt.* -1 *put up (for the night), stay*
hóspede, *m/f.* *guest*
hotel, *m.* /é/ *hotel*
humildemente, *adv.* *humbly*

—I—

Iate Clube, *m.* *Yacht Club*
ida e volta (passagem) /ó/ *round trip*
idade, *f.* *age*
idéia, *f.* *idea*
idiota, *m/f.* /ó/ *idiot*
igreja, *f.* /ê/ *church*
igualmente, *adv.* *equally, in the same way, same to you*
imigrante, *m/f.* *immigrant*
imperativo, *m.* *imperative, command*
imperfeito, *adj.* *imperfect*
impaciente, *adj.* *impatient*
implorar, *vt.* -1 *implorar, beg*
incluído, *adj.* *included*
incomodar, *vt.* -1 *bother, annoy*
inda, *adv.* *still (=ainda)*
indicativo, *adj.* *indicative*
indiferente, *adj.* *indifferent, uncaring*
indivíduo, *m.* *individual*
industrializado, *adj.* *industrialized*
inesquecível, *adj.* *unforgetable*
infeliz, *adj.* *unfortunate, unhappy*
informação, *f.* *information*
Inglaterra, *f.* /é/ *England*
insistir, *vi.* *insist*
insuportável, *adj.* *unbearable*
interessante, *adj.* *interesting*

interior, *m.* /ó/ *backlands, interior*
internacional, *adj. international*
interurbano, *adj. interurban, between cities*
intrometido, *adj. disruptive; butting in*
inveja, *f.* /é/ *envy*
invulnerável, *adj. invulnerable*
ir, *vi.* (irreg.) *go*
— direto /é/ *go straight ahead*
— embora /ó/ *go away*
irmã, *f. sister*
irmão, *m.* (-mãos) *brother*
irregular, *adj. irregular*
isqueiro, *m . lighter*
Israel, *m. Israel*
isso, *pro. that*
isto, *pro. this*

—J—

já, *adv. already*
janeiro, *m. January*
janela, *f.* /é/ *window*
jangada, *f. raft*
jantar, *vi. have dinner*
jantar, *m. dinner*
Japão, *m. Japan*
japonês /-esa, *adj. Japanese*
jardim, *m. yard; garden*
joalheria, *f. jewelry store*
jogar, *vt.* —¹ *play (game)*
jogo, *m.* /õ˜ó/ *game, sport*
jóia, *f. jewel, jewelry; wonderful (slang)*
jóquei, *m. jockey*
jornal, *m. newspaper*
jornalista, *m/f. journalist*
jovem, *adj.* /ó/ *young*
juizo, *m. judgment, sense*
julho, *m. July*
junho, *m. June*
justo, *adj. just, fair, just right*
juventude, *f. youth*

—L—

lá, *adv. there*
laço de fita, *m. ribbon*

lado, *m. side*
lamento, *m. lament*
lanterna, *f.* /é/ *flashlight*
lápis, *m. pencil*
laranja, *f. orange*
  cor de — *orange colored*
largo, *adj. wide*
  lateral, *adj. lateral*
  latim, *m. Latin*
lavandaria, *f. laundry*
lavar, *vt. wash*
lavoura, *f. agriculture*
Leão *Leo*
legal, *adj. legal; wonderful (slang)*
lei, *f. law*
leite, *m. milk*
leitura, *f. reading*
lelé, *adj. goofy*
lembrar, *vt/i/r. remember, remind*
lenço, *m. handkerchief*
lençol, *m.* /ó/ *bed sheet*
lento, *adj. slow*
ler, *vt. read*
leste, *m.* /é/ *east*
levantar, *vt/i/r. get up, rise, raise*
Líbano, *m. Lebanon*
Libra *Libra*
lição, *f. lesson*
líder, *m. leader*
ligação, *f. connection, call*
ligar *vt/i.* (-gue) *connect, link, phone, ring up*
limpar, *vt. clean*
limpeza, *f.* /ê/ *cleaning, cleanliness*
limpo, *adj. clean*
lindo, *adj. pretty, lovely*
língua, *f. language, tongue*
linha, *f. line*
  — cruzada *crossed line*
  — ocupada *busy line*
liquidação, *f. sale*
lista telefônica, *f. telephone directory*
livraria, *f. book store*
livre, *adj. free, available*
livro, *m. book*
logo, *adv.* /ó/ *soon*
    loiro (louro), *adj. blond*
loja, *f.* /ó/ *store, shop*
longe, *adv. far*
longe de, *prep. far from*

lotado, *adj. full, loaded*
lua, *f. moon*
— de mel, *f. honeymoon*
lugar, *m. place*
lupa, *f. magnifying glass*
luta, *f. struggle*
lutar, *vi. struggle*
luz, *f. light*

—M—

maçã, *f. apple*
machucar, *vt/r. (-que) hurt*
madeira, *f. wood, lumber*
madrasta, *f. step-mother*
madrugada, *f. dawn*
mãe, *f. mother*
magro, *adj. thin, skinny*
maio, *m. May*
maior, *adj. /ó/ bigger*
mais, *adv./adj. more*
mal, *adv. badly*
mala, *f. suitcase*
mamãe, *f. mother, mom*
mandar, *vt. order, send*
maneira, *f. manner, way*
manhã, *f. morning*
mano, maninho, */-a brother (sister)*
mão, *f./-ãos hand*
mapa, *m. map*
máquina, *f. machine*
— de lavar *washing machine*
— de lavar louça   *dishwasher*
mar, *m. sea, ocean*
maravilhoso /ô˜ó/ *marvelous, wonderful*
março, *m. March*
marfim, *m. ivory*
marido, *m. husband*
marrom, *adj. brown*
mata, *f. wilderness*
matar, *vt. kill*
mau/má, *adj. bad*
me, *pro. me*
média, *f. average; coffee served with milk, bread, butter*
médico */-a physician*
medo, *m. /ê/ fear*

meia, *f. stocking*
meio, *adj. half*
  meia-noite, *f. midnight*
meio-dia, *m. noon*
melhor, *adj. /ó/ better*
menino */-a little boy (girl), child*
menor, *adj. /ó/ smaller*
menos, *adv./adj. less*
mensagem, *f. message*
mentir, *vi. —³ lie, tell untruths*
mentira, *f. lie, untruth*
  Dia da — *April Fool's Day*
mentiroso, *adj. /ô˜ó/ lying, liar*
mercado, *m. market*
mercar, *vt. (-que) sell, peddle*
merecer, *vt. —² (-ço) deserve, merit*
mês, *m. month*
mesa, *f. /ê/ table*
mesmo, *adj. /ê/ same*
mestre de obras, *m. /é//ó/ foreman*
metade, *f. half*
metrô, *m. subway*
meu, *m.adj. my, mine*
mexer, *vt.—² /ch/ stir, disturb*
México, *m. /ch/ Mexico*
micro-ondas, *m. microwave oven*
minha, *f.adj. my, mine*
mil *thousand, one thousand*
milhão, *m. million*
milho, *m. corn, maize*
minuto, *m. minute*
missa, *f. mass*
mistura, *f. mixture, mix*
miúdo, *adj. small*
Moçambique, *m. Mozambique*
moço */-a /ô/ young man (woman, girl)*
moderno, *adj. /é/ modern*
moita, *f. bush*
molecada, *f. group of boys*
moleque, *m. /é/ boy, urchin*
monte, *m. mountain, mount*
montanha, *f. mountain*
morar, *vi. —¹ live, dwell*
moreno, *adj. dark, brunette*
morrer, *vi. —² die*
mosteiro, *m. monastery*
mostrar, *vt. —¹ show*
motivar, *vt. motivate, cause*
moto, *f. /ó/ motorcycle*

motorista, *m/f. motorist, driver, chauffeur*
móvel, *m. piece of furniture*
movimentado, *adj. busy, active, bustling*
movimentar, *vt. put into action*
mudar, *vt. change*
muito, *adj. much, many*
muito, *adv. very, a lot*
mulher, *f.* /é/ *woman*
música, *f. music, song*
músico /-a *musician*

—N—

nacionalidade, *f. nationality*
nadar, *vi. swim*
namorado /-a *boy (girl) friend*
namorar *vt/i.* ▬[1] *court, get serious, go steady*
não, *adv. no, not*
nariz, *m. nose*
narrar, *vt. narrate, tell*
nasal, *adj. nasal*
nascido, *adj. born*
Natal, *m. Christmas*
nativo, *adj. native*
navegar, *vt. navigate*
navio, *m. ship*
negação, *f. negation*
negativo, *adj. negative*
neto /-a /é/ *grandchild*
noite, *f. night, evening*
noivo /-a *groom (bride); fiancé(e)*
nome, *m. name*
nono, *adj. ninth*
nora, *f.* /ó/ *daughter-in-law*
normal, *adj. normal*
nos, *pro. us*
nós, *pro. we*
nosso, *adj.* /ó/ *our*
Nossa!, *interj.* /ó/ *Wow!*
nota, f. /ó/ *note, grade; receipt, bill*
Nova Iorque /ó/ *New York*
nove /ó/ *nine*
novela, *f.* /é/ *soap opera (TV or radio drama serial)*
novembro, *m. November*
noventa *ninety*
novo, *adj.* /ô~ó/ *new, young*

número, *m. number*
—— de telefone *telephone number*
numeroso, *adj.* /ô~ó/ *numerous*
nunca, *adv. never*
nuvem, *f. cloud*

—O—

obrigado /-a *thank you*
observar, *vt.* ▬[1] *observe*
observação, *f. observation*
oclusivo, *adj. occlusive, stop (consonant)*
óculos, *m.pl. eyeglasses*
oeste, *m.* /é/ *west*
oitavo, *adj. eighth*
oitenta *eighty*
oito *eight*
olhar, *vt.* ▬[1] *look (at)*
olho, *m.* /ô~ó/ *eye*
onde, *adv./conj. where*
ônibus, *m. bus*
ontem, *adv. yesterday*
—— à noite *last night*
onze *eleven*
Opa!, *interj. Wow! Hey!*
oração, *f. prayer, sentence*
oral, *oral*
orelhão, *m. phone booth*
ordinal, *adj. ordinal*
origem, *f. origin*
ótimo, *adj. excellent*
ou, *conj. or*
ouro, *m. gold*
outro, *adj. other, another*
outubro, *m. October*
ouvido, *m. ear*
ouvir, *vt. (irreg.) hear*

—P—

pacato, *adj. peaceful, quiet*
paciente, *m/f./adj. patient*
padaria, *f. bakery*
padrasto, *m. step-father*
pagar, *vt. (-gue) pay*
página, *f. page*

pai, *m. father*

país, *m. nation, country*

palavra, *f. word*

paletó, *m. coat (suit, sports)*

palito, *m. toothpick, match*

palmeira, *f. palm tree*

panela, *f. /é/ pan, pot*

pão, *m. (-ães) bread, loaf*

papai, *m. father, dad*

papel, *m. /é/ paper, role*

papelaria, *f. stationery store*

paquerar, *vt. $-^1$ flirt with, court*

par, *m. pair*

para, *prep. for, to*

parabéns, *m.pl congratulations*

parada, *f. bus stop , parade*

parar, *vi /t. ṣtop*

parcial, *partial*

parecer, *vi. (-ço) $-^2$ seem*

   ——-se com *look like*

parecido, *adj. similar, resembling*

parede, *f. /ê/ wall (of a building, room)*

parte, *f. part*

particularidade, *f. characteristic*

partir, *vi. depart, leave*

passageiro /-a *passenger*

passagem, *f. ticket, passage*

passaporte, *m. /ó/ passport*

passar, *vt /i. pass; iron (clothes)*

pasta, *f. briefcase*

patrão /-ona *boss*

paupérrimo, *adj. very poor*

pé, *m. foot*

peça, *f. /é/ play (theater); part*

pechincha, *f. bargain*

pechinchar, *vt. haggle*

pedido, *m. request*

pedir, *vt. (irreg.) ask for, request*

pedra, *f. /é/ stone, rock*

pegar, *vt. (-gue) $-^1$ grab, hold, get*

peixe, *m./ch/ fish*

Peixes /ch/ *Pisces*

pelado, *adj. naked*

peludo, *adj. hairy*

pena, *f. pity, penalty, feather*

pendurar, *vt. hang, suspend*

penduricalho, *m. charm*

pensar, *vt /i. think, believe*

pequeno, *adj. small, little*

perder, *vt. lose*

perdição, *f. downfall*

perfeito, *adj. perfect*

pergunta, *f. question*

perguntar, *vt. ask*

permitir, *vt. permit*

perna, *f. /é/ leg*

perto, *adv./é/ close, nearby*

perto de, *prep./é/ close to*

pesar, *vt. $-^1$ weigh*

pescador, *m. fisherman*

   pescar, *vt. (-que) $-^1$ fish, go fishing*

pescoço, *m./ô/ neck*

peso, *m. /ê/ weight*

pêssego, *m. peach*

pessoa, *f. /ô/ person (of either sex)*

pia, *f. sink, wash basin*

pianista, *m /f. pianist*

   piano, *m. piano*

      pijama, *m. pijamas*

pimenta, *f. pepper*

pincel, *m. /é/ brush*

pingue-pongue, *m. pingpong*

pior, *adj./ó/ worse*

pipoca, *f. /ó/ popcorn*

pipoqueiro /-a *popcorn vendor*

piquenique, *m. picnic*

pirralho, *m. scamp*

piscar, *vt. blink, wink*

piscina, *f. swimming pool*

pizza, *f. pizza*

planejar, *vt. plan*

plástico, *m. plastic*

pó de café, *m. ground coffee*

pobre, *adj. /ó/ poor*

pobreza, *f. /ê/ poverty*

poder, *vi. (irreg.) can, may, be able*

poema, *m. poem*

pois não *of course; at your service*

   policial, *m /f. police officer*

ponteiro, *m. hand (of a clock)*

ponto, *m. point*

   —— do ônibus/taxi, *m. bus /taxi stop*

pontual, *adj. punctual*

população, *f. population*

por, *prep. by, through, for*

pôr, *vt. (irreg.) put, lay*

porção, *f. portion, amount*

porquinho, *m. little pig*

porta, *f.* /ó/ *door*
portão, *m. gate*
— de embarque *departure gate*
portaria, *f. entrance (of a building), lobby;*
    hotel bell desk
Portugal, *m. Portugal*
positivo, *adj. positive*
possessivo, *adj. possessive*
pouco, *adj/adv. little (quantity)*
povoado, *m. small town*
praça, *f. square, plaza, playground*
praia, *f. beach*
prancha, *f. surf board*
pranto, *m. crying, tears*
prateleira, *f. shelf*
praticar, *vt. practice*
prato, *m. plate, dish*
prazer, *m.* /ê/ *pleasure*
prece, *f.* /é/ *prayer*
precisar, *vt. need*
preço, *m.* /ê/ *price*
prédio, *m. building*
preferência, *f. preference*
preferir, *vt.* $-^3$ *prefer*
preguiçoso, *adj.* /õ~ó/ *lazy*
preocupado, *adj. woried*
preposição, *f. preposition*
presente, *m. present, gift*
pressa, *f.* /é/ *hurry, rush*
prestação, *f. loan payment*
pretérito, *m. preterit, past*
preto, *adj.* /ê/ *black*
prever, *vt. (irreg.) foresee*
primavera, *f.* /é/ *spring*
primeiro, *adj. first*
primo /-a *cousin*
princeza, *f.* /ê/ *princess*
príncipe, *m. prince*
problema, *m. problem*
procissão, *f. procession*
procurar, *vt. look for, try*
professor /-ora /ô/ *teacher, professor*
profissão, *f. profession*
proibição, *f. prohibition*
promoção, *f. promotion*
pronome, *m. pronoun*
— reto /é/ *subject pronoun*
pronto, *adj. ready*
pronúncia, *f. pronunciation*

pronunciar, *vt. pronounce*
próprio, *adj. own; proper*
    prosseguir, *vi.* $-^3$ *proceed*
provar, *vt.* $-^1$ *try, taste, prove*
provocar, *vt.* (-que) $-^1$ *provoke*
próximo, *adj.* /s/ *next*
psicológico, *adj. psychological*
psicológico /-a *psychologist*
psiquiatra, *m/f. psychiatrist*
psiu!, *interj. shhh!*
pular, *vt/i. jump, dance; jump over, skip over*
puxa!, *interj.* /ch/ *wow!*
puxar, *vt.* /ch/ *pull, lead to; resemble*

—Q—

quadro, *m. picture, square, blackboard, chart*
qual, *conj./interrog. which, what*
quando, *conj./interrog. when*
quanto, *interrog. how much*
quanto, *conj. as much/many*
quarenta *forty*
quarentena, *f. quarantine; forty of something*
quarta-feira, *f. Wednesday*
quarteirão, *m. city block*
quarto, *m. bedroom, room; quarter*
quase, *adv. almost*
quatorze /ô/ *fourteen*
quatro *four*
que, *conj./interrog. what, that; than*
  do — *than*
quebrado, *adj. broken*
quebrar, *vt.* $-^1$ *break, shatter*
quem, *conj./interrog. who, whom*
querer, *vt. (irreg.) want, love*
quilo, *m. kilogram, kilo*
química, *f. chemistry*
quinta-feira, *f. Thursday*
quintal, *m. backyard*
quinto, *adj. fifth*
quinze *fifteen*
quiser /é/ *should want (from* querer*)*

—R—

rádio, *m. radio*
raiva, *f. anger*
rapaz, *m. young man, boy*
rápido, *adj. rapid, quick, fast*
raquete de tênis, *m. /é/ tennis racket*
rasgar, *vt. (-gue) tear*
razão, *f. reason*
reagir, *vi. (-jo) react*
real, *adj. real; royal*
reboco, *m . /ô/ plaster*
recado, *m. message*
receber, *vt. ▬² receive*
recepção, *f. reception; hotel registration desk*
recibo, *m. receipt*
reclamação, f. *complaint*
recordação, *f. memory*
rede, *f. /ê/ hammock, net, network*
refeição, *f. meal*
referência, *f. reference*
reforçar, *vt. ▬¹ reinforce, emphasize*
refrigerante, *m. soft drink*
regime, *m. diet, regime*
regimento, *m. regiment*
registrado, *adj. registered*
registrar, *vt. register*
relógio, *m. clock, watch*
— de pulso *wristwatch*
— de parede /ê/ *wall clock*
— de bolso /ô/ *pocket watch*
remarcação, *f. mark-down*
remelexo, *m. /ê//ch/ swaying, swinging*
remetente, *m/f. sender*
repetir, *vt. ▬³ repeat*
requebrar, *vt. break*
requentado, *adj. reheated*
requeza, *f. /ê/ richness (riches)*
reserva, *f. /é/ reservation*
reservar, *vt. ▬¹ reserve*
residência, *f. `residence*
residir, *vi. reside*
resolver, *vt. ▬² resolve, solve; decide*
responder, *vt. answer*
responsabilidade, *f. responsibility*
resposta, *f. /ó/ response, answer*
restaurante, *m. restaurant*
reunião, *f. meeting, reunion*
revista, *f. magazine, review*
ribanceira, *f. bank, shore*

rico, *adj. rich*
rir, *vi. (irreg.) laugh*
roda, *f. /ó/ wheel, circle*
rodoviária, *f. bus station*
romance, *m. novel*
romântico, *adj. romantic*
rosto, *m. /ô/ face*
roteiro, *m. route, plan*
roupa, *f. clothing (or article of)*
roxo, *adj./ô//ch/ purple*
rua, *f. street*
Rússia, *f. Russia*
russo, *adj. Russian*

—S—

sábado, *m. Saturday*
sabão, *m. soap*
saber, *vt. (irreg.) know*
sacudido, *adj. energetic*
Sagitário *Sagittarius*
saia, *f. skirt*
saída, *f. exit, departure, way out*
sair, *vi. (irreg.) leave, go /come out*
sala, *f. room*
salada, *f. salad*
saltar, *vt. get off, jump*
salvar, *vt. save*
samba, *m. samba*
sandália, *f. sandal*
sanduíche, *m. sandwich*
sanfona, *f. accordion*
sapataria, *f. shoe shop*
sapato, *m. shoe*
saudade, *f. nostalgia, longing*
saúde, *f. health*
secretário /-a *secretary*
secular, *adj. secular*
século, *m. century*
seda, *f. /ê/ silk*
sede, *f. /ê/ thirst*
segredo, *m. /ê/ secret*
seguinte, *adj. following, next*
seguir, *vt. ▬³ follow*

seguido de, *prep. followed by*
segunda-feira, *f. Monday*
segundo, *m./adj. second*
segundo, *prep. according to*
seguro, *adj. safe, sure*
seis *six*
Seleção, *f. All-Stars*
selo, *m.* /ê/ *stamp, seal*
selva, *f.* /é/ *jungle*
sem, *prep. without*
sem graça *not funny*
semana, *f. week*
sempre, *adv. always, ever*
senhor, *m.* /ô/ *sir, gentleman, man*
senhora, *f.* /ó/ *madam, lady, wife*
sensacional, *adj. sensational*
sensual, *adj. sensual*
sentar, *vt/i/r sit, seat*
sentir, *vt/i/r* ▃³ *feel, be sorry, sense*
ser *(irreg.) be*
sereia, *f. mermaid*
sério, *adj. serious, grave*
sertanejo *m/f.* /ê/ *person from the country*
serviço, *m. service*
servir, *vt.* ▃³ *serve*
sessenta *sixty*
sete /é/ *seven*
setembro, *m. September*
setenta *seventy*
sétimo, *adj. seventh*
seu, *m.adj. his, her, its, their, your*
sexta-feira, *f. Friday*
sexto, *adj.* /ê/ *sixth*
shopping, *m. shopping center, mall*
show, *m. show*
significar, *vt.* (-que) *mean, signify*
signo zodiacal, *m. sign of the Zodiac*
sim *yes*
simpático, *adj. nice, pleasant, likeable*
simples, *adj. simple, regular (mail)*
sinal de trânsito, *m. traffic signal*
sinaleiro, *m. traffic signal*
sistema, *m. system*
situado, *adj. located*
situar-se, *vr., be located*
só, *adj. alone*
só, somente, *adv. only, just, not until*
sobre /ô/ *on, above*
sobrinho /-a *nephew (niece)*

sofá, *m. sofa, couch*
sofrer, *vt/i.* ▃² *suffer*
sogro, *m/f.* /ô˜ ó/ *father (mother)-in-law*
sol, *m.* /ó/ *sun*
solteiro, *adj. unmarried*
sonho, *m.dream*
sono, *m. sleep, sleepiness*
sorrir, *vi. (irreg.) smile*
sorte, *f.* /ó/ *luck*
sorvete, *m.*/ê/ *ice cream*
sorveteiro /-a *ice cream man (woman)*
sozinho, *adj. all alone*
sua, *f.adj. his, her, its, their, your*
subir, *vt.* ▃³ *climb, go up*
sucesso, *m.* /é/ *success*
suco, *m. juice*
sufoco, *m.* /ô/ *hard time; suffocation*
suíte, *f. suite, master bedroom*
 sujo, *adj. dirty*
sumir, *vi.* ▃³ *flee, go away, disappear*
supérfluo, *adj. superfluous, extra*
supermercado, *m. supermarket*
surdo, *adj. deaf; voiceless (consonant)*
surpresa, *f.* /ê/ *surprise*
 sustentar, *vt. support, sustain*

—T—

talheres, *m. pl.* /é/ *flatwear, silverware*
talvez /ê/ *maybe, perhaps*
tamanho, *m. size*
também, *adv. also, too*
tanto, *adj./adv. as/so much/many*
tão, *adv. so*
tapete, *m.* /ê/ *rug, carpet*
tarde, *adv. late*
tarde, *f. afternoon*
táxi, *m.* /ks/ *taxi, cab*
tchau, *interj. good-bye*
tchauzinho, *interj. good-bye*
te, *pro. you*
teatro, *m. theater*
telefonar, *vt. telephone, call*
telefone, *m. telephone*
 — sem fio *cordless telephone*
telefonema, *m. phone call*
telefonista, *m/f. telephone operator*

telegrama, *m.* *telegram*
televisão, *f.* *television*
telha, *f.* /ê/ *roofing tile*
tema, *m.* *theme*
tempo, *m.* *time; weather*
temporada, *f.* *season, short time*
tenebroso, *adj.* *dark, gloomy*
tenso, *adj.* *tense*
tentar, *vt.* *try, attempt, tempt*
ter, *vt.* (*irreg.*) *have*
terça-feira, *f.* *Tuesday*
terceiro, *adj.* *third*
terminar, *vt.* *end, terminate*
terra, *f.* /é/ *land, homeland*
terraço, *m.* *patio, terrace*
teu, *m.adj.* *your*
tigela, *f.* /é/ *bowl*
tímido, *adj.* *timid, shy*
tinta, *f.* *ink, dye, paint*
tio /-a *uncle* (*aunt*)
típico, *adj.* *typical*
tipo, *m.* *type, kind*
tirar, *vt.* *take* (*férias, fotos*), *take out, remove*
toalha, *f.* *towel, table cloth*
toca-fita, *m.* /ó/ *tape player*
tocar, *vt.* (-que) -[1] *play* (*music*), *touch*
todo, *adj.* /ô/ *all*
tomar, *vt.* *drink, take*
— conta de *take care of*
tomara que *may it be that*
tomate, *m.* *tomato*
tornar-se, *vr.* *become, turn into*
tossir, *vi.* -[3] *cough*
Touro *Taurus*
trabalhar, *vi.* *work*
tranqüilo, *adj.* *tranquil, calm*
transbordar, *vt.* *overflow*
trânsito, *m.* *traffic*
trapalhão /-ona, *adj.* *clumsy, awkward, bumbling*
tratar com, *vt.* *deal with*
trazer, *vt.* (*irreg.*) *bring*
trem, *m.* *train*
três *three*
treze /ê/ *thirteen*
tribo, *f.* *tribe*
tricô, *m.* *knitting*
trigésimo, *adj.* *thirtieth*
trinta *thirty*

triste, *adj.* *sad*
trocar, *vt.* (-que) -[1] *exchange*
troco, *m.* /ô/ *change*
trombada, *f.* *crash, collision*
tu, *pro.* *you*
tua, *f.adj.* *your*
tudo, *pro.* *everything*
turbilhão, *m.* *whirlpool*
turista, *m/f.* *tourist*
Ué!, *interj.* *Hey! Huh!*

—U—

um /-ma , *art.* *a; one*
urubu, *m.* *buzzard*
usar, *vt.* *use, wear*
uva, *f.* *grape*

—V—

vaga, *f.* *space available, vacancy*
valer, *vi.* *be worth*
valor, *m.* *value*
varanda, *f.* *porch, patio*
vários, *adj.* *several, various*
velho, *adj.* /é/ *old*
vencer, *vt.* (-ço) *conquer, overcome, win*
vendedor /-ora /ô/ *salesperson*
vender, *vt.* *sell*
ver, *vt.* (*irreg.*) *see*
verbo, *m.* /é/ *verb*
verdade, *f.* *truth*
verde, *adj.* /ê/ *green*
vergonha, *f.* *shame*
vermelho, *adj./ê/* *red*
vestido, *m.* *dress*
vestir, *vt.* -[3] *wear, dress*
véu, *m.* *veil*
vez, *f.* /ê/ *time, turn*
viagem, *f.* *trip*
viajar, *vi.* *travel, go on a trip, go away*
vibrar, *vi.* *vibrate*
vida, *f.* *life*
videocassete, *m.* /é/ *video-cassette*
vigésimo, *adj.* *twentieth*
vigiar, *vt.* *watch over*

vinho, *m. wine*
vinte *twenty*
violão, *m. guitar*
violência, *f. violence*
vir, *vi.* (irreg.) *come*
virar, *vt. turn around, turn, turn into*
Virgem *Virgo*
visita, *f. visit; visitor*
visitar, *vt. visit*
vista, *f. view, vista*
visto, *m. visa*
vítima, *f. victim*
viúvo /-a *widower (widow)*
viver, *vi. live (in biological sense)*
vivo, *adj. alive*
vizinho /-a *neighbor*
voador, *adj.* /ô/ *flying*
voar, *vi. fly*
vocabulário, *vocabulary*
você, *pro. you*
vogal, *m. vowel*
voleibol, *m.* /ó/ *volleyball*
voltar, *vi. return, come/go back*
vontade, *f. will, desire*
vôo, *m. flight*

Xi!, *interj. Gee!*

QUADRO DE VERBOS

VERBOS

REGULARES

Infinito / Gerúndio / Particípio	Presente Indicativo	Pretérito Imperfeito	Pretérito Perfeito	Pretérito Mais-que-perfeito	Futuro Simples	Futuro do Pretérito	Presente Subjuntivo	Imperfeito Subjuntivo	Futuro Subjuntivo	Infinito Pessoal
contar	conto	contava	contei	contara	contarei	contaria	conte	contasse	contar	contar
contando	contamos	contávamos	contamos	contáramos	contaremos	contaríamos	contemos	contássemos	contarmos	contarmos
contado	conta	contava	contou	contara	contará	contaria	conte	contasse	contar	contar
	contam	contavam	contaram	contaram	contarão	contariam	contem	contassem	contarem	contarem
comer	como	comia	comi	comera	comerei	comeria	coma	comesse	comer	comer
comendo	comemos	comíamos	comemos	comêramos	comeremos	comeríamos	comamos	comêssemos	comermos	comermos
comido	come	comia	comeu	comera	comerá	comeria	coma	comesse	comer	comer
	comem	comiam	comeram	comeram	comerão	comeriam	comam	comessem	comerem	comerem
discutir	discuto	discutia	discuti	discutira	discutirei	discutiria	discuta	discutisse	discutir	discutir
discutindo	discutimos	discutíamos	discutimos	discutíramos	discutiremos	discutiríamos	discutamos	discutíssemos	discutirmos	discutirmos
discutido	discute	discutia	discutiu	discutira	discutirá	discutiria	discuta	discutisse	discutir	discutir
	discutem	discutiam	discutiram	discutiram	discutirão	discutiriam	discutam	discutissem	discutirem	discutirem

IRREGULARES

Infinito / Gerúndio / Particípio	Presente Indicativo	Pretérito Imperfeito	Pretérito Perfeito	Pretérito Mais-que-perfeito	Futuro Simples	Futuro do Pretérito	Presente Subjuntivo	Imperfeito Subjuntivo	Futuro Subjuntivo	Infinito Pessoal
crer	creio	cria	cri	crera	crerei	cria	creia	cresse	crer	crer
crendo	cremos	críamos	cremos	crêramos	creremos	críamos	creiamos	crêssemos	crermos	crermos
crido	crê	cria	creu	crera	crerá	cria	creia	cresse	crer	crer
	crêem	criam	creram	creram	crerão	criam	creiam	cressem	crerem	crerem
dar	dou	dava	dei	dera	darei	daria	dê	desse	der	dar
dando	damos	dávamos	deu	déramos	daremos	daríamos	demos	déssemos	dermos	darmos
dado	dá	dava	demos	dera	dará	daria	dê	desse	der	dar
	dão	davam	deram	deram	darão	dariam	dêem	dessem	derem	darem
dizer	digo	dizia	disse	dissera	direi	diria	diga	dissesse	disser	dizer
dizendo	dizemos	dizíamos	dissemos	disséramos	diremos	diríamos	digamos	disséssemos	dissermos	dizermos
dito	diz	dizia	disse	dissera	dirá	diria	diga	dissesse	disser	dizer
	dizem	diziam	disseram	disseram	dirão	diriam	digam	dissessem	disserem	dizerem

Infinito / Gerúndio / Particípio	Presente Indicativo	Pretérito Imperfeito	Pretérito Perfeito	Pretérito Mais-que-perfeito	Futuro Simples	Futuro do Pretérito	Presente Subjuntivo	Imperfeito Subjuntivo	Futuro Subjuntivo	Infinito Pessoal
estar estando estado	estou estamos está estão	estava estávamos estava estavam	estive estivemos esteve estiveram	estivera estivéramos estivera estiveram	estarei estaremos estará estarão	estaria estaríamos estaria estariam	esteja estejamos esteja estejam	estivesse estivéssemos estivesse estivessem	estiver estivermos estiver estiverem	estar estarmos estar estarem
fazer fazendo feito	faço fazemos faz fazem	fazia fazíamos fazia faziam	fiz fizemos fez fizeram	fizera fizéramos fizera fizeram	farei faremos fará farão	faria faríamos faria fariam	faça façamos faça façam	fizesse fizéssemos fizesse fizessem	fizer fizermos fizer fizerem	fazer fazermos fazer fazerem
haver havendo havido	hei hemos há hão	havia havíamos havia haviam	houve	houvera	haverá	haveria	haja	houvesse	houver	haver
Ir indo ido	vou vamos vá vão	ia íamos ia iam	fui fomos foi foram	fora fôramos fora foram	irei iremos irá irão	iria iríamos iria iriam	vá vamos vá vão	fosse fôssemos fosse fossem	for formos for forem	ir irmos ir irem
ler lendo lido	leio lemos lê lêem	lia líamos lia liam	li lemos leu leram	lera lêramos lera leram	lerei leremos lerá lerão	leria leríamos leria leriam	leia leiamos leia leiam	lesse lêssemos lesse lessem	ler lermos ler lerem	ler lermos ler lerem
ouvir ouvindo ouvido	ouço ouvimos ouve ouvem						ouça ouçamos ouça ouçam			
pedir pedindo pedido	peço pedimos pede pedem						peça peçamos peça peçam			
perder perdendo perdido	perco perdemos perde perdem						perca percamos perca percam			
poder podendo podido	posso podemos pode podem	podia podíamos podia podiam	pude pudemos pôde puderam	pudera pudéramos pudera puderam	poderei poderemos poderá poderão	poderia poderíamos poderia poderiam	possa possamos possa possam	pudesse pudéssemos pudesse pudessem	puder pudermos puder puderem	poder podermos poder poderem

Infinito Gerúndio Particípio	Presente Indicativo	Pretérito Imperfeito	Pretérito Perfeito	Pretérito Mais-que-perfeito	Futuro Simples	Futuro do Pretérito	Presente Subjuntivo	Imperfeito Subjuntivo	Futuro Subjuntivo	Infinito Pessoal
pôr	ponho	punha	pus	pusera	porei	poria	ponha	pusesse	puser	pôr
pondo	pomos	púnhamos	pusemos	puséramos	poremos	poríamos	ponhamos	puséssemos	pusermos	pôrmos
posto	põe	punha	pôs	pusera	porá	poria	ponha	pusesse	puser	pôr
	põem	punham	puseram	puseram	porão	poriam	ponham	pusessem	puserem	pôrem
querer	quero	queria	quis	quisera	quererei	quereria	queira	quisesse	quiser	querer
querendo	queremos	queríamos	quisemos	quiséramos	quereremos	quereríamos	queiramos	quiséssemos	quisermos	querermos
querido	quer	queria	quis	quisera	quererá	quereria	queira	quisesse	quiser	querer
	querem	queriam	quiseram	quiseram	quererão	quereriam	queiram	quisessem	quiserem	quererem
saber	sei	sabia	soube	soubera	saberei	saberia	saiba	soubesse	souber	saber
sabendo	sabemos	sabíamos	soubemos	soubéramos	saberemos	saberíamos	saibamos	soubéssemos	soubermos	sabermos
sabido	sabe	sabia	soube	soubera	saberá	saberia	saiba	soubesse	souber	saber
	sabem	sabiam	souberam	souberam	saberão	saberiam	saibam	soubessem	souberem	saberem
ser	sou	era	fui	fora	serei	seria	seja	fosse	for	ser
sendo	somos	éramos	fomos	fôramos	seremos	seríamos	sejamos	fôssemos	formos	sermos
sido	é	era	foi	fora	será	seria	seja	fosse	for	ser
	são	eram	foram	foram	serão	seriam	sejam	fossem	forem	serem
ter	tenho	tinha	tive	tivera	terei	teria	tenha	tivesse	tiver	ter
tendo	temos	tínhamos	tivemos	tivéramos	teremos	teríamos	tenhamos	tivéssemos	tivermos	termos
tido	tem	tinha	teve	tivera	terá	teria	tenha	tivesse	tiver	ter
	têm	tinham	tiveram	tiveram	terão	teríamos	tenham	tivessem	tiverem	terem
trazer	trago	trazia	trouxe	trouxera	trarei	traria	traga	trouxesse	trouxer	trazer
trazendo	trazemos	trazíamos	trouxemos	trouxéramos	traremos	traríamos	tragamos	trouxéssemos	trouxermos	trazermos
trazido	traz	trazia	trouxe	trouxera	trará	traria	traga	trouxesse	trouxer	trazer
	trazem	traziam	trouxeram	trouxeram	trarão	trariam	tragam	trouxessem	trouxerem	trazerem
ver	vejo	via	vi	vira	verei	veria	veja	visse	vir	ver
vendo	vemos	víamos	vimos	víramos	veremos	veríamos	vejamos	víssemos	virmos	vermos
visto	vê	via	viu	vira	verá	veria	veja	visse	vir	ver
	vêem	viam	viram	viram	verão	veriam	vejam	vissem	virem	verem
vir	venho	vinha	vim	viera	virei	viria	venha	viesse	vier	vir
vindo	vimos	vínhamos	viemos	viéramos	viremos	viríamos	venhamos	viéssemos	viermos	virmos
vindo	vem	vinha	veio	viera	virá	viria	venha	viesse	vier	vir
	vêm	vinham	vieram	vieram	virão	viriam	venham	viessem	vierem	virem

GRUPO 3: (Ver p. 176 para explicação. Sigla: ■³.) VERBOS em -IR COMO

REPETIR

REPITO /i/	REPETIMOS
REPETE /é/	REPETEM /é/

DORMIR

DURMO /u/	DORMIMOS
DORME /ó/	DORMEM /ó/

SUBIR

SUBO /u/	SUBIMOS /u/
SOBE /ó/	SOBEM /ó/

Há também um grupo, os verbos em -*ear* e -*iar*, que apresentam alternâncias vocálicas:

PASSEAR

PASSEIO	PASSEAMOS
PASSEIA	PASSEIAM

ODIAR

ODEIO	ODIAMOS
ODEIA	ODEIAM

TEMPOS COMPOSTOS

O verbo *ter* é usado com o particípio para formar o *presente composto* e o *mais-que-perfeito composto*. Em geral qualquer forma do verbo *ter* pode ser usado para formar tempos compostos: *tenha* falado, *tiver* falado, *terei* falado, por exemplo.

PRESENTE COMPOSTO

TENHO FALADO	TEMOS FALADO
TEM FALADO	TÊM FALADO

MAIS-QUE-PERFEITO COMPOSTO

TINHA COMIDO	TÍNHAMOS COMIDO
TINHA COMIDO	TINHAM COMIDO

VERBOS COM ALTERNÂNCIA VOCÁLICA

Há três grupos de verbos com alternância vocálica na raiz do verbo, que afetam os vogais -e- e -o-:

GRUPO 1: (Ver p. 24-25 para explicação. Estes verbos vêm acompanhados de uma sigla de identificação sempre que apareçam em listas e nos vocabulários: ■¹.) VERBOS EM -AR COMO

GOSTAR

GOSTO /ó/	GOSTAMOS /ó/
GOSTA /ó/	GOSTAM /ó/

PESAR

PESO /é/	PESAMOS /é/
PESA /é/	PESAM /é/

GRUPO 2: (Ver p. 43 para explicação. Sigla: ■².) VERBOS EM -ER COMO

BEBER

BEBO /ê/	BEBEMOS /ê/
BEBE /é/	BEBEM /é/

CORRER

CORRO /ô/	CORREMOS /ô/
CORRE /ó/	CORREM /ó/

ÍNDICE REMISSIVO